新编大学体育健康教程

张　振　李　岩　来迎双　主编

吉林科学技术出版社

图书在版编目（CIP）数据

新编大学体育健康教程 / 张振，李岩，来迎双主编
. -- 长春 : 吉林科学技术出版社，2019.10
ISBN 978-7-5578-6151-3

Ⅰ.①新… Ⅱ.①张… ②李… ③来… Ⅲ.①体育－高等学校－教材②健康教育－高等学校－教材 Ⅳ.①G807.4②G647.9

中国版本图书馆 CIP 数据核字（2019）第 232724 号

新编大学体育健康教程

主　　编　张　振　李　岩　来迎双
出 版 人　李　梁
责任编辑　汪雪君
封面设计　刘　华
制　　版　王　朋
开　　本　185mm×260mm
字　　数　240 千字
印　　张　11
版　　次　2019 年 10 月第 1 版
印　　次　2019 年 10 月第 1 次印刷

出　　版　吉林科学技术出版社
发　　行　吉林科学技术出版社
地　　址　长春市福祉大路 5788 号出版集团 A 座
邮　　编　130118
发行部电话 / 传真　0431—81629529　81629530　81629531
81629532　81629533　81629534
储运部电话　0431—86059116
编辑部电话　0431—81629517
网　　址　www.jlstp.net
印　　刷　北京宝莲鸿图科技有限公司

书　　号　ISBN 978-7-5578-6151-3
定　　价　52.00 元

目　录

第一章　体育与健康

第一节　体育的概念和功能

一、体育的概念

什么是体育？对它的内容和形式，似乎大家都已熟悉。但如何认识它的本质，则又是体育理论界正在探讨、尚有争议的问题。根据目前我国的实际情况，体育在学校领域是指“旨在增强体质，使身心得到和谐发展的身体活动”，通常亦称学校体育或体育教育。若扩展到社会，它又包括各种形式的运动，其中包括社会体育和竞技体育。应该指出，对体育的这种表述，也考虑到我国的传统习惯。因为翻开我国体育发展的历史，当它尚处于萌芽状态时，作为体育基本手段的身体运动，就一直伴随着人类的生存和劳动需要而悄然存在，其作用在于强身和获得生产技能。直至脱离蒙昧时代，由专门组织的教育和社会需要所决定，体育又有了丰富社会文化生活和促进精神文明的价值。由此可见，体育是一种特殊的社会现象，它作为有意识的社会活动和教育过程，实质包含了体育教育和体育运动这两层含义。但为了突出个性特征，并便于发挥各种身体运动的特殊作用，通常又按不同实施对象、性质及对社会施予的影响，把学校体育、社会体育和竞技体育作为“体育”总名称下的三个组成部分。

二、体育的组成

（一）学校体育

学校体育亦称体育教育，它是学校教育的重要组成部分，也是国民体育的基础。为了实现教育、教养及发展身体的总目标，不同层次的学校体育按不同教育阶段，通过体育教学、课余体育训练及课外体育活动这三种基本组织形式，围绕增强体质这个主要任务，解决与之有关的各项任务。学校体育处在学校这个特定领域，实施内容被纳入学校总体计划，实施效果有相应的措施予以保证，从而与其他教育环节共同构成了一个完整的教育过程。

（二）竞技体育

竞技体育亦称竞技运动，它是在全面发展身体素质的基础上，最大限度地挖掘体力、智力与运动才能，以取得的优异运动成绩及追求“更快、更强、更高”为目标，而进行的科学训练和各种竞赛活动。由于这种体育活动的表演技艺高超、竞争性强，且极易吸引广大观众，故作为一种极富感染又容易传播的精神力量，在活跃社会文化生活、振奋民族精神、提高国际威望及促进各国人民之间的友谊和团结等方面，有着极为特殊的社会教育作用。

（三）社会体育

社会体育亦称群众体育，是旨在以健身、娱乐、休闲、医疗和康复为目标的群众性体育活动。国内外经常提到的娱乐体育、休闲体育、余暇体育、养生体育或医疗体育均可列入此范畴。由于它吸引的对象主要为一般民众，其中包括男、女、老、幼及伤病残疾者，活动领域遍布整个社会，乃至渗入家庭，所以堪称是活动内容最广、表现形式最新、趣味性最强、参加人数最多的一项体育活动。它作为学校体育的延伸，还可使人们的体育生涯得以继续维持。社会体育开展的广泛性和社会化程度，取决于国家经济的繁荣与人们生活水平的提高、余暇时间的增多，以及社会环境的安定。从世界发展趋势来看，它作为现代体育发展的重要标志，无论普及程度或发展规模都已不亚于竞技体育，并大有跃居成为第二股国际体育力量之势。

三、体育的功能

（一）体育的健身功能

强身健体是体育最主要的本质功能。人体是一个结构十分复杂并具有多种机能的有机体。人体的质量是人的生命活动和生活能力的物质基础，它是在遗传变异和后天获得性的基础上所表现出来的，体育以身体运动的方式给器官系统以一定强度和量的刺激。对身体各个系统、组织、器官起到积极、有效的影响。

1. 体育运动对神经系统的作用

人体的各器官活动是在神经系统的调节下进行的。神经系统是人体中最重要的系统，它由中枢神经和周围神经两部分组成。中枢神经系统具有高度的综合机能，是统帅和指挥全身动作的司令部。周围神经是连接中枢神经和身体各个部分的神经组织。神经系统的主要作用是控制、指挥、调节人体各部分的机能，以适应外界环境的各种变化。

（1）改善脑部供血状况，提高大脑皮质神经细胞的耐受力。中枢神经由神经细胞构成，大脑皮质神经细胞处于中枢神经的最高部位。这些神经细胞的兴奋和抑制，构成大脑皮质的活动。长时间看书学习，会使大脑皮质细胞长时间处于兴奋状态而产生疲劳，造成工作效率下降，因而产生注意力不易集中、精神恍惚等神经性反应。经常参加体育运动，会加快全身血液循环，使单位时间内流经脑细胞的血液量增加，改善脑部的供血状况，使大脑皮质神经细胞获得较多的氧气和其他营养物质，同时脑部的代谢产物排出速度加快。故经常锻炼，能使大脑皮质神经细胞的活动能力得到改善，提高脑细胞的工作耐受能力和工作学习的效率。

（2）提高神经系统的反应能力和灵活性。由于运动本身需要身体完成一些比日常生活更为复杂艰巨的动作，这就要求神经系统能迅速动员和调节各器官、系统的机能，使之适应肌肉活动的需要。同时，体育运动的环境随大自然的条件而变化，各种外界环境的刺激，使机体的应激能力经受了锻炼，神经系统的兴奋、抑制的交替转换过程得到加强，强度和均衡性得到提高，神经系统对全身各系统的迅速调节能力得到改善。反应速度及灵活性的提高，使人体在活动中动作灵敏、协调、准确。

（3）提高人体对外界环境的适应能力和对疾病的抵抗能力。各种地理、气候条件对神经系统的影响是很大的。例如，当人体突然受到寒冷侵袭时，迅速发生全身毛孔收缩和表层血管收缩、体内新陈代谢加快等防御性、保护性反射增强；在炎热的季节或环境中，人体能迅速加快全身散热，舒展表层血管，提高皮肤温度；当遇到危险及可能给人体带来的运动伤害时，人体能迅速采取防御和保护性动作等。因此，长期参加体育运动的人，对外界自然环境的适应能力及对疾病的抵抗能力要比一般人强。

2. 体育运动对心血管系统的作用

心血管系统包括心脏、血管和血液。心脏是血液流动的原动力，血管是运送血液的管道，遍布全身。血液在心脏、血管中周而复始地流动，担负着运送养料和氧气、排除代谢产物和二氧化碳的任务。人体就是凭借着血液循环与外界进行物质交换，循环一旦停止，生命活动就随之而停。可见，心血管系统对人体生存具有重要意义。

（1）促进心脏结构与机能的良性变化。体育运动能使心肌肌红蛋白的含量增加，心肌中的毛细血管大量新生，供血量增加，组织代谢加强，其结果是心肌纤维变粗，心肌呈营养性粗壮，心脏的大小和重量都增加。在 X 线透视下，可见心脏外形丰满，搏动有力。

由于心壁增厚，心腔增大，心脏收缩力提高，心容量增大，一般人的心容量为 765 ml ~785 ml，而经常体育锻炼的人心容量要达到 1 015 ml ~ 1 027 ml，心脏重量可达 400 g ~ 500 g，每搏输出量增加，可达 100 ml 左右。同时，心搏表现呈徐缓状，一般人每分钟心跳频率为 70 ~ 80 次，而经常体育锻炼的人心跳频率为 50 ~ 60 次。

（2）促进血液数量与质量的提高。一般人的血液总量占体重的 8% 左右，而经常进行体育运动的人的血液总量约占体重的 10%，运动时血液的重新分配机能快，这就保证了人体在从事较大的生理负荷时，在神经系统的调节下，反射性引起肝、脾内的储存血释放出来，同时内脏血管收缩，肌肉内血管舒张，动员了大量血液参加循环，保证了肌肉活动时血液供给，血液中红细胞数可增加到每立方毫米 550 万个左右；血红蛋白的含量也增加，每百毫升血液中可达 17 g ~ 18 g 或更多。这样可大大提高血液运输氧气和二氧化碳的能力，血液中缓冲物质和碱储备含量增加，可更多地中和运动中产生的乳酸，有利于在氧气不足的情况下进行较长时间的工作，从而提高工作的耐久力和缺氧的耐受力。

（3）促进血管结构和机能的良性变化。经常参加体育运动，血管壁的弹性增加，血流的外周阻力减小。安静时，收缩压可降低到 11 305 Pa ~ 13 965 Pa（85 mmHg ~ 105 mmHg），舒张压可降低到 5 320 Pa ~ 7 980 Pa（40 mmHg ~ 60 mmHg）。同时，由于经常从事体育运动的人肌肉活动状态良好，收缩有力，收缩与放松呈有节奏、有规律的转换，使人体的静脉血液回流心脏速度加快，回流量增多，供心脏冠状动脉自身营养程度增大，有利于预防冠状动脉硬化。经常参加体育运动，还会使人体内的一种名为 HDL 的高密度脂蛋白粒子的浓度增加，这种 HDL 粒子具有清理和打扫沉积在血管壁上的脂肪和胆固醇的作用，可以减少堵塞血管的危险，保障体内的正常血液循环，防止各种心血管系统疾病的发生。

3. 体育运动对呼吸系统的作用

呼吸系统由肺、鼻、喉、气管等组成。人体一切活动所需要的能量和维持体温的热量，都来自体内营养物质的氧化。氧化过程需要不断消耗氧，并产生二氧化碳。人体内这种气体代谢过程能持续进行，有赖于人体不断从外界环境中摄取氧，并不断向外界环境排出二氧化碳。人体与外界环境之间的吐故纳新以及人体内部所进行的气体交换的全过程，称为呼吸。

（1）促进呼吸器官结构的变化。由于体育运动是比较剧烈的肌肉活动，需要消耗大量的氧气，同时组织内也产生大量的二氧化碳，这就促使呼吸系统必须加倍工作，以适应活动的需要。由于呼吸肌经常性地经受锻炼，力量增强，胸廓运动的幅度也随之增大，肺泡参与气体交换的数量也明显增多。经常参加体育运动的人，其胸围要比同龄人大3 cm～5 cm，呼吸差也增加到9 cm～16 cm。

（2）提高呼吸系统的机能水平。长期进行体育运动，能使呼吸深度加大，呼吸频率相对减少。由于呼吸肌的力量增强，肺泡弹性增大，肺活量、肺通气量指标数也随之明显增大。肺活量可达4 500 ml～5 500 ml，比一般人大1 000 ml～1 500 ml。肺通气量可由平常呼吸时的9 000 ml达到70 000 ml～120 000 ml。同时，肺泡通气量也明显增加，呼吸效率明显得到改善。提高呼吸系统机能水平后，对改善人体的活动能力有较大的促进作用，增加了人体对坚持较长时间活动和工作的耐受力，同时对预防呼吸系统的疾病也有显著作用。

4. 体育运动对运动系统的作用

人体运动是靠运动系统实现的，运动系统由肌肉、骨骼、关节组成。骨骼是人体的支架，关节是连接骨与骨之间的枢纽，肌肉附着在骨骼上，在神经的支配下，通过交替收缩和放松使关节屈伸、展收、旋转，完成各种动作。运动系统机能的高低，决定着人体活动的质量。

（1）改善肌肉中的血液供应情况，促进结构机能的良性变化。长期参加体育运动，能使肌肉中毛细血管增粗并大量开放，血流量增大，血液供应良好，新陈代谢旺盛，酶活性提高。同时由于肌肉中营养物质、能源物质的含量增加，肌肉纤维变粗，肌肉的生理横断面积增大，肌肉的重量占全身体重的比重也相应增大。肌肉收缩时的力量加强，速度加快，弹性、柔韧性都有所增强，灵活性、耐久性得到提高。

（2）强化骨的结构，提高骨的性能。长期参加体育运动，能使新陈代谢过程改善与加强，使骨的结构和性能都发生了变化。表现在：骨密质增厚，骨变粗，骨小梁的排列根据拉力和压力的不同更加整齐和有规律，骨表面肌肉附着的突起增大。这些结构上的变化都使骨更加粗壮、坚固，提高了骨的抗断、抗弯、抗压的性能。经常参加体育运动还能刺激骺软骨的增生，促进骨的生长，对人体身高的增长有一定的促进作用。科学研究证明，经常参加体育运动的青少年比一般同龄青少年身高增长要快，身高的相对终极值也比一般青少年高4cm～8 cm。

（3）增强关节的牢固性，提高关节的柔韧性和灵活性。经常参加体育运动，能使关节周围的肌肉和韧带得到了增强，从而加强关节囊的力量，加固了关节。同时，由于运动过程中关节本身的活动是有目的的，并且得到锻炼，从而使关节周围的肌肉、韧带的伸展性得到改善，扩大了关节运动的幅度，提高了关节的灵活性，增强了关节的牢固性。

（二）体育的美育功能

体育和美育同是学校教育的重要组成部分，在培养和造就社会主义现代化人才方面有着各自不同的教育功能。把体育和美育有机结合起来，实现它们之间功能交叉的教育作用，则是现代教育发展的趋势之一。

体育的美育功能是建立在体育的美学价值基础上的。体育的美学价值是一种对自然美、社会美、艺术创造美的综合表现，构成了美育的重要内容。体育的美育功能就是在遵循体育和美的客观规律的前提下，通过体育的直观美的感受和运动实践中体育动作美的创造，激发人们对体育运动的热情，培养人们对体育美的鉴赏能力和创造能力。

1. 人体美的塑造

从美学理论角度上说，人体美是属于自然美的一部分，它包括人的形体美、相貌美和姿态美。根据医学理论，人体的形态结构和生理特征与人的遗传有关。美学理论角度上的人体美，只是一种理论上的抽象集合，而在现代生活中，一种以“健、力、美”为核心的现代化人体审美的观念已逐渐被人们认识、欣赏和接受。这种人体美，其实质上是后天创造的美。人们通过体育实践对人体进行美的塑造，使人体在基本形态和运动形态方面表现出挺拔、匀称、协调、丰满、强健、有朝气、有力量等魅力与特征，展示出现代人的神态和风姿。它不仅在很大程度上弥补了人体先天美的不足，而且在一定意义上是对人体美的普遍、完整意义上的表达和体现。

2. 性格美的培养

作为社会主体的人的美，不仅要由人体美来表达，还要从人的社会美的意义出发，通过人的内在性格美、行为美去表现。古希腊哲学家德谟克利特曾说过：“身体的美，若不与聪明才智相结合，便是某种动物性的东西。”苏联作家奥斯特洛夫斯基也曾写道：“人的美并不在外貌、衣服和发式，而在于他的本身，在于他的心，要是人没有内心的美，我们常常会厌恶他的漂亮的外表。”

现代体育不仅能对人的形体做出后天美的塑造，更能通过体育运动的实践造就和培养人的性格美。跳水、跳伞、跳台滑雪使人勇敢；射击、射箭、击剑使人果断；柔道、摔跤使人顽强；举重使人坚韧；体操、技巧使人坚定、沉着；武术、拳击使人机智、敏捷；球类运动促进友爱、互助、团结；登山、攀岩培养人不畏艰难险阻、吃苦耐劳的精神；田径、游泳激励人不甘落后、勇于进取……现代体育运动在赋予人类美的肌体的同时，不断充实着人类美的精神、美的品质、美的情操，使人的思想、感情得到美的丰富。

3. 行为美的培养

人的行为美是一种外在的美，是构成人的社会美的一种表现形态。在人类社会的现实生活中，人的行为美主要表现在三个方面：一是为国家、为民族而献身的行为，二是为人民、为革命而斗争的行为，三是为真理、为正义而奋斗的行为。现代体育以其特殊的实践运动，特殊的手段和方法，在培养人的行为美方面表现出独特的作用。

新中国成立以来，在党和国家的关怀和培养下，一批又一批运动员表现出为祖国、为民族忘我拼搏、勇于献身的崇高行为。为了祖国体育事业的腾飞、中华民族的振兴，用自己的青春年华奋力搏击，换来了民族荣誉和亿万人民的欢腾、振奋。体育运动使实践者经受千锤百炼，鼓舞和激励着亿万人民奋斗在中华民族振兴的大业中，献身于实现祖国昌盛、繁荣、富强的征途上。

4. 运动美的创造

现代体育不仅塑造了人体美，赋予了人的内在精神美，而且更以它的独特的运动形式，向人类展现出具有高度魅力的运动美。在各种运动项目中，运动员以特定的动作、技巧形成了一个有结构、有层次、有深度、有起伏的表演整体，展示出运动的千姿百态，抒发出运动美的韵律，给人以美的享受。

（三）体育的社会综合教育功能

体育作为一种社会现象，既是文明社会的产物，也是促进现代文明的因素之一。体育的社会综合教育功能，在实现培养和造就社会主义现代化建设所需人才方面，具有积极的作用。

1. 传授基本活动技能

在人类社会发展中，体育一直被作为培养人的生活和劳动技能的重要手段。原始社会，人类为了生存和获得生活资料，在与大自然斗争中，逐步形成了跑、跳、投、攀登、爬越、游泳等生活技能，形成了原始体育的雏形，也是向后代人传授技能的主要内容。奴隶社会，体育作为军事技能被统治者用于镇压奴隶阶级的反抗、征服异族、扩大领地和掠夺财富的手段。如古埃及的角力、击剑，古罗马的战车，古希腊的拳击、射箭等，都不同程度地反映了奴隶社会体育的军事功能。进入封建社会，随着生产力和社会经济的发展，人类由野蛮向文明进化，操身练体、养生育性的思想使体育的社会教育功能得到强化。唐代的“武举”、宋代的“武学”、中世纪欧洲的“骑士七技”，充分说明了体育的社会教育功能在社会中的地位和作用。进入资本主义社会，体育在教育中的作用更受重视，体育作为教育的内容和手段被广泛用来训练和发展人的体能，培养人的劳动、生活及军事技能。马克思关于人的全面发展的理论学说中把体育视为教育中不可缺少的组成部分。在《资本论》中，马克思指出：“未来教育对所有已满一定年龄的儿童来说，就是生产劳动同智育和体育相结合，它不仅是提高社会生产的一种方法，而且是造就全面发展的人的唯一办法。”

20 世纪的科学证明：人先天适应环境的能力较差，基本的活动技能靠后天的学习和教育获得，而体育运动是学习掌握这些基本技能的主要内容和手段。由医护人员给初生婴儿做的被动体操、幼儿园的体育游戏，到现阶段国家为各级各类学校中的青少年制定的《体育教学大纲》和《学生体质健康标准》，都把体育活动作为更广泛、更有效的提高身体活动能力、掌握基本活动技能的规定内容。

2. 传授体育科学知识

在社会在向青少年传授的人类文化科学知识中，身体健康和体育运动的知识是作为一项重要内容。体育的基本知识、技术、技能是人类在体育方面所创造的精神财富的一部分。传授体育知识、技术与技能，有助于人们认识体育运动的意义，学会体育锻炼的方法，养成体育锻炼的习惯。对于青少年来说，更是促进个体社会化的重要手段。对于一般人来说，通过体育知识、技术、技能的学习，可以懂得如何根据自己的身体、工作、学习及生活的需要，进行科学的锻炼，养成文明、健康的生活方式。对于运动员来说，体育知识是掌握动作技术、技巧并加以合理运用的重要基础。

科学技术的发展推动了现代体育观念的变革和体育实践的发展，促进了体育手段的多样化和体育知识的科学化，竞技运动的规范化促进了体育设施的日趋革新和国际体育活动交流。新的科学成就在体育运动中的广泛运用，大大加强了体育运动的科学化、系统化，初步建立了体育科学知识体系和科学的运动实践方法，体育已逐渐成为一种独具风格的人类社会文化形态。传授体育的理论知识、技术、技能的过程本身就是普及人类科学文化知识的一个方面，可以促进社会文明程度的提高，促进人类自身的发展。

3. 激发爱国热情，振奋民族精神

体育运动不受国界和地理区域的限制，没有种族、语言障碍，因而具有广泛的全民性、国际性，且极富竞争性和对抗性。进入近代社会以来，体育运动在激发人的爱国热情、振奋民族精神方面发挥着积极的教育作用。国际运动场上的体育竞赛已成为展示一个国家和民族的兴衰和精神风貌的象征，渗透到国家的政治、经济、科学文化和人民群众的生活之中。

国际运动场上，运动员按照规定必须佩带所代表国家的鲜明标志。对于竞赛的优胜者，要奏所代表国家的国歌和升所代表国家的国旗。作为本国的人民，更是把运动员的胜利和成功看作是国家的荣誉。运动员所取得的每一个胜利和每一次优异的成绩，以及他们在竞赛场上所表现出来的良好精神风貌，都激发着本国人民的民族自尊心、自信心、自豪感和荣誉感，唤起人们的爱国热情和革命精神，形成了巨大的凝聚力。它激励着全国人民弘扬奥运精神，无私奉献，艰苦奋斗，团结协作，争创一流，为国争光。

4. 教导社会规范，发展人际关系

体育运动是一种有规可循、有“法”可依、带有一定约束的社会性活动。掌握运动技术，必须遵循人体运动规律；掌握技术要领，可以提高运动水平和避免运动伤害事故。集体项目运动，要求互相配合，个人行为服从整体需要。比赛中，必须严肃纪律，遵守规则，服从裁判，尊重对方，胜不骄、败不馁，谦虚好学。体育运动，使人增强了对个人价值和他人价值的理解和尊重，提高了控制自身行为的能力，加深了对社会生活的理解和适应，促进了人的公民意识。体育运动通过体育法规、竞赛规则、竞赛纪律、运动员守则、教练员守则、裁判员守则，以及社会公德、社会舆论等的制约，培养着社会规范。

体育运动是人的重要交往方式之一。它可增进了解，沟通信息，融洽感情，促进团结互助，加深人与人之间、人与社会之间的联系，对社会的稳定和发展起到积极的促进作用。

奥林匹克的“团结、友谊、进步”精神，就是体育运动在发展人际关系方面的最高意义上和最广范围的体现。

5. 培养竞争精神

竞争作为现代体育的特征，以其独特的表现形态给人启示、智慧和力量。体育竞争不仅塑造着赛场上的体育英雄，同时也激励和鼓舞着广大观众。

体育竞赛充满深刻的人生哲理和时代精神。“人人平等”“优胜劣汰”“新人辈出”“新陈代谢”，使现代体育充满着勃勃生机和强大的活力。体育竞争不受地理区域的限制，可以加强世界各国人民的相互了解，促进友谊，有利于维护世界和平。体育竞争需要尊重科学，开拓创新，才能不断提高竞争水平。

体育竞争反映了一个国家和民族的竞争精神。在我国，这种竞争精神体现在祖国现代化建设的各个领域，是亿万人民振兴中华、建设中华的强大动力。

（四）体育的娱乐功能

体育作为一种文化形式，具有重要的娱乐价值。就活动的主体所处的位置来划分，体育的娱乐价值有两个方面：一是具有观赏性，二是具有直接参与性。

随着科学技术的发展、社会生产方式的变革，科学、健康、文明的现代生活方式正在逐步形成。体育自身的娱乐价值构成了现代生活方式的重要内容并发挥积极的影响，以满足社会不断增长的精神文化生活的需要。通过体育锻炼、体育竞技、体育欣赏等活动，以及进行这些活动所处的大自然环境，人们丰富了闲暇生活。在闲暇时间和闲暇生活中，人们通过自身从事体育娱乐消遣，充分感受到作为人和社会成员有意义的价值。充分利用体育的娱乐功能，对于发挥闲暇时间在社会发展中的积极作用有重大意义。随着当代社会闲暇时间的不断增加，体育娱乐活动占每天闲暇时间的比重不断增加，体育娱乐的价值越来越被人们所重视。人们改变了体育娱乐的观念，把利用闲暇时间进行体育娱乐活动看作是一种使自己感到愉快和满足的社会需要，其本身是一种社会目的，而不从属于工作目的。体育娱乐活动不再被认为是无所事事、虚度时光，而在很大程度上被看作是人的尊严和权利，是一种人格的表现，是一种生活的艺术。以体育娱乐活动作为体育的一种社会目标，培养积极的闲暇生活方式，对于我们社会发展的意义显而易见，它既有益于身体健康，又有益于竞争、合作、交往等社会意识的培养和强化。在社会主义条件下，它既可使人们得到充分享受和自我发展，又可促进全社会生活的改善和社会生活质量的提高。

体育娱乐是为求得身心欢快和休闲为目的的体育活动。其作用主要表现在以下几个方面：

1. 放松身体，消除疲劳，积极休息

人们紧张工作之后，无论是体力还是脑力方面都会感到疲劳，因此在闲暇时间里第一需要即休息。有效率的休息可以尽快地使身体得到放松，疲劳得到尽快消除。休息分静态休息（也称消极休息）和动态休息（也称积极休息）两种。静态休息通常是指睡眠、打盹和闭目养神，动态休息是指通过活动的形式来消除人体的疲劳。在睡眠充足的前提下，采用积极休息能比较快地消除人体疲劳，起到消极休息所起不到的作用。前苏联生理学家谢切诺夫曾经做过这样的实验：让一批人用右手举重，疲劳以后，一部分人躺下休息，另一部分人接着用左手举重然后测定被测试者右手疲劳的消除情况。结果发现继续用左手举重的人比躺下休息的人右手疲劳消除得快。这是因为人体在静止休息时，末梢毛细血管每平方毫米中有 80 条左右开放，其余则关闭着。而进行适度的活动，能使毛细血管开放 1 000 ~2 000 条。这样，供给肌肉组织的营养物质大大增加，代谢过程中产生的乳酸和二氧化碳（这是使人体疲劳的主要原因）得到较快排除。

现代社会，人们的工作节奏加快，人体常常处于局部紧张状态，人的脑力性工作增加，导致人的疲劳度加重并过早出现。因此，进行一些必要的体育娱乐活动，使人体得到充分放松，对消除疲劳大有帮助。尤其是可以消除大脑皮质细胞的疲劳，使人的思维变得更加活跃，有利于提高工作效率和质量。德国生理学家黑尔姆霍兹曾说过：“我最成功的思维是在阳光和煦的日子里，慢慢地攀登树木葱茏的山顶时出现的。”

2. 培养乐趣，调节精神，丰富生活

社会经济的发展，促进了人的生活水平的不断提高，人的需要也开始发生了变化。人的较低层次的生存需要，诸如衣、食、住及其他本能的需要基本上得到了满足，而较高层次的享受需要开始成为人们追求的目标。享受需要包含物质财富和精神财富两个方面：对物质产品的享受需要，主要表现在讲究营养、注重穿着、住宿，以及高档次的消费品等方面；对精神产品的享受，主要通过丰富多彩的文化娱乐活动去实现。

通过参加体育娱乐活动，特别是参加那些自己喜爱和擅长的运动项目，可以使人得到快感。这种心理状态可以使人自信、自尊、自豪、自强，使烦恼、不安、寂寞、自卑等不良情绪得以消除。体育运动对人是一种蓬勃向上的激励，激发人们更加热爱生活、创造生活，在增进健康的同时，调节心理和精神，丰富知识，充实生活，培养乐趣，陶冶情操，调整人际关系。正如现代奥运会创始人顾拜旦在他的名作《体育颂》中满腔热情地歌颂的那样："啊！体育，你是乐趣！想到你，内心充满欢喜；血液循环加剧；思想更加开阔；条理更加清晰。你可使忧伤的人散心解闷，你可使快乐的人生活更加甜蜜！"

第二节 健康的概念与健康教育

一、健康的概念

（一）什么是健康

健康是人类生存发展的一个基本要素，没有健康将一事无成。居里夫人有一句名言："科学的基础是健康的身体。"可见健康对人来说是多么的重要。然而，你知道什么是健康吗？习惯上，人们认为没有病就是健康，这种认识是不全面的。世界卫生组织（WHO）在1948年制定的宪章中指出："健康不仅是免于疾病和衰弱，而是保持在身体上、精神上和社会适应方面的完美状态。"在1978年9月召开的国际初级卫生保健大会上通过的《阿拉木图宣言》中更明确提到："健康不仅仅是没有病和痛苦，而且包括在身体上、心理和社会各方面的完好状态。"这就是人们所常说的身心健康。1989年WHO又进一步深化了健康概念，提出健康应该包括躯体健康、心理健康、社会适应良好和道德健康。即从现代健康观来看一个完全健康的人，应包含躯体健康、心理健康、社会适应良好与道德健康四个方面。

（1）躯体健康。一般指人体生理的健康，是指躯体的形态、结构和功能正常，具有生活自理能力。

（2）心理健康。是指能正确认识自己及周围环境的事和物，表现为人格是完整的、自我感觉良好、情绪稳定、积极向上、有较好的自控能力。保持心理上的平衡。

（3）社会适应良好。是指一个人的心理活动和行为，能适应复杂的环境变化，并为他人理解和接受。

（4）道德健康。是指能明辨是非，能按照社会规范的准则约束自己的言行，能为大众的幸福做出贡献。

（二）人体健康的10条标准

近年来世界卫生组织提出了衡量人体健康的10条标准：

（1）精力充沛，能从容不迫地应付日常生活和工作；

（2）处事乐观，态度积极，乐于承担任务不挑剔；

（3）善于休息，睡眠良好；

（4）应变能力强，能适应各种环境的各种变化；

（5）对一般感冒和传染病有一定抵抗力；

（6）体重适当，体型匀称，头、臂、臀比例协调；

（7）眼睛明亮，反应敏锐，眼睑不发炎；

（8）牙齿清洁，无缺损，无病痛，齿龈颜色正常，无出血；

（9）头发光泽，无头屑；

（10）肌肉、皮肤富有弹性，走路轻松。

据有关研究报道，按上述10条健康标准评价，只有15%的人达到健康，而15%的人有病，大部分人是介于健康与疾病之间的一种状态，称为亚健康。所谓亚健康是指无明确疾病（包括躯体、心理和器质性的），但却表现精神活力的下降和适应能力的减退。这可表现为身体和心理上的不足，如疲乏无力、精神不振、焦虑、头痛、失眠、食欲减退等，但经现代仪器检测或临床医师的诊断均未达到疾病的标准。在这种状态下，人的机能、免疫功能已有所下降，容易患病。

（三）影响健康的因素

人体的健康受多种因素的影响，这些因素互相渗透、互相制约、互相作用。这些因素归纳起来主要有先天因素和后天因素两方面。

1. 先天因素

影响人体健康的先天因素是遗传。遗传是指自然界多种生物通过一定的生殖方式，将遗传物质从上一代传给下一代的一种生物现象。人类遗传学告诉我们，人体细胞内含有的染色体 DNA（脱氧核糖核酸）是遗传物质的基础，有遗传意义的 DNA 称为基因。人体的遗传正是这些遗传基因不断地向后代传递的结果。目前已经发现 5 000 多种遗传病。随着科学技术的发展、各基因功能的明确，很多遗传病是可以治愈的。

2. 后天因素影响

人体健康的后天因素有很多，但主要是以下 5 种：

（1）生活方式。生活方式是指人们的衣、食、住、行，以及工作、生活、娱乐、社交等活动方式。生活方式对健康影响很大，并具有潜袭性、累积性和广泛性的特点。良好的生活方式是人体健康与延年益寿的保证；不良的生活方式会导致各种疾病，严重地损害人体的健康与寿命。例如，经常暴饮暴食、营养不合理，容易造成营养过度导致肥胖，使血液中胆固醇含量过高，诱发心脑血管疾病和糖尿病；经常饮浓茶、抽烟、酗酒，甚至吸毒，就会严重损害神经系统的正常功能；打牌赌博寻求“刺激”，就会损害人的身心健康；养成纵欲行为，陶醉于色情场所甚至嫖娼、卖淫，就会染上各种性病，并败坏人格和社会精神文明。据世界卫生组织的报告，全球人类死因中，不良生活方式所引起的疾病占 60%，其中发达国家高达 70% ~80%，发展中国家也达到 50% ~60%。世界卫生组织总干事中岛宏严肃地告诫人们，大约到 2015 年，发达国家和发展中国家的死亡原因大致相同，而不良的生活方式所致的疾病将成为世界头号杀手。人们如果想在文明的社会中保障身心健康，首先要解除“自我制造的危险”的威胁，即改变引起疾病的不良行为与生活方式，养成健康的行为和生活方式。

（2）环境。人类的健康状况离不开存在的环境，自然环境与社会环境对健康产生直接或间接的影响。

自然环境是指天然形成的水、空气、土壤、阳光等生存系统，它们是人体生存的物质基础。良好的自然环境与人体保持着一种平衡关系——生态平衡，对人体健康有促进作用。但由于地理或地质等原因，有些地区的土壤或水中存在过多或缺少某种元素，可使当地居民因体内某种微量元素过多或过少而患上地方病。

由于工农业生产的发展或某些人为的因素，也会造成对自然环境的污染（如森林被滥砍滥伐，造成水土流失；城市植被面积大幅度减少；大工厂的烟囱喷吐污浊浓烟，汽车废气及噪音隆隆等），从而破坏了大自然与人体之间的生态平衡，使人体健康和寿命受到威胁，甚至引发疾病和死亡。不过可喜的是，如何处理好环境保护与防止污染的问题已成为当今世界各国政府和人们所关注的重要问题，并且各国已采取了有关措施，如保护臭氧层、重视净化自然环境设施的建设、保护生物维持生态平衡等。作为大学生更应加强环保意识，爱护一草一木，注意环境卫生，为营造良好的生态环境做出积极贡献。

社会环境是指由政治、经济、文化、教育、卫生服务等因素构成的社会系统。随着经济的发展和科学技术水平的提高，人们工作和劳动的条件不断改善，受教育的面与程度不断扩展，物质文化生活越来越丰富，公共性服务与医疗服务也在不断改革、完善，使人们的健康水平大大提高。据报道，我国 1949 年人均寿命是 35 岁，现在是 71 岁。

(3) 心理因素。人的心理活动对人体健康的影响已越来越引起人们的重视。人的心理活动是客观存在的，是人的大脑对社会客观现实的反映。积极的情绪对健康有良好的促进作用，使大脑功能得以改善，增强机体免疫功能，提高机体防病和治病的能力，使人感到精力充沛。而消极的情绪则与疾病的发生和发展有密切关系。常常处于闷闷不乐、忧虑、紧张压抑的精神状态，会导致躯体生命系统整体功能失调而引起各种疾病损害健康。

(4) 营养。营养与健康有着密切的关系。合理的营养是正常生长发育的基础，也是增进健康、防治疾病的有效手段之一。若营养摄入不足或不全面，会导致各种营养缺乏病，如缺铁性贫血、维生素 A 或维生素 B 缺乏症等。若营养摄入量过度或失调又会导致“现代文明病”，如心血管疾病、糖尿病、肥胖症等。

因此，我们必须重视科学而合理营养，使日常饮食尽量符合营养科学、合理的要求，保证身体健康的需要。

(5) 运动（体育锻炼）。“运动运动，百病难碰”，“跑跑跑，再过十年不嫌老；跳跳跳，年过花甲也显少”。这些来自民间的格言民谚是人类在历史发展进程中，对健康追求的真实体验，道出了体育运动对强身健体、防病治病、延年益寿的重要作用。人体在适宜的运动过程中，机体将产生一系列适应性的良性变化而达到健身防病的目的。而运动量过大，则可能因身体承受不了导致伤害；运动量过小，又达不到刺激体内各组织器官从而提高生理功能的目的。因此，体育锻炼要想获得健身效果，必须注意科学性。

（四）体育锻炼与心理健康

1. 心理健康的标准

心理健康是智力发展和脑功能健全的标志，是确立正确的人生观和培养优良心理品质的基础。怎样才是心理健康呢？综合国内外有关专家的研究，心理健康的标准主要包括智力发育正常、人格完整、有良好的心理承受能力与和谐的人际关系。

(1) 智力发育正常。智力是指一个人的观察力、判断力、分析力、注意力、想象力、思维力、记忆力和实践活动能力的综合体现。智力正常且能充分发挥的人，往往表现出强烈的求知欲望，乐于学习、积极探索，有意识地培养自己的观察力、思维力、想象力、判断力、记忆力等能力，并在认识活动、实践活动中充分地发挥作用。

(2) 人格完整。人格是指个体比较稳定的心理特征的总和。人格完整就是指有健全的人格。其基本特征是自我意识清醒，有自知之明，能正确把握自己、支配自己，积极进取，有强烈的责任感，对生活充满信心和希望。

(3) 良好的心理承受能力。表现为具有坚忍的意志和坚强的毅力，善于控制和调节自己的情绪，胜不骄、败不馁，快乐有度、悲伤有节，在各种环境下均保持稳定的心态。

（4）和谐的人际关系。表现为乐于和善于与人交往、保持独立完整的人格、不卑不亢、能正确地对待他人和社会，在交往中善于取长补短、宽以待人、乐于助人、有良好的人际关系。

2. 体育锻炼对心理健康的积极作用

体育锻炼对心理健康的作用，人们可能认识并不太多。1992 年，国际运动心理学会发表了名为《身体锻炼与心理效应》的声明，充分肯定了体育锻炼对健康心理的积极作用，这种积极作用是多方面且明显的。

（1）调节改善情绪。情绪是人对客观事物的一种态度。人生活在错综复杂的社会中，经常会因工作、学习、人际关系等产生紧张、忧愁、压抑、悲欢等不良情绪反应。体育活动则是改善不良情绪的一种非常适当的方法。体育锻炼过程中由于大脑处于较强的活动状态，体温升高以及脑内啡呔释放等原因，可以转移个体不愉快的意识、情绪和行为，摆脱痛苦和烦恼，振作精神。现代大学生将面临学业考试、就业分配、专业选择等多方面竞争，很容易产生沮丧、抑郁、焦虑、紧张等不良情绪，经常参加体育锻炼可使紧张情绪得到缓解，焦虑反应降低，改善不良的情绪状态。

（2）促进智力发展。体育锻炼可促进大脑的发育和改善神经系统的工作能力，使锻炼者的注意、反应、思维、记忆和想象等能力得到提高。另外体育锻炼所引起的一些非智力成分的良好变化，如情绪稳定、性格开朗、疲劳感下降等均对智力的提高有重要的促进作用。

（3）有助于人格的完善。体育锻炼是一种身体活动，在这一进程中人体会碰到各种困难，如生理惰性、气候变化、动作难度、畏惧心理、疲劳以及损伤等，在克服这些困难的同时，也培养了坚忍顽强的意志品质，增强了承受挫折的能力，有助于个体形成积极进取、乐观向上的生活态度。

（4）确立良好的自我概念。自我概念是个体主观上对自己的身体、思想和感情的整体评价，它是由许许多多的自我认识所组成的，如“我是什么人”“我喜欢什么”“我不喜欢什么”等。自我概念受身体表象（指头脑中形成的身体图像）和身体自尊（个体对自己运动能力及身体外貌、身体抵抗力和健康状况的评价）有关。无论男性还是女性，对身体表象的不满意会使个体自尊变低，并产生不安全感和抑郁症状。研究表明，肌肉力量与身体自尊、情绪稳定、外向性格和自信心呈正相关，并且加强力量训练会使个体的自我概念显著增强。坚持体育锻炼可使人体格强壮、精力充沛，有效地改善人的身体表象和身体自尊，有助于确立良好的自我概念。

（5）增强社会交往能力。现代社会社会化的进程愈演愈烈，一方面在工作中的团队精神及协同合作要求越来越高；另一方面社会的发展、生活节奏的加快，特别是网络时代的来临，又使许多生活在大城市的人越来越缺乏直接的社会交往的机会。体育活动就是一个增加人与人接触的最好形式。特别是一些集体项目的运动，更是个人与他人紧密协作和配合的过程。通过这些运动，可使个体忘却烦恼痛苦，消除孤独感。同时能有效地促进与他人协作能力的养成，提高心理素质，提高对现代社会发展的适应性。

3. 影响体育锻炼产生良好心理效应的因素

体育锻炼要达到产生良好心理效应的目的，还应注意以下因素。

（1）喜爱体育锻炼并从中获得乐趣。这是体育锻炼产生良好心理效应的基础。如果对体育锻炼没兴趣就很难从中获得乐趣，也就不可能产生满足感和良好的情绪体验。

（2）体育锻炼代谢方式。研究表明，体育锻炼时以有氧活动为主，采用有重复性与有节律的身体活动（如慢跑、游泳、骑自行车、跳绳、健美操等），可以取得很好的效果。

（3）运动项目。不同的运动项目或不同的运动形式所获得的心理效应是不同的。避免那些激烈竞争的项目，可多选择以个人进行的项目，这样运动时间、空间、动作节奏等更易于个人控制，锻炼者可更随意、更自由地进行，更容易获得良好的情绪体验。

（4）运动强度及时间。要想获得好的健心效果，运动强度应以中等最佳，即心率控制在最高心率（220－年龄）的60%～80%。运动强度过强易产生紧张感和疲劳感。一次锻炼的持续时间应至少20 min，若少于20 min，很可能心理效应尚未出现，身体活动就停止了。而时间过长又可能造成厌倦、疲劳，引起不良情绪。

（5）体育锻炼应持之以恒。有研究报告，身体练习的系统性越强，体育锻炼所产生的良好效应就越明显。这表明只有长期坚持体育锻炼，养成习惯，才可获得良好的健身效果。

二、健康教育

（一）健康教育的意义和目的

健康教育是一种以健康为目标，以促使人们自觉采纳有益于健康的行为和生活方式、消除或减轻影响健康的危险因素、预防疾病、促进健康、提高生活质量为目的的、有计划、有组织、有系统的社会教育活动。世界卫生组织于1978年在《阿拉木图宣言》中曾指出，健康教育是所有卫生问题、预防方法及控制措施中最为主要的，是能否实现初级卫生保健任务的关键，而初级卫生保健是在全世界可预见的将来达到满意健康水平的关键。在制定初级卫生保健的8项任务中，首要任务便是健康教育，说明健康教育在实现所有健康、社会和经济目标中的重要地位和价值。正如世界卫生组织总干事中岛宏博士在第13届世界健康大会开幕式上所说："我代表世界卫生组织向大家保证，我们将给予你们的领域以优先权，给这种优先权的理由是十分充分的，而且也是全世界迫切需要的。"健康需要教育，教育是为了健康。

健康教育的目的是通过健康教育活动过程达到改善、维护和促进个体和社会的健康状况。随着第一次卫生保健革命在许多国家相继完成，在这些国家的疾病死亡率已发生了根本性的变化，冠心病、肿瘤、中风等慢性疾病替代传统的传染病和营养不良成为主要死因。形成这种状况的主要原因不是生物致病因素所致，而是因不健康的行为或生活方式，严重被污染的自然环境和有害的社会环境所致。面对这类疾病，采用控制传染病的防治方法显得十分无力。然而，实践证明通过健康教育促使人们自愿采纳健康的生活方式与行为，降低致病危险因素来预防疾病、促进健康已初见成效。如通过健康教育，近20年来一些发达国家的冠心病下降了1/3，脑血管病下降了1/2，吸烟率每年下降1.1%。因此，健康教育作为卫生保健的战略措施，已受到全世界的公认和重视。美国疾病控制中心研究指出，如果美国男性公民不吸烟、不过量饮酒、合理饮食和进行经常性锻炼，其预期寿命可望延长10年。美国用于提高临床医疗技术的投资，每年花费数以千亿计，却难以使全国人口预期寿命增加1年。因而，健康教育是一项投入少、产出高、效益大的保健措施，是最经济的健康促进和健康保护的有效策略，因而显得更具吸引力和生命力。

大学生正处在青春发育后期，其行为模式、生活习惯和道德情操以及体质、精神等，仍处在不稳定状态，具有一定的可逆性。大学生的健康观，对健康所持的态度，以及生活方式、行为等不仅会影响大学生自身的健康状况，而且对广大青年，对社会、国家的未来都有着极其重要的影响。在高校开展健康教育，是青年大学生个人的需要，并将能从中终身受益。大学生知识结构和健康素质的改善，通过他们良好的卫生习惯和健康的生活方式带动、影响社会其他人群，并向群众传授卫生信息，今后可以成为健康教育的传播者和指导者，这对于提高整个民族素质，无疑会产生深远的影响。

（二）健康教育的任务与要求

健康教育是以传授健康知识、建立卫生行为、改善环境为核心内容的教育。大学生健康教育的任务与要求主要包括以下几个方面。

（1）帮助大学生树立正确的健康观。使他们真正认识到：健康不仅是躯体无病、体格健壮，还是有良好的心理素质和社会适应能力；了解现在和未来健康的需求并有适应变化的意识。

（2）掌握必要的疾病防治知识和急救方法。养成用脑卫生、运动卫生、环境卫生、性卫生、营养和饮食卫生等良好的习惯，提高自我保健能力。

（3）使大学生认识到不健康的行为和生活方式的危害，如吸烟、酗酒、膳食结构不合理、缺少体育运动等给自身健康带来的危害，帮助他们改变不健康的行为和不良的生活方式，消除或减少危险因素的影响。

（4）了解心理卫生知识，提高心理素质。大学生阶段是价值观、道德观、人生观形成时期，面临多种选择、机遇的激烈竞争。培养健康文明和积极乐观的生活态度，正确对待自己和善待他人，妥善处理生活事件与心理压力，提高对挫折的耐受能力与自我心理调节能力，维护心理健康，这些对大学生是非常重要的。

（5）增强对维护健康的责任感和自觉性。社会主义精神文明建设的重要任务之一，就是要提高全民族的科学文化水平，提倡文明、健康、科学的生活方式，克服社会风俗习惯中存在的愚昧落后的东西。因此，要使大学生强烈意识到：健康是当代大学生成才的重要素质，增进健康是历史赋予大学生的使命，维护健康不仅是对自己负责，也是对社会负责。

第三节　体育与身心发展

一、影响人的身心发展的基本因素

人的发展，包括身体和心理两个方面的发展，它是以一定的遗传素质为前提，以一定的生理发展为基础，并在一定的社会生活条件和教育影响下发展起来的。遗传、社会生活条件和教育以及人的本身活动是影响人身心发展的主要因素。

（一）遗传素质是人的身心发展的必要物质前提

遗传是指通过细胞染色体由祖先向后代传递的品质。人的机体结构、形态、感官和神经系统等遗传的生理特点也叫遗传素质，是人发展的自然或生理的前提条件。遗传在人的发展中不可忽视，它对人的发展主要作用有以下几点：

（1）遗传素质为人的发展提供必要的生物前提。人是社会实体，同时也是自然实体。人的遗传素质，特别是人的大脑神经系统特点是其他动物所不具有的。除人以外的其他高等动物，即使长期与人接触并受人的专门训练，也不可能具有人的心理发展水平。

（2）遗传素质的不同是造成儿童发展差异性的先天影响因素。人的遗传素质是有差异的，这种差异不仅表现在体态、感觉器官方面，也表现在神经类型方面。遗传素质的差异，对人的发展是有影响的。因此，我们应当高度重视优生优育问题。

（3）遗传素质不是决定人的发展的唯一因素。遗传素质只能提供最初的生物前提，遗传素质及其个别差异只是使人可能具有人的心理水平和某种个别差异，但并不能保证它一定能够实现。一个智力素质好的儿童，是否能成为一个科学家，一个运动素质好的儿童，是否能成为一个运动员，必须有一定的社会生活条件和主观努力。

（二）社会生活条件对人的身心发展起决定性作用

人的生活主要是社会生活，儿童一生下来就作为一个社会成员生长，社会生活条件决定着人的身心发展。社会生活条件包括社会物质生活条件和社会精神生活条件两个方面。社会物质生活条件包括自然环境和物质生活资料的生产方式，其中主要是生产方式对人的发展起决定作用。社会生活条件对人的身心发展有如下作用：

（1）社会生活条件使遗传提供的发展可能性变成现实。先天的遗传素质，是否能适时发展，以及向什么方向发展，远不是遗传本身决定的，而是由社会生活条件决定的。同卵双生子，一般说来，在遗传素质上有较多的类似点，但如果放在不同的生活条件下，可以发展出差异较大的生理特征和个性心理特征。拉斐尔是文艺复兴时期意大利杰出的画家，马克思在谈到拉斐尔这样的天才人物时曾指出："像拉斐尔这样的人是否能顺利地发展他的天才，这就完全取决于需要，而这种需要又取决于分工以及分工产生的人们所受教育条件。"遗传提供了可能性，但是没有一定的社会生活条件是不可能变为现实的。

（2）社会生活条件决定人的发展方向、水平、速度和个别差异。在不同的社会生活条件下，人的发展是不同的。原始人和现代人在发展上有很大差异，这主要取决于社会生产、科学文化发展水平。同一社会制度下，不同阶级、不同家庭、不同地区、不同教育的人发展也有差异，这主要取决于社会关系。因为人一生下来，就生活在一定的社会关系中，必然要与周围人发生各种交往。周围人的生活方式和思想、习惯、作风，必然会对他产生各种影响。

（3）环境决定论和二因素论都有其错误的方面。环境决定论片面夸大和机械地对待环境和教育作用。环境决定论者看不到人既是环境的产物，同时也通过实践活动积极地改造环境，人受环境影响不是消极和被动的，人是通过参加实践活动来对环境做出反应，是按照他们已有的知识、经验以及在这种知识经验基础上产生的需要和兴趣来对环境做出反应的。

二因素论把遗传和环境看成是两个同等的共同决定人的发展因素。如美国心理学家RS. woodwopth 认为人的发展等于遗传和环境的乘积。二因素论在对待环境和遗传时，虽不片面强调某一方面，不用一个否定另一个，这比遗传决定论和环境决定论认识较全面一些，但也没有认识到人在发展中的各因素之间的辩证关系。

（三）教育对人的身心发展起重要作用

教育本身是一种社会生活条件，也受社会的制约。教育主要是以交往的形式把世代积累起来的知识、经验传递给下一代，使下一代从一开始就接近和达到上一代的水平。教育包括家庭教育、社会教育和学校教育。影响人的后天因素中，环境对人的发展起着一定的制约作用，而比起环境的自发影响来说，教育对人的发展，特别是对青少年的发展往往起主导作用，这是因为以下原因：

（1）教育是培养人的活动，它规定着人的发展方向。教育不管是有组织的或无组织的，系统的或零碎的，家庭的或社会的、学校的，都是有目的地培养人的活动。在人的其他活动中，人与人之间也会产生各种影响，也会有一定教育意义，但是那些活动不是以培养人为目的的。同时，环境中的自发影响是比较复杂的，它不能按照一定方向去影响人，因而不能决定人的发展方向。教育，特别是学校教育，能排除和控制一些不良因素影响，给人以更多的正面教育，按照一定方向培养青年一代。

（2）教育给人的影响比较全面、系统和深刻。教育，特别是学校教育，是根据一定社会的要求，按照一定的目的选择适当内容，利用集中时间，有计划地、系统地向学生进行各种科学文化知识教育、发展体能教育、个性培养和思想品德教育。而社会环境中其他方面的影响，往往是偶然的和片断的，是不能同学校教育相比拟的。

（3）学校有专门负责教育的教师。学校教育是通过专门培训过的教师来进行的。教师受社会委托教育学生，对学生身体、学业、品德等全面关心，明确教育目的，熟悉教学内容，懂得教育方法，自觉地培养学生按照一定方向去发展。但是，我们必须明确，学校教育主导作用的实现，必须通过学生自身的积极活动，教育者应根据教育对象的身心发展规律，充分调动学生的积极性，组织学生参加一些有益于身心发展的活动，同时，还应争取学生家庭和社会力量配合，协同一致地教育学生。这样才能使教育力量更大，教育效果更好。

二、体育与人的身心发展关系

体育作为一种社会现象，是人类总文化的组成部分。体育既是教育的一部分，又是生活的一部分，是属于人的社会生活条件，因此，它对人的身心发展起着主导作用。

（一）体育对人体发展的作用

（1）促进大脑清醒、思维敏捷。大脑是人体的指挥部，人体的一切活动信息、指令都是由大脑发出来的，大脑的重量虽然占人体重量的2%，但它的需氧量却要求达到心脏总血流量的20%才能满足，可见脑力劳动消耗从某种意义上说不小于体力劳动。而脑力劳动特点之一是呼吸表浅、血液循环慢、新陈代谢低下、腹腔器官及下肢部分血流滞缓。长时间脑力劳动，会感到头昏脑涨，这是由于大脑供血不足和缺氧所致。而进行体育锻炼，尤其是在大自然新鲜空气中锻炼，可使疲劳的大脑获得积极休息，改善大脑的供血状况，使大脑保持正常工作能力。另外，随着人的年龄增长，脑细胞会逐渐衰亡，大脑功能下降，致使大脑变得迟钝起来，但从事体育运动可以减缓这种衰老过程。体育活动能促使中枢神经系统及其主导部分大脑皮层的兴奋性增强，抑制性加强，从而改善神经过程的均衡性和灵活性，提高大脑的分析综合能力。

（2）促进血液循环，提高心脏功能。人体的心血管系统好像一个运输网，心脏是这个运输网的动力器官，血液通过运输网将养料、氧气运往全身，因此，心血管系统机能对人体健康有着举足轻重的影响。进行体育活动可加速血液循环，以适应肌肉活动的需要，这样就能从结构上和功能上改善心血管系统。经常从事体育运动，能使心脏产生工作性肥大，心肌增厚，收缩有力，心搏徐缓，血容量增大，这就大大减轻了心脏的负担。而且心率和血压变化比一般人小，表现出心脏工作的“节省化”现象。

(3) 改善呼吸系统功能。呼吸是重要的生命现象，肺是呼吸系统的重要器官，具有气体交换的功能，经常运动能使呼吸肌发达，呼吸慢而深，每次吸进氧气较多，每分钟只要呼吸 8～12 次，就能满足机体需要。体育运动可使人体更多肺泡参与工作，使肺泡富有弹性，可增加肺活量。

(4) 促进骨骼肌肉的生长发育。适当的体育活动能为骨骼和肌肉提供足够的营养物质，促进肌纤维变粗，肌肉组织有力，促进骨骼生长，骨密质增厚，提高抗弯、抗压、抗折能力。

(5) 调节心理，使人朝气蓬勃，充满活力。从事体育运动，特别是从事那些自己感兴趣的运动项目，能使人产生一种非常美好的情感体验，使人心情舒畅、精神愉快。由于体育运动的激励还可以增强自尊心、自信心和自豪感，增添生活情趣，体育运动还能调整人们某些不健康心理和不良情绪。

(6) 提高人体对外界环境的适应能力。从事体育运动能提高人体应变能力，使人善于应付各种复杂多变的环境。由于经常进行体育锻炼，大脑皮层对各种刺激的分析综合能力增强，感觉敏锐，视野开阔，判断空间、时间能力增强，因而能判断准确、反应灵活。同时，由于经常在严寒和炎热环境中运动，可以提高机体调节体温的能力，增强身体对气温急剧变化的适应能力。

(7) 增强机体免疫能力。经常运动可使白细胞数量增加、活性增强，增强机体免疫能力，提高人体对疾病的抵抗力。可以使中老年人保持充沛精力和旺盛的生命力，延缓老化过程，健康长寿。

(二) 体育要适应人的身心发展规律

体育只有遵循人的身心发展规律，才能充分发挥其在促进人体发展和增强体质过程中的积极作用。生理学和心理学研究表明，体育活动应遵循人的身心发展规律。

1. 要适应人的身心发展的统一性规律

人的生理发展，包括人的机体的正常生长发育和体质的增强。机体的生长是指细胞的繁殖增长，表现为身体各部分的组织器官以及身体的大小、高矮、体重增加。机体发育是指器官形态的改变和机能改善。人的机体只有正常生长发育才能使体质增强，体质增强又有助于机体正常生长发育。

人的心理发展，包括感觉、知觉、注意、记忆、思维、想象、情感、意志和个性等方面的发展。人的心理是大脑对客观现实的反映，脑是心理器官，心理是脑的机能，心理反应有自觉能动性，是在社会实践中，在言语参加下进行的。

人的生理和心理的发展是统一的，是密切联系、相互影响的。离开了生理发展，特别是大脑发展，不可能有人的心理发展。同时，人的心理发展也必然能影响生理的健康发展。体育教育工作，必须注意学生身心发展的统一性，促进他们身心得到全面发展。

2. 要适应人的身心发展顺序性、阶段性规律

对不同年龄的人在体育内容、方法上应有所不同。在生理方面，例如骨骼肌肉的发展，

先是发展大骨骼、大肌群，随后才发展小骨骼和小肌群。神经系统结构发展是先快后慢，生殖系统发展先慢后快。儿童心理发展，总是由具体思维发展到抽象思维，从机械记忆发展到意义记忆；先有高兴、恐惧等一般情感，而后发展为理智感、道德感。这一顺序不可逆转，也不能跳跃。人的身心发展又具有年龄阶段性，一定年龄阶段的人具有某些共同的、本质的生理和心理发展特性。不同年龄阶段的人，具有不同的身心发展特点。儿童少年时期，同化作用占优势，各器官系统主要表现为生长；青壮年时期，同化作用和异化作用基本平衡，有机体处于比较稳定的阶段，各器官系统生长发育已基本完成，是人一生中生命力最旺盛时期；中老年时期，机体功能缓慢衰退。

因此，体育工作者就必须从受教育对象的实际出发，针对不同年龄的教育对象，提出不同的任务，采用不同的教育内容和方法。同时还应当正确而循序渐进地对受教育者提出合理要求，既不迁就现有水平，又要根据他们的年龄特征，在已有基础上，促进他们身心发展，以达到更高水平。

3. 要适应人的身心发展的不均衡和个别差异规律

在人的身心发展过程中，由于遗传、环境、教育和其自身的主观能动性不同，他们的身心发展存在着不均衡和个别差异。其不均衡性表现在两个方面。

（1）在同一方面的发展上，不同年龄阶段，发展是不均衡的。如身高、体重有两个增长高峰，第一个高峰在出生的第一年，第二个高峰是在青春期。在高峰期，身高、体重的发展比其他年龄段更为迅速。

（2）在不同方面的发展也是不均衡的。有的方面在较早的年龄阶段就已达到较高发展水平，有的则要在较晚的年龄段才能达到较为成熟水平。人的身心发展不仅不均衡，而且在不同人之间是有差异的。表现为：在同一方面，不同人发展速度和水平是不相同的。在不同方面的相互关系上，不同人有个别差异，有的人早慧，有的人大器晚成；有的儿童身高早长，有的则晚长；有的儿童在 8 岁时抽象思维已有很好的发展，能够接受中等教育，有的儿童抽象思维在十四五岁时才有显著发展。

由于身心发展的不均衡性，体育教师要了解教育对象的不同方面发展的成熟水平及时期，使教育与成熟程度相适应。由于身心发展的个别差异性，体育工作者既要照顾年龄特征，又要重视每个人的个别差异，因材施教。

第四节　健康与卫生

掌握卫生知识，并采取各种有效的卫生措施，养成良好的卫生习惯，能使健康获得保障。现代医学认为，个人健康与卫生有着十分密切的关系。其中包括生活卫生、心理卫生、环境卫生和运动卫生等。

一、生活卫生

生活卫生的内容是多方面的。其中主要包括生活有序、合理饮食、睡眠充足、戒除不良嗜好等。

（一）生活有序

所谓生活有序，是指建立合理的生活制度，并保持相对的稳定。每日按时睡眠、起床、早操、学习、工作、进餐、休息以及体育锻炼。生活有序可以使人体生物钟正常运行。

（二）合理饮食

合理饮食是指饮食有节、五味调和、营养适当。

（1）饮食有节。要注意食勿过量，《素问·痹论》中有：饮食过量，就会损伤脾胃，导致损伤元气，并提倡早饭要好，午饭要饱，晚饭要少，空时进餐。一些研究报告表明，人体消化酶，一般在白天分泌较多，使食物容易消化，而夜晚则分泌较少，故晚餐不宜过食。

（2）五味调节。《素问·生气通天论》中有：饮食要调节，营养要适当调和，才能气血通顺，精骨壮盛。并指出，五味入口，不欲偏废，要搭配合理。酸多即伤脾，苦多即伤肺，辛多即伤肝，咸多即伤心，甘多即伤肾。可见，五味调适是十分重要的。

（3）营养适当。营养好坏，对脑的发育、智力的发展有着非常密切的关系，营养缺乏及失调会影响整个脑的健康和功能。

营养物质，主要包括糖类、蛋白质、脂肪类、维生素以及微量元素等。人体所需的营养物质，大都可以从普通食物中获得。除了主食外，只要我们平时注意摄入一定量的鸡蛋、瘦肉、大豆、猪脑、新鲜蔬菜、水果就可以满足需要了，有条件的可增加牛奶或豆奶。

特别注意的是，如果晚上学习时间较长，应适当补充营养，但不宜过多，以免影响睡眠。

（三）睡眠充足

睡眠是维持正常生命的自然需要。睡眠约占人一生时间的1/3。睡眠使人得到充分的休息和体力恢复。睡眠时大脑细胞得到广泛的抑制，使工作一天的大脑细胞得到休息，以防止神经细胞的衰竭，并恢复机能。睡眠时间，青少年一般需要7～9小时，老年人短一些，不同人的睡眠时间也有所不同，但经常睡眠不足，会引起过度疲劳和神经衰弱。保持卧室清洁、温度适宜、空气新鲜，经常晒洗被褥，睡前洗脸、刷牙和洗脚，都有益于睡眠。

（四）戒除不良嗜好

戒除不良嗜好，是保持健康的重要因素。吸烟和大量饮酒，有害于健康。吸烟可使神经系统功能紊乱，机能失调，尤其对呼吸系统和心血管系统的功能危害更大。酒精同样有害于健康，如果吸烟同时饮酒，则对神经系统和心血管系统的危害更为严重。

二、心理卫生

（一）心理卫生的意义

心理卫生也称精神卫生。它是维持和增进健康的基础。

传统医学认为，人的精神活动和健康有着十分密切的关系，心理活动伴随情绪表现，可引起一系列生理反应。人的情绪反应区位于大脑皮层的深下部位，不良的情绪，可直接影响机体的内部平衡以及机体适应外界环境的能力。情绪变化超过正常生理限度，即可引起大脑功能的紊乱，进而使内脏器官正常生理机制受到破坏，并导致病变。

（二）情绪对健康的影响

积极愉快的情绪，如喜悦、满足、轻松、好感、期望、振奋、豪爽、勇敢、乐观、恬静等对内脏器官是一种良性刺激，并对机体功能产生积极的影响。例如，使大脑皮质、神经、体液得到调节，并使内分泌腺和肾上腺素分泌液得到加强，从而使机体功能得到改善。研究证明，如果没有肾上腺素的参与，有机体的任何机能活动都不能实现。

消极情绪，如失望、焦虑、不安、害怕、委屈、沮丧、嫉妒、不满、愤怒、烦闷、悲伤、忧郁等能使中枢神经紊乱，并可造成一系列生理功能障碍。例如，人在发怒时，心跳次数激增，血压急剧上升，甚至可猝发心脑血管系统的疾病。情绪过偏，使人气滞、气乱，从而可导致血瘀痰结、积食、胃肠功能紊乱。不良情绪还可使免疫功能降低，患病机会增多。国外医学研究发现："一切对人不利的影响中，最能使人短命夭亡的就是不好的情绪和恶劣的心情，尤其是忧虑、颓丧、贪求、怯懦和妒忌、憎恨。"

（三）怎样培养良好的情绪

（1）培养积极向上和健康的心理素质。首先要端正生活态度，热爱生活，对未来充满美好愿望。热爱集体，认真学习，加强自身修养，增强对工作的责任心，这对自身的发展和健康都是十分必要的。

（2）心胸开阔，真诚待人。即在和周围同学相处中，要以诚相待，不为区区小事而斤斤计较，发扬谦让美德。不要过于固执，要善于听取他人意见，求大同存小异，形成欢乐愉快的"家庭气氛"。如果个人有了苦闷，要多和友人、老师交谈，从倾诉中解脱苦闷。

（3）提高文化修养，培养高尚情趣。大学生要注意充实自己的业余生活，如欣赏音乐、舞蹈，参加文艺活动等。要尊敬师长，乐于助人，善于交往。戒除对周围事物的淡漠感，使生活充满情趣。

（4）积极参加体育活动。运动既可增强体质，增进健康，同时又可振奋精神，提高生活勇气，增强克服困难的信心，同时对改善心理障碍也颇有益处。

三、环境卫生

（一）环境卫生的意义

（1）人体健康与环境卫生有着十分密切的关系。人体的疾病绝大部分是由环境的致病因素引起的。在环境致病因素中，环境污染又占有重要的位置，环境污染非但直接影响人的健康，而且还涉及一个国家乃至整个人类的生存和发展。

（2）环境卫生，除大环境卫生外，同时也包括个人环境卫生。如室内外环境整洁情况，室内通风、照明情况，以及个人卫生习惯等，这些都与个人健康有着直接联系。因此，在提高大环境卫生的同时，每个人都要重视个人卫生。

（3）环境卫生不仅反映了一个社会的物质文明水准，而且也反映了一个社会的精神文明水准。

（二）运动环境与健康

（1）田径场卫生。田径场跑道应当平坦、坚实而有弹性，并保持一定的湿度。灰尘太大时，应洒些水。跳跃沙坑要松软，没有石子杂物，沙坑边最好用木质制作，并用橡皮包扎，与地面相平。投掷场地应有明显的区域划分，不要和其他项目混合使用，以免造成伤害。

（2）球类场卫生。球类场要平坦、硬度适中，周围应有余地。

（3）室内运动场卫生。室内运动场应力求光线均匀，照明不低于 50 Lx。光线暗淡容易发生伤害，室内温度一般在 15℃～25℃之间为宜，并保持通风。运动器材要坚固，垫子要保持整洁。

（4）滑冰场卫生。冰面平坦，冰面厚度为 15 cm 以上。滑冰人数不宜太多，并注意向同一方向滑行，以免互相冲撞。

（5）游泳池卫生。最重要的是保证水质符合要求，防止污染。为了安全，深浅水池要有明显标记，晚上游泳应有足够的照明。

利用江河湖泊进行游泳时，必须检查水质是否清洁，有无传染疾病的危险。并注意水深情况，水的流速每秒钟低于 0.5 m 为宜。

（6）其他卫生。作为健身运动，应避免在大风和雾天、气温低、湿度很大的环境里锻炼。在夏天要避免在烈日高温下锻炼，以防中暑。

四、运动卫生

体育锻炼，必须遵循人体生理变化规律，并加强自我监督，才能达到增强体质、增进健康的目的。运动卫生包括准备活动、整理活动、消除疲劳、运动与饮食、饮水以及自我医务监督等。

（一）准备活动

准备活动是体育锻炼前所进行的一系列身体练习，它可使人体从相对安静状态过渡到运动状态，并对整个机体产生积极的影响，其主要作用在于：

（1）提高神经和肌肉的兴奋性。通过做准备活动，逐渐提高中枢神经系统和肌肉的兴奋性，加强心血管和呼吸器官的活力，克服内脏器官机能的惰性，使机体各方面的功能达到适应剧烈运动时的需要。

（2）预防运动损伤。适量的准备活动，使身体发热，减少肌肉韧带的黏滞性，增加肌肉弹性，加大关节活动幅度，从而预防运动伤害事故的发生。

（3）调节运动情绪。通过准备活动，可调节锻炼者过于兴奋或兴奋性过低状况，以有效地动员整个机体的活动能力，更好地投入锻炼活动，准备活动的内容可分为一般性练习和专门性练习。一般性练习如慢跑、快走、跳跃、徒手体操、游戏等。专门性练习是根据即将进行的运动项目特点，选择相似的模仿性练习，它是在一般性练习的基础上进行的。例如，跳远前可选择助跑与起跳相结合的起跳练习，球类运动前可选择熟悉球感的一系列练习等。

准备活动强度应控制在使身体轻微出汗，心率逐渐上升到 130 次/min～160 次/min 之间，肢体活动幅度和力量接近到最大限度。

（二）整理活动

锻炼结束时，做一些轻松、活泼、柔和性练习，使人体由紧张的运动状态（包括生理和心理两方面），逐步过渡到相对平静状态。积极的整理活动，可改善肌肉的血液循环，减轻肌肉酸痛，加速消除疲劳。特别是剧烈运动后（如 100 m、400 m 赛跑后），一定要进行慢跑等整理活动，而不能立即坐下或躺下，以免引起“重力休克”。

整理活动的内容，有放松性慢跑、步行、简易跳跃、抖动和拍击肢体，以及深呼吸等。

（三）消除疲劳

运动后产生肢体疲劳与肌肉酸痛，通过整理活动可以得到一定的恢复，但是如果运动强度大，一时不易消除者，还可采取如下恢复措施。

（1）按摩法进行全身性按摩。特别是对负担量大、肌肉酸痛反应大的部位，进行重点按摩。

（2）温水浴法。温水浴可加速血液循环，松弛肌肉，也有利于促进营养供给和废物排出，从而起到减轻疲劳和恢复体力的效果。

（3）休息法。休息分为积极性休息和静态性休息两种。积极性休息是通过变换活动内容、改变活动方式来调节生理功能，使疲劳的机体得到休息。而静态性休息，是不采取身体活动方式（如采用睡眠等方式）来消除疲劳。可根据实际需要选择方法，也可将两种方法结合使用。

（四）运动与饮食、饮水

（1）体育锻炼与进食时间，应遵循一定的卫生要求。锻炼后一般间隔半小时左右进餐，饭后 1 小时方可开始运动。这样有利于胃肠系统消化和吸收，也有利于锻炼活动的进行。

（2）运动后除适量增加一般性营养外，还可根据不同运动项目特点，补充不同营养。例如，长跑运动后补充糖分，短跑、球类、举重、体操等项目运动后，可增补些蛋白质等。

（3）运动时出汗多，体内缺少水分，必须注意补充水分。但不能一次饮水过多，以免影响消化功能，应以少量多次为宜。夏天可适当补充些淡盐开水。

五、女子体育卫生

由于女子身体解剖结构和生理机能与男子有所不同，所以在体育锻炼时，必须充分考虑到女子生理上的特点，并采取正确的方法，才能收到预期的效果。女子体育卫生包括一般卫生要求和月经期体育卫生要求。

（一）一般卫生要求

（1）女子的循环系统和呼吸系统机能较男子差，因此运动量应相对地小一些。

（2）女子身体重心较低，肩部较窄，臂力较弱。因此，做两臂支撑、悬垂和摆动动作时比较困难，要特别注意循序渐进和保护与帮助。在高处跳下时，垫子不可太硬，并注意落地姿势，以免身体过分受震而影响骨盆的正常发育。

（3）根据女子的心理特点和平衡能力较强、柔韧性较好的生理特点，可多选择一些节奏性较强、轻松活泼的项目，如自由体操、平衡木、舞蹈以及球类运动等，进行身体练习。

（4）女性还可多选择一些增强腹肌和骨盆肌的练习。如仰卧起坐、仰卧举腿、上体与腿同时抬起的 V 形运动，以及肋木悬垂举腿等动作，进行这些锻炼对女性一生颇有益处。

现代生理医学研究还揭示，人的心肺功能的强弱与遗传因素有着十分密切的关系。因此加强女子心血管系统锻炼，不仅对其本身，而且还将影响下一代的健康。

（二）月经期体育卫生要求

（1）健康女子月经期，一般不必完全停止体育锻炼。适当锻炼，可以改善盆腔血液循环，减轻充血现象，而且在运动时由于腹肌和盆底肌的收缩和放松活动，对子宫起到柔和的按摩作用，有助于经血排除。

（2）适当减轻运动量，并避免震动大的跑跳动作和力量练习，以免引起月经期流血过多和子宫位置改变。锻炼时间不宜太长。对月经初潮的少女，往往月经期尚不稳定，更要掌握运动量。

（3）月经期间应避免冷和热的刺激。如不宜参加游泳和冷水浴以及强烈阳光下暴晒等。注意下腹部的保暖，以免引起卵巢功能紊乱而导致月经失调。

（4）对月经紊乱（量过多、过少或经期不准）、明显腰腹部酸痛、炎症者应暂停体育锻炼。

第五节　体育锻炼的原则、方法、评价、营养和饮食卫生

一、体育锻炼的原则

（一）明确目的，积极自觉

毛泽东同志在《体育之研究》一文中指出："欲图体育之有效，非动其主观，促其对于体育之自觉不可。"体育锻炼总是一个伴随克服自身的惰性、战胜各种困难的过程，如果不自觉自愿，别人是无能为力的。而自觉出于积极的动机，动机又产生于人的需要。当代大学生应成为有道德、有纪律、知识渊博、具有辩证唯物主义和历史唯物主义的思想方法，勇于思考、勇于创新的新时代需要的人才，强健的体魄则是适应世界范围内新技术革命和我国未来建设需要所必备的条件。当代大学生任重道远，只有深刻地认识到体育锻炼的重要性与迫切性，明确目的，端正态度，才能积极投入，扎扎实实地达到预想的锻炼效果。

（二）从实际出发。量力而行

体育锻炼应坚持因人、因时、因地制宜，做到合理安排。因人制宜是根据每个人的年龄、性别、健康状况和体育基础等"量体裁衣"，合理地选择体育锻炼项目，安排适宜的运动负荷。古代名医华佗说过："人体欲得劳动，但不当使极耳。"反之，"没有疲劳，就没有锻炼"，运动负荷过小，锻炼效果就不明显。适宜运动负荷是指锻炼以后身体局部或自身感到有些酸疼和疲劳，但休息以后反而感觉轻松自如，精神良好。因时制宜是根据季节气候的变化，选择锻炼内容和方法，如夏季练游泳，冬季练长跑，同时也可利用气候变化来锻炼机体适应自然环境的能力。"冬练三九，夏练三伏"就是在自然条件比较恶劣的情况下，锻炼意志品质，提高适应能力。因地制宜是根据体育场地、设备和器材条件来选择锻炼内容，如果条件比较差，则应因陋就简，选用一些不受条件限制的锻炼项目，同样能得到较好的锻炼效果。

（三）循序渐进．持之以恒

体育锻炼必须遵循人体活动的规律，锻炼时间、强度及重复次数等均需要有一个逐步适应、发展和提高的过程，不能急于求成。体育锻炼不仅要循序渐进，而且还要持之以恒。强健的体魄和运动技能的掌握绝非一朝一夕的锻炼所能达到，一曝十寒的锻炼方式收不到

锻炼效果，只有量的积累才能发生质的变化。运动技术的掌握是条件反射形成的过程，这个条件反射也必须经常强化才能巩固发展，否则就会逐渐消退。所以锻炼必须保持经常，使人体的适应能力得到不断调节和提高，达到一生锻炼、终身受益的目的。

（四）全面锻炼，突出重点

人体是一个对立统一的整体，各器官系统之间是相互联系、相互制约、对立统一的，尽管各项运动对增强体质都有作用，但又各有不同的特点。如体操对提高神经系统的调节机能有较好的作用，而游泳、长跑则对心血管系统和呼吸系统有更大的锻炼价值。所以，如果单纯地从事一项活动，机体就不能获得良好的整体效果。《学生体质健康标准》是衡量国民体质状况和检查体育实施效果的重要依据，是促进青少年正常发育和全面发展的有效措施，其中规定的项目应作为重点锻炼内容。同时，每个人还应针对自己的身体条件、兴趣爱好，选择一两项长年锻炼的项目。

二、体育锻炼的方法与计划

（一）体育锻炼的形式和组织方法

课外体育锻炼的顺利开展，必须确立相应的形式和组织方法，才能使体育锻炼得以落实。

（1）早操。按时早操可以培养学生良好的生活习惯，同时使睡眠后处于抑制状态的大脑和身体各个器官系统的低功能状态得到较快的消除，从而有利于提高学习、工作效率。早操的内容一般以徒手体操为主（如广播操、眼保健操、健身操等），也可以开展跑步、太极拳、气功和各种球类基本动作练习等。活动的时间一般在 15 min～20 min，生理负荷不宜过大，以免影响文化课学习。早操的组织方法，可采用集体与分散相结合，统一安排与自选相结合。

（2）课外体育锻炼。这是课内外结合的主要途径，也是推行《学生体质健康标准》的重要组织形式，现在已有不少学校将课外体育锻炼列入课表，以保证锻炼时间和锻炼条件的落实。在锻炼内容上要做好与体育教学相结合、与原校传统体育项目相结合、与小型多样竞赛活动相结合。在组织形式上要注意集中与分散相结合、规定与自愿相结合、班组与个人相结合、锻炼与测验比赛相结合。课外体育锻炼应掌握适宜的生理负荷和心理负荷，使其身心和谐发展，促进健康，增强体质。

（二）锻炼计划的制订

制订计划的目的在于加强锻炼的科学性，减少盲目性，便于检查和总结锻炼效果，提高锻炼质量。制订计划时，要结合自己的学习和生活制度，做到有利于调节脑力劳动，提高学习效率，使锻炼与学习互相促进，相得益彰。按自己的兴趣爱好，力求发挥个人的特长，进行具体安排。锻炼计划可分为阶段计划和每一天计划两种。

（1）阶段锻炼计划。首先要确定锻炼阶段，通常以一个学期为一个阶段。其次是确定锻炼内容，以《学生体质健康标准》为例，规定的项目要在一年内完成，自己感到比较难合格的项目，应作重点锻炼内容。第三是合理安排运动负荷，当天有体育课可安排得小一些，周末则应安排得大一些，其他时间以中等运动负荷为主。

（2）一天锻炼计划。早操以晨跑、做操为主，活动强度不宜太大。下午课外活动是最好的运动时间，可进行比较剧烈的运动，按照阶段计划确定的内容和强度进行锻炼，运动量以不影响晚自修为原则，每次锻炼必须做好准备活动和整理活动。晚饭后或睡觉前不宜做剧烈运动，可适当散步或进行棋类活动。

（3）自我医务监督。医务监督是为观察锻炼后的身体状况，以便及时发现问题，及时调整和完善计划。自我监督分主观感觉和客观检查两方面。

主观感觉是指自我感觉（精神状态、身体感觉、伤病反应）、睡眠（熟睡程度，是否失眠、多梦）和食欲（良好、正常、减食、厌食）3 个方面。如主观感觉正常，说明锻炼计划比较合理，反之，就要调整计划，减少锻炼次数或时间，降低运动负荷。

客观检查最简单易行的方法是测定脉搏和体重。脉搏测定一般需测基础脉搏和运动时脉搏。基础脉搏即起床前的晨脉，可在腕部桡动脉处或颈侧颈动脉处进行触诊，以 10s 为计算单位，连续测定两次，应数值相同，否则重测，然后换算成一分钟的脉搏数。如果锻炼安排合理，休息得好，疲劳及时消除，晨脉是相对稳定的。如果运动负荷提高，基础脉搏略有增加也属正常。如晨脉明显增快或减慢，排除正常的“运动性心动徐缓”现象，则说明运动负荷过重，必须及时调整。运动时脉搏测定，则分别在每次运动前、准备活动后、运动中强度最大时、运动结束后测定，同样以 10 s 为计算单位换算成一分钟的脉搏数。以观察身体机能的变化和运动负荷的大小。

体重测定应在每周的同一天、同一时间和同一情况下测量，一般是锻炼后体重稍有下降，经过适当休息就会恢复。如果体重持续明显下降，说明锻炼安排不合理，必须及时调整。

（三）掌握适宜的运动负荷

运动负荷是指人体在体育锻炼中所承受的生理负荷，它反映出锻炼过程中身体的生理变化。不同的运动负荷，对应身体会出现不同程度的疲劳现象。体育锻炼是在不断和疲劳做斗争的过程中，提高和发展人体机能水平的，但必须分清疲劳与过度疲劳的生理界线，利用疲劳标志可以检查运动负荷的大小。决定运动负荷的因素很多，有练习强度、时间、密度、数量等。它们之间密切相关，互相制约，任何一种因素又都能直接影响运动负荷的大小。

（1）练习强度。一般以心率量度作为强度指标。心率和人体内的耗氧量成正比，运动时耗氧越多，心脏跳动越快，而运动负荷越大，机体对氧气的消耗就越多。根据这个规律，练习强度以 10 s 心率次数计算，然后换算成 1 min 心率次数，即可知道强度的大小。

（2）练习时间。指一次体育锻炼的总时间。在确定练习强度和练习密度后，练习时间持续的长短直接关系到运动负荷的大小。

（3）练习密度 指实际练习时间占总时间的比例。如参加 1 小时锻炼，减去间歇时间，实际练习只有 20 min，则练习密度为 33%. 所以练习密度反映时间和数量的关系。

（4）练习数量。用次数、重量和距离等表示。它和运动负荷成正比。

调整运动负荷的方法是：增加或减少练习的重复次数；延长或缩短练习时间；改变动作的速度、幅度或强度；改变动作的难度或练习条件；增加或减少练习的距离；增加或减少竞赛因素，等等。

三、体育锻炼的效果评定

体育锻炼效果评定目的是为及时了解体育锻炼对身体发展与变异的状况，分析有利与不利因素，既可激发锻炼信心，提高积极性，又能发现问题，及时采取相应的措施，调整锻炼计划，从而更有效地实现增强体质的目的。评定锻炼效果的方法较多，目前常用方法如下。

（一）对照评定法

这是用人体体质和锻炼状况的各项指标进行直接对比研究，以分析检查锻炼效果和体质变化的评定方法。

（二）指数评定法

（1）体重身高指数。这是评定骨骼、肌肉、皮下脂肪和内脏器官重量等综合情况的指标。计算公式为：

体重（kg）÷身高（cm）×1 000

一般数值应在325~420之间，男子超过450、女子超过420为肥胖，男女低于300则为瘦弱。

（2）胸围指数。这是评定人体胸廓和胸部肌肉发育与发展水平的指标。计算公式为：

安静时胸围数 - 1/2身高

评定标准见表1-1。

表1-1　胸围指数评定表

胸围指数	良好	中等	较差
评定指数	>0	$=0$	<0

（3）整体形态指数这是评定人体形态状况优劣的指标。计算公式为：

身高（cm）－体重（kg）－胸围（cm）

评定标准见表1-2。

表1-2　整体形态指数评定表

整体形态指数	10以下	11~20	21~25	26~35
评定指数	好	良	一般	差

（4）肺活量指数。这是评定人体肺功能优劣的指标。计算公式为：

肺活量（ml）÷体重（kg）

通常男子在60以上、女子在50以上为正常值。

（三）体能测定法

（1）12 min跑评定法。这是以限定时间内能跑多长距离，间接推算出最大吸氧量，它能反映一个人的心肺功能水平。评定标准见表1-3。

表 1-3　12 min 跑成绩评定表　　单位：m

年龄	性别	很好	好	一般	较差	很差
30 岁以下	男	2 800 以上	2 500 ~ 2 800	2 000 ~ 2 400	1 600 ~ 1 900	1 600 以下
	女	2 600 以上	2 300 ~ 2 600	1 900 ~ 2 200	1 500 ~ 1 800	1 500 以下

（2）《国家体育锻炼标准》评定法。这是把锻炼前后测试的数据与《国家体育锻炼标准》进行对比，评定体质的增强状况。

身体素质的综合发展水平评定。这是将达标测验的各类单项最高分相加，即

$$X_n = n_1 + n_2 + \cdots\cdots n_n$$

X_n 为达标测试总得分评定标准。身体素质综合评定见表 1-4。

表 1-4　身体素质综合评定表

X_n	450	400	350	300	250	200
综和发展水平	很好	好	较好	一般	较差	很差

身体素质某单项发展水平：例如评定速度素质的发展状况，可以 50m 或 100m 测试的分数进行评定。其评定标准见表 1-5。

表 1-5　身体素质单项评定表

n	90	80	70	60	50	40
单项发展水平	很好	好	较好	一般	较差	很差

四、体育锻炼与营养、饮食卫生

（一）体育锻炼与营养卫生

体育锻炼和营养都是维持和促进人体健康的重要因素。通过锻炼可以改善、发展和提高人体各系统器官的功能，而合理的营养则有助于稳定体内环境，保持良好的机能和运动能力，两者不可偏废。

由于体育锻炼时人体热量消耗较大，这些热量都要从饮食中得到补充，以满足机体的需要，除 60% 左右以主食提供外，其余的热量需要在副食中补足，主要由蛋白质、脂肪和糖在体内氧化分解而产生。我国营养学专家认为：三者合适比例应为 1∶0.7∶4 为宜，对于耗热量较大的耐力项目，可适当提高糖和脂肪的比例，为 1∶1∶7。倘若营养不足，就会产生身体消瘦，抵抗力减弱，运动能力下降。反之，又会导致脂肪增多，身体肥胖。

（1）蛋白质。这是人体各组织和细胞的基本成分，是维持生命的基础物质。蛋白质是由 20 多种氨基酸构成的，其中 8 种氨基酸与生命直接相关，人体自身无法合成，必须从日常食物中摄取。一般情况下，每人每天最适宜的蛋白质摄入量为 60 g ~ 80 g（每 kg 体重 1 g ~ 1.5 g）。蛋白质与运动能力关系密切，它能提高中枢神经系统的兴奋性，加强条件反射活动，改善自我感觉，降低疲劳程度，提高运动能力。蛋白质来源有动物性和植物性两类，如肉、蛋、鱼、奶、豆类和粮谷类等。植物性蛋白质大豆和豆制品含量高，所含必备氨基酸较全，也是最经济的来源。如果几种食物混合食用，可以互相补充，提高蛋白质的

生理价值。

（2）脂肪。这是人体内发热量很高的营养素，1 g 脂肪在体内氧化能产生 38 kJ（9 kcal）热量。但由于脂肪氧化时耗氧量较多，所以，只有在供氧充足的条件下，才被氧化而放出能量。脂肪能帮助人体吸收和利用脂溶维生素 A、维生素 D、维生素 E、维生素 K，调节体温和保护器官，也易产生肥胖、动脉硬化等疾病，对运动也是不利的。脂肪的来源是猪油、牛油、羊油和其他动物脂肪，还有大豆油、花生油、芝麻油等植物脂肪。

（3）糖。这是人体内热量最主要最经济的来源，人体每天所摄取的热量 60% ~65% 来自糖，它容易消化吸收，分解迅速，产热快，耗氧少，而且在有氧或缺氧的情况下都能分解放出热量。机体在剧烈运动时，常处于氧债状态下，糖的氧化供应，能减少体内的氧债，有利于运动，糖对中枢神经系统的代谢也有特殊作用，脑组织中储存的营养素很少，主要依靠血糖供给代谢的需要，血糖水平正常才能保证大脑的功能。糖还可以帮助人体蛋白质在体内合成，帮助脂肪在体内氧化。糖的来源是粮食（米、面粉）、甘薯、马铃薯、萝卜、水果和瓜类等。

（4）维生素。这是人体不可缺少的有机化合物。它的种类很多，目前所知道的维生素有 20 多种，其中有 10 多种需从食物中摄取，虽然需求量不大，但对保持健康有极为重要的作用。体育锻炼对维生素的需求更为重要，由于运动时机体代谢功能加强，酶的活性、激素的分泌增加，同时由于大量排汗，维生素损失较多，必须增加维生素的补充，尤其是维生素 B、维生素 C 和维生素 E 对人体的运动能力关系较大。维生素 B 能促进能量代谢，维护神经系统的机能，减轻疲劳，提高肌肉活动能力，它的来源主要是粮食，绿叶蔬菜、酵母和动物内脏中也含有。维生素 C 能促进蛋白质的合成，提高三磷酸腺苷（ATP）酶的活性，具有解毒和造血功能，增强耐久力，加速体力恢复的功能，在新鲜蔬菜、水果中含量较高。维生素 E 对心肌活动有良好影响，使氧的利用增加，减少氧债，改善肌肉的营养，提高神经的工作能力，它在小麦胚芽油和玉米油中含量较多。

除了上述营养素以外，钙、磷、碘等无机盐也是人体必需的营养素。豆腐、鸡蛋、虾皮、绿叶蔬菜等均含有丰富的钙，豆制品、蛋黄等食物中含磷量较高，海带、紫菜等食物中含碘量最多。

（二）体育锻炼与饮食卫生

1. 合理的饮食制度

（1）饮食有节，定时进餐。饮食要有规律，不能暴饮暴食，否则会增加胃的负担，造成消化不良。一日三餐安排应是：早餐宜好，午餐宜饱，晚餐宜少。必须指出，早餐的重要性常常被同学们忽视，凡不吃早餐的人，会使血糖降低，注意力不易集中，影响上午学习。而且空腹时间过长，消化液减少，还会引起胃肠疾病，所以在上午第二节课后和晚间自习后，补充一点食物，对补充能量消耗、保持身体健康有良好的功效。午餐一定要吃饱，必须保证足够的营养。晚餐不宜过多，更不要吃难消化和刺激性的食物，以免影响睡眠。

（2）注意饮食的酸碱平衡。食物可分为酸性、碱性和中性三类：米、面粉和肉类等是酸性食物；青菜、豆制品和瓜类等是碱性食物；水果、蛋类等是中性食物。酸性食物食用过多会导致血液偏酸性，降低血液中的碱性储备，使机体易疲劳，不利于运动。反之，偏食碱性食物也不能满足营养需要，因此，饮食必须注意粗、细粮合理搭配，荤、素菜合理搭配。虽然鸡、鸭、鱼、肉、蛋含有丰富的蛋白质，但无法满足人体对其他营养成分的需要，而蔬菜和瓜类却含有大量的维生素、无机盐和粗纤维等成分，恰好可以弥补这方面的不足。同时，还要注意主、副食物多样化，才能有利于保持体内的酸碱平衡。

2. 锻炼与就餐时间

体育锻炼必须遵循人体生理变化的规律，符合运动卫生的要求，才能有效地增强体质。有些学生常常在饭后就去参加一些剧烈的运动，这是不符合卫生要求的。一般应在进餐后间隔1.5 h~2 h才可参加剧烈运动，因为饭后胃肠道内充满了食物，消化系统开始紧张的工作，毛细血管开放，大量血液流入消化器官。此时若进行剧烈的运动，大量的血液就要从胃肠道流进骨骼肌，从而使消化道血流量减少，消化液的分泌被抑制，肠蠕动减弱，食物得不到正常的消化而停留在胃内。长此以往，轻则引起消化不良，重则会导致消化道慢性疾病，如胃炎、胃溃疡等。同时，由于剧烈运动，胃受强烈震动而牵拉肠系膜，可引起腹痛、恶心和呕吐现象。因此，应避免饭后剧烈运动。

剧烈运动后也不能立即进餐，因为这时血液大部分仍集中在骨骼肌，运动中枢处于高度兴奋状态，而胃肠道则处于相对抑制状态，在这种情况下进餐，必然增加胃肠道的负担，造成消化系统机能紊乱。所以，运动后应休息半小时再进餐。

3. 运动中和运动后的饮水卫生

水是构成人体的主要成分，占体重的58%以上，它参与物质代谢过程，调节体能，保持腺体的正常分泌。所以，水在体内的含量是否恰当，不仅具有重要的生理意义，而且对保持运动能力有很大作用。它就像蓄热器，当机体产热过多时，水能把多余的热量吸收；而在产热减少时，热量又可从水中放出，使体温不至于过高或过低。

参加体育锻炼时，由于体内热量急骤增加，出汗较多，为保持体温的恒定，需要及时补充水分，不然会造成机体缺水，影响正常生理机能活动，导致全身无力，口唇发干，精神不振和疲劳等现象。但运动中和运动后饮水应以少量多次为原则，若一次性大量饮水，使血液量增多，既增加了心脏和肾脏的负担，有碍健康，又使胃部膨胀，妨碍膈肌的活动，影响呼吸，对运动也不利。如果在运动时感到口渴难忍，可以用水漱口或少量饮水。运动后也不宜大量饮水，否则会稀释胃液和消化液，影响消化和食欲，更不能吃冷饮或冷食，以免引起胃肠道生理功能紊乱，出现腹痛和腹泻等症状。可先用水或淡盐水漱口，然后再少量喝些淡盐水，如果条件允许，可加些白糖或橘汁，以补充糖分和维生素。

第六节　学生与体育

一、生理、心理特征

体育活动是一个有目的、有组织的身体活动过程和教育过程。要想主动积极、生动活泼地参与体育活动，在体育活动中从自身的实际出发，合理而科学地安排、调节、控制和评价自身的活动，防止意外事故，收到良好的锻炼效果，就必须了解自己所处年龄阶段基本的生理、心理特征。

（一）生理特征

高等职业技术教育，是学校教育的后期。学生的年龄一般是18~21岁，生长发育已日趋完善，但还没有完全成熟。

1. 身体形态

身体形态主要指身高、体重、胸围。在青春期，男女学生多数形态指标的发育形成两次交叉。从性别上看，身高、体重、胸围等多数形态指标都是男生高于女生，并呈现出成年时的体型特点。女生肩部较窄，骨盆较宽，躯干相对较长，下肢较短，皮下脂肪增多。而男生则肩部较宽，骨盆相对较窄，下肢较长，皮下脂肪较少。

针对这一时期的形态特点进行体育锻炼，使骨骼承受适度的压力，可以使下肢长骨的软骨板增生，促进身高的增长；使肌肉更加发达，肌肉占体重的百分率增高，体重增加，胸围扩大。想使体型变得更加匀称、健美的女生则更要重视腰腹肌和骨盆底肌的锻炼。这个年龄阶段加强体育锻炼，还有助于预防和矫正体格发育中的某些异常现象，如过胖、“豆芽儿型”身材等。

2. 身体机能

（1）运动系统。这一时期骨骼的增长速度比高中阶段要逐渐减慢，到20岁左右基本停止增长。但骨骼变粗，无机盐增多，硬度增加，抗压、抗折能力也提高。由于性激素分泌增多，促进肌肉向横径发育，肌纤维明显变粗；肌肉的水分减少，蛋白质和无机盐增多，肌肉显得较结实；肌肉的体积、力量和工作的准确性，以及灵敏性等都有明显提高，功能日趋完善。体育锻炼可以使骨骼更加粗壮，关节更加灵活、牢固，肌肉更加健壮、发达。

（2）心血管系统。心血管系统的功能日趋完善，心肌纤维增粗，收缩力增强，心脏的重量、容积和输出量都有了增加，并逐渐接近成年人的水平。安静时的心率逐渐变慢，收缩压和舒张压逐渐上升，到18～19岁后，均已基本趋于稳定。体育锻炼因心脏工作负荷加大，致使心率增加，心脏血流量增多，在心脏冠状动脉血液循环得到改善的情况下，增强了心肌的代谢，因而可使心肌发达，心脏收缩力增强，每搏输出量增加，从而提高心脏的储备力。

（3）呼吸系统。与高中阶段相比，呼吸系统功能的发展日趋完善。呼吸道抵抗能力增强，胸廓扩大，呼吸运动的幅度增大，呼吸肌增强，肺的容积、肺活量、最大通气量和吸氧量的绝对值增大，呼吸深度加深，安静时的呼吸频率变慢。体育锻炼能使呼吸肌更加发达，胸围扩大，呼吸差增加，呼吸加深，通气量和肺活量加大，安静时的呼吸频率更慢。

3. 身体素质

在生长发育过程中，身体素质的发展存在着自然增长的现象，但各种身体素质的增长速度有快有慢，发展的顺序也有先有后，并存在男女性别差别，呈现出波浪性和阶段性的特点。男生从小学到大学的全过程中，速度、灵敏、耐力和腰腹力量增长领先，其次是下肢爆发力；增长稍慢的是臂肌静力性力量耐力。女生在12岁以前与男生相同，13～17岁即进入青春期间，速度、灵敏、速度耐力和下肢爆发力增长领先，其次是腰腹肌；最慢的仍是臂肌力。大约到18岁前后，女子腰腹肌力量的增长，较其他素质指标的增长要差。男生速度、腰腹肌力量、静力性力量耐力、弹跳力和耐久力等5项指标在不断增长。女子身体素质发展缓慢，到18岁后出现回升并呈现第二个增长波峰。在这个时期，体育锻炼要针对弱项，加强锻炼，如适当加强力量和耐久力的练习，对于发展学生协调和灵活的身体，都有积极作用。

（二）心理特征

1. 运动动机和运动兴趣的主要特征

（1）学习动机。一般可分为与社会责任感相联系和直接与当前学习、锻炼活动相联系两种。两者紧密联系，相辅相成。学生随着年级增高、知识增长和思维能力的不断提高，比初高中阶段，对体育的理解更加全面、深刻，参与体育锻炼的自觉性和积极性逐步提高，兴趣更加广泛，希望自己在体育上有特长。

（2）学习兴趣。学生随着年级的增长，最初由自身参加趣味性活动到逐渐对学习的内容和需要独立思考的部分更感兴趣。学习的独立性和创造性有了进一步的发展，但仍不够稳定。男女生学习兴趣有所差异。例如，在体育活动的内容要求上，男生更喜爱表现力量性的（如健美）、灵敏性的（如篮球、排球）、速度性和勇敢性的（如足球）活动。而女生则更喜爱姿势优美、韵律性强，显示柔韧和协调的（如健美操）等活动。

2. 认识发展的主要特征

这一阶段的学生感知能力有了进一步发展，观察事物更加全面、精确，并能够区分出主要和次要方面、必然和偶然现象。注意的目的性、稳定性有了很大加强，注意的范围也逐渐扩大。思维能力具有更高的抽象性和概括性，思维的独立性和批判性也有显著提高。比较喜欢独立地思考问题、研究问题，有时也不轻信老师或成年人的意见。喜欢争论，并勇于提出自己的见解，希望教师的教学有严密的科学性和逻辑性，尊重和支持同学们的正确意见和建议。但也易产生片面性和表面性，为成功时的自信和挫折时的自卑所困惑。

3. 情感与意志发展的主要特征

这一阶段的学生随着知识、经验的逐步增长，认识能力的不断提高和世界观的初步形成，社会情感日益丰富，控制情感的能力也有所加强，但有时还缺乏稳定性。已开始关心自己意志的锻炼，希望把自己磨炼成勇敢、顽强、果断、敢于拼搏、勇于进取的人。但也存在个体与性别差异，如男生要求较强烈，但有时会粗放些；女生则要求稍弱，但有时会更自信、自尊。

二、校园生活和体育

校园生活作为社会文化的反映和缩影，具有吸收社会文化、反映社会需要、概观校园需求的作用。作为社会文化内容之一的学校体育，是校园文化的重要内容。

（一）体育是传播社会文化的重要途径

体育作为社会文明的窗口，它是获得知识增长能力、锻炼身体、增进健康、陶冶情操的社会文化活动。它不仅具有强身健体、培养人才之功效，也有继承、传播、创造和发展人类优秀文化成果的社会作用。学校体育正是以其特有的魅力在不断充实校园文化，传播社会文化方面发挥着不可替代的作用。

（二）体育是校园精神文化生活的重要内容

在现代社会中，参加体育锻炼、观赏体育比赛，日益成为群众文化生活的重要内容之一。自身参加体育锻炼或参与观赏体育比赛，一方面可以从中获得精神上的满足与享受，使由于学习所带来的精神紧张和疲劳得到积极有益的调节。另一方面，在参与活动中，能提高体育能力，加强与同伴的交往，获得非常美好的愉快和乐趣。这种心理状态可以使人产生自尊、自信和自豪。因此，体育无愧是一种积极、健康的文化娱乐方式和精神文化生活。

（三）体育是反映校园文化和精神文明的窗口

学校体育活动的正常开展，倡导着各种健康、文明的积极行为，激励着人们去努力进取奋发向上。人们常常可以通过体育这个窗口，看到一所学校的教学秩序、生活秩序、学校管理工作水平和校园精神文明优化程度。可以说，体育确实是校园文化和校风、校貌的总体展示。

三、未来的工作和体育

以新技术、产业革命为特征的现代社会，一方面需要一代具有开拓精神、渊博的知识和强健身体的新人，而另一方面，伴随着科学技术的发展而产生的劳动方式的变化也构成了对人们身心健康的严重危害。在现代化的工作环境中，大量使用自动化机械以及办公的自动化，使得监控类、键盘操作类的工作比例加大，全身性身体活动减少，工作性质变得紧张而单调，造成了工作人员的“运动不足”和精神紧张。而日益便利的交通、因城市化造成的运动空间狭小更加剧了这种现象。据研究表明，现代人每天的步行数为50年前人的50%～60%。也有人证明，现代都市里的人很难达到维持基本健康的运动量。日常生活中的运动减少，使人的肌肉力量和耐力明显下降。在许多发达国家中由于运动不足而引起的“文明病”，诸如糖尿病、腰疼、脑血管疾病、高血压、心脏病的发病率等都以几倍甚至几十倍的速度增长。青少年中的肥胖症也逐年增多。在心理方面，由于紧张的工作而造成的各种心理疾病也有增无减。这一切都对人们的工作和生活造成极其不利的影响。随着我国经济的发展，上述现象也已发生并日趋严重。而由于健康原因造成的“英才早逝”现象也早已成为人们所关注、担忧的社会问题。

由于上述原因，使体育在现代社会担负了维护人们身心健康的重要使命。各发达国家纷纷制定旨在维护国民健康、提高工作效率的体育“黄金计划”。大众体育方兴未艾，人们喊出“回归大自然”等口号。但是在人们呼唤体育的同时，他们又发现原来自己从事体育的能力却如此低下。既不了解体育的基本常识，又缺乏与他人一道愉快地从事体育的经验和能力；既不会因地制宜地去开展体育活动，又常常因把握不好运动的时机和负荷而造成运动创伤和疾病。于是许多人追悔在年轻时没有认真地学过体育。

大学学生是祖国现代化的建设者和接班人。未来的工作和生活是否成功、幸福，很大程度上取决于最终的学习阶段——大学阶段，大学阶段的体育教学过程中是否能够打下坚实的身体基础，取决于我们能否在以下几个方面做好准备：

（1）在生长发育时期，适时适量参加体育锻炼，以促进体格、机能、身体活动能力和身体素质的发展。

（2）系统地学习锻炼身体的科学原理和方法。初步具有指导自己锻炼身体的能力。

（3）在参与各项体育活动中，体验各项运动所特有的乐趣。养成对一两项体育活动的爱好。初步养成定期参加体育活动的习惯。

（4）在体育活动的实践中，培养自己与同学互助、友好地参加体育活动的意识和能力，初步掌握一些组织体育活动的方法。

只要我们做到了以上几点，那么，当我们走上工作岗位后，当我们的身体出现不适时，我们就可以依靠体育去增强体质，去娱乐身心，从而更好地完成我们的工作，为祖国建设做出更大的贡献。

第七节 野外及生活意外的自救

联合国教科文组织提出“2001 年人人享有健康”。随着健康第一新理念的进一步树立，越来越多的大学生已进入了科学健身的行列。除了在学校、市区进行各种体育活动外，不少人会利用课余、节假日、寒暑假等进行回归自然的运动。他们远离都市的喧闹，纵情于山水之间，在茂密的丛林深处攀树戏耍；在湍急的河谷中游泳；在水流直泻的峭壁上攀登瀑布……他们无拘无束地置身自然界，在这种回归大自然运动中体验生活，增长知识，锻炼意志，陶冶情操，强心健体。在野外活动中安全与卫生工作十分重要，这是防止伤害事故，保证实现野外活动目的的前提。如果在日常生活中，或者在野外活动时出现了意外，应立即进行正确的现场处理。因此学会急救的知识和技能是十分重要的。

一、出血

外伤引起各部位出血，特别是较大的动脉损伤所引起的大出血，如果止血不及时或处理不当，可能危及生命。出血可分为外出血和内出血两类：外出血是指血从伤口往体表外流出，内出血是指血从破裂血管流入组织、脏器或体内。由于内出血没有血流出体外，不易被及时发现。如果受伤后没有外出血，但伤者有失血的表现，就有内出血的可能，应立即送往医院处理。

对外伤引起的出血的止血方法主要有以下两种。

（一）指压法

指压法是一种简单方便而有效的临时止血法，适用于中等或较大动脉出血的急救。方法是用手指或掌、拳用力压住动脉伤口的近心端，静脉伤口则应压住远心端。血管最易压住的地方叫指压点。出血部位不同，应选择不同的指压点。常用的指压点有：

（1）颞动脉。耳前一指宽，用于颞部至头顶部出血时，如图 1-1-1 所示。

（2）颌外动脉。压下颌骨水平枝后 1/3 处，用于口、眼、颌上面部出血时，如图 1-1-2 所示。

（3）颈总动脉。压甲状软骨外搏动处，用于颈部及头面部出血时，如图 1-1-3 所示。

（4）肱动脉。在上臂的上中 1/3 交界处，肱二头肌内侧缘处用四指压向肱骨，用于前臂及手部出血时，如图 1-1-4 所示。

（5）股动脉。用拇指压大腿内侧近腹股沟的搏动处，用于下肢出血时，如图 1-1-5 所示。

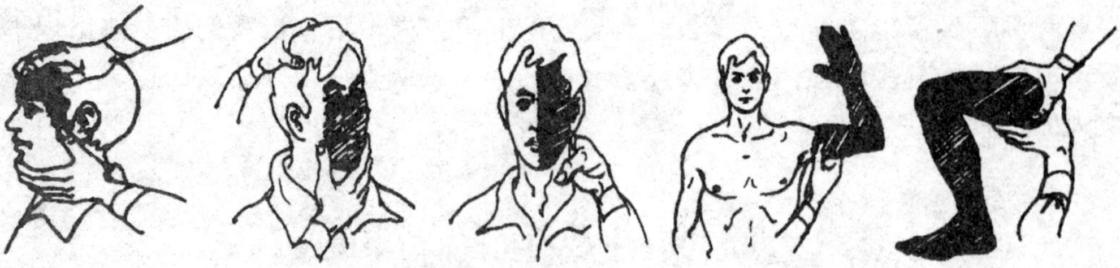

图 1-1

（二）止血带法

当四肢大出血、创面大或不整齐时，可用止血带止血。方法是：用橡皮管或手帕、领带、长袜等折叠成带状或用衣服撕成布条，宽度至少在 5 cm 以上，做成代用止血带。止血带的位置：上肢应在上中 1/3 交界处，下肢在靠近大腿根部处。使用止血带止血时须注意：

（1）缠绕止血带时要在局部加衬垫物，以防损伤皮肤。

（2）记录下使用止血带时间，并标志于显眼处。上止血带时间较长时，应每隔半小时（上肢）至 1 小时（下肢）将止血带松开 1 min～2 min，以防止肢体坏死，并重新标明时间。

二、溺水

溺水是人头部淹没于水或液体中，水与杂物充满呼吸道与肺泡而引起的窒息。严重者可导致呼吸、心跳停止，称为溺死。

发生溺水后，要设法以最快的速度将落水者从水中救出，将其置于硬的地面上，迅速清除口鼻内异物（泥沙、杂草等），使呼吸道通畅，同时检查呼吸和心跳情况。有呼吸及心跳者，即可将溺水者腹部置于抢救者屈膝后的大腿上，头向下按压背部，使呼吸道和胃内水溢出（图 1-2）。若溺水者呼吸和心跳已停止，立即实施口对口的人工呼吸及胸外心脏按压，可使用心肺复苏的方法。当溺水者恢复了呼吸和心跳后，仍应尽快送医院进行进一步的处理和治疗。

用人工呼吸和胸外按压使呼吸和心跳停止者恢复呼吸和心搏，称为心肺复苏。

心肺复苏的主要步骤是：

（1）采用仰头抬颈法和托颌法，如图 1-3 所示。开放气道，同时清除口腔及气道内异物使呼吸道畅通。

图 1-2

图 1-3

（2）采用口对口人工呼吸法。具体方法是：病人仰卧，救助者一手托起病人下颏，另一手捏住病人的鼻孔，并用该手顺势将病人头部后仰。救助者吸足一口气后，对准病人的口用力吹气，如图1-4所示。此时应见病人胸部抬高。吹气结束即刻与病人的口唇脱离并放开捏鼻的手，使病人胸部自行恢复。救助者换气后，再重复上述过程。吹气的频率是：在抢救开始后首先吹气2次，以后如只有单人救助，则每按心脏15次后，吹气2次。如有两人救助，则每按心脏5次后吹气1次。

（3）采用人工胸外心脏按压法。在人工呼吸的同时进行心脏按压。具体方法是：让病人仰卧在平地上，头略低。救助者跪在病者右侧，以右手掌根部放在胸骨中1/3与下1/3的交界处，左手掌交叉重叠在右手背上如图1-5所示，伸直肘关节，借救助者自身体重，向下有节律地压迫胸骨，使之下陷3 cm～5 cm。按压后即放松，使胸骨复位，但双手不离开胸壁。按压和放松时间相等，如此反复。按压频率每分钟60～80次。心脏按压与人工呼吸的比例是：1人救助时为15：2，2人救助时为5：1。

进行人工按压时，心脏按压部位一定要放准。救助者按压胸骨时双臂应绷直，双肩在病人胸骨正上方正中垂直，向下用力，活动时用髋关节为支点，以肩、臂部重力同下按压，如图1-6所示。当复苏有效时，可见病人有眼球活动，口唇转红。观察瞳孔时，可由大变小，并有对光反射。这时，仍应抓紧时间将病人转送入医院治疗。如心肺复苏持续30 min以上仍无心搏及自主呼吸，现场又无进一步救治和送治的条件，可以考虑终止复苏。

图1-4

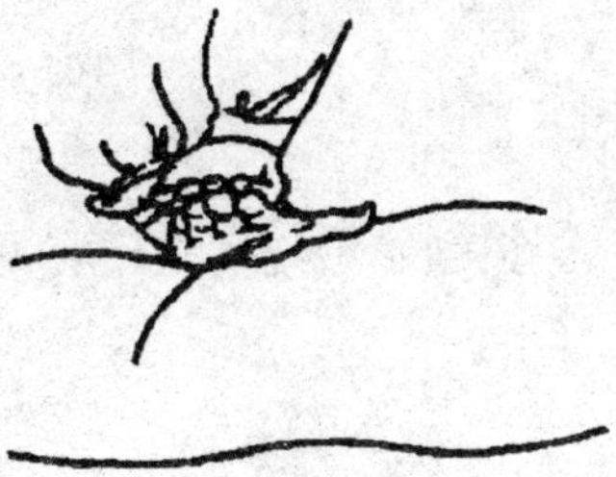

图1-5

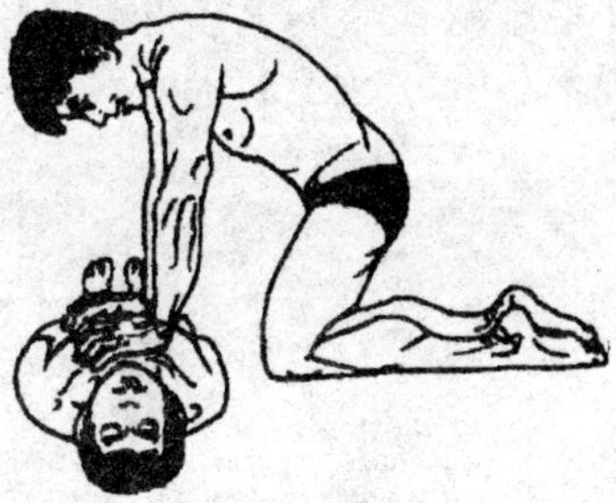

图1-6

三、触电

触电在日常生活中时常发生。触电程度轻重不同，对人的伤害也不一样。轻者局部肢体麻木、晕厥、暂时性丧失意识等；重者呼吸增快变浅、心跳加快、昏迷，若抢救不及时可致死。当发现有人触电，应立刻想尽一切办法切断电源（如关闭电源，用干燥木棒或竹竿挑开或拨开电线、电器等），切忌用手去拉，以免祸及自己。

当患者脱离电源后，应立即进行现场抢救。如触电时间短，可能只出现短时间的心悸、头晕等，一般就地休息1～2小时即可自然恢复正常；如患者呼吸停止，心音听不到，应立即进行心肺复苏，同时送往医院治疗。

四、毒蛇咬伤

我国发现的毒蛇有50多种，有20多种蛇伤人。其中眼镜王蛇、眼镜蛇、蝮蛇、竹叶青、五步蛇、银环蛇、金环蛇为常伤人的毒蛇。它们主要分布在长江中下游、西南及岭南地区。蛇毒分为神经毒素和血液毒素两大类。神经毒素可引起呼吸肌麻痹而死亡，血液毒素可引起溶血、心肌缺血、心律失常、血压下降甚至死亡。因此，一旦被毒蛇咬伤，正确与迅速的现场自救十分关键。被毒蛇咬伤后，一般按以下步骤迅速采取措施：

（1）被咬后要保持镇静，不要惊慌和奔走，以免使蛇咬伤注入体内的毒素随血液循环的加快而进一步扩散和吸收。

（2）就地坐下，用止血带、布带、细绳等，在伤口近心端上方 10 cm 处结扎。不能太紧，以免远端肢体坏死。结扎后每隔 20 min 放松一次，每次 20 s ~ 30 s，然后再扎。

（3）用力挤压伤口，从四周向内挤出毒液。

（4）用清水冲洗伤口，有条件可用生理盐水或 1∶ 2 000 高锰酸钾溶液冲洗更好。

（5）可用刀纵横切扩开伤口，用挤压或吸引加速毒液排出。如用口吸（口腔必须无伤口）、用空竹管吸（一头套住伤口，从另一头吸），要一直吸到流出的血为鲜红色、局部组织由青紫转为正常。

（6）可采用火柴、打火机等火灼伤口；用缝衣针之类器具烧红烙入伤口 0.5 cm ~ 1 cm，高温破坏蛇毒的毒素，减低其侵害性。

（7）内服、外用蛇药片（按说明书使用）。

上述方法仅为紧急处理的步骤及措施，处理之后应快速到医院进行蛇毒血清注射等治疗。在野外锻炼或旅游时应提高防范意识，做好各方面准备，如戴宽檐帽、穿长衣裤、穿高帮旅游鞋等。学习和掌握各类蛇的分布地域及规律，将可以有效地预防和降低蛇咬伤的危害。

第八节　体育欣赏与竞赛组织

一、体育欣赏

纵观当今世界，体育已越来越成为各国人民社会生活的重要内容，人们在积极参与体育健身的同时，把观看与欣赏体育运动比赛与表演也看作是一种文明高尚的精神文化生活。由于人们的文化素养、阶级层次和对体育知识了解与掌握程度不同，体育欣赏能力就各异，欣赏的效果也是千差万别的。我们应加强自身的文化修养，学习和充实体育方面的知识，不断提高体育欣赏能力与水平。

（一）观赏体育运动比赛的魅力

（1）弘扬爱国主义精神，振奋民族精神，强化集体观念。任何一项体育比赛都是通过个人或集体，在发挥和表现其体格、体能、运动能力和人的生理、心理、智慧等综合素质的潜能中，努力拼搏，争标夺冠。因此，运动员在赛场上都具有一定的代表性，他们在努力实现自我价值的同时，重要的是为所代表的集体、群体或民族、国家争取荣誉。而观众往往与参赛者有着千丝万缕的联系。因此，赛场上的胜负也与观众的荣辱密切相关。我们在观看体育比赛中，常常可以看到：如果某一场比赛与本民族、国家、地区、学校、单位有密切关系，比赛级别越高，场次越关键，观众的心理越受胜负牵制，情绪也就越发激昂。特别是当本民族、本国家运动员获胜，升国旗、奏国歌时，亿万观众都会和运动员一样产生激动不已的心情，热血沸腾、热泪盈眶，把本国运动员的胜利视为自己、民族、国家的荣誉，从而产生强烈的民族自豪感。

（2）美化生活，陶冶情操。现代人把参与和观赏体育比赛作为生活的重要内容，体育比赛的魅力已达到迷人的程度，吸引亿万人关心、观赏、追求和参与体育运动，创造完美的人生。

（3）体育审美的欣赏价值。体育运动的形式与特点使其具有很强的审美与欣赏价值。人类具有追求和创造真、善、美的天性。体育是集健、力、险和真、善、美为一体的强者、勇者、智者的活动。在体育运动中可以呈现出完美的人体美，观众可以观赏到运动员健康、健壮、匀称、优美的形体，欣赏到运动员在完成动作过程中的造型美、动作美、姿态美、健壮美和精神美。而现代科技在体育领域中的应用，促使了体育运动技术向高、难、新、险、奇的方向发展，使体育技艺更为精湛，竞争更为激烈，更具娱乐性、观赏性，使人们赏心悦目。欣赏体育运动和竞技比赛，既可以给人们带来精神的、心理的愉悦和美的欣赏与享受，还可以使人从中领悟到许多人生真谛。因为许多体育项目，将人体美展现得淋漓尽致。还有一些体育项目，实质上就是人类向自身生理极限的挑战，展现了人类不断进取、不断创新、追求完美的拼搏精神。

欣赏体育更能使人们获得美的享受。体育审美欣赏主要有：一是人体美的欣赏，如古希腊的维纳斯和掷铁饼的人的雕塑形象之所以历经几千年而不衰，除其造型具有艺术价值外，正是身体形态给人以美的享受。身体美的内容是十分丰富的，它包含着人体的强壮美、体态美、素质美、风度美。二是运动美的欣赏，主要包括动作美、技术美、战术美等。三是风格美的欣赏，包括思想风格美和技术风格美两个方面。四是精神美的欣赏，在体育运动与比赛中所表现出来的精神美也是值得欣赏的。

（二）体育运动项目分类与观赏要点

要知道怎样欣赏体育比赛，必须要了解体育运动有哪些种类和项目。目前世界上竞技运动、娱乐体育、民间体育、游戏等共20 000多项。其中列入奥林匹克冬、夏运动会比赛的共有31个大项目、260个小项目。要对所有体育项目作全面了解是很难的，下面对主要的体育项目的竞赛成绩和名次的评定作一般性介绍，以帮助和提高大家对体育运动项目的了解与观赏能力。

（1）计分类项目。计分类项目主要以比赛的得分多少来评定成绩和名次。如各种球类，包括篮球、排球、足球、沙滩排球、乒乓球、网球、软式网球、羽毛球、棒球、垒球、曲棍球、手球、橄榄球、壁球、地掷球、冰球、高尔夫球、台球、保龄球、毽球、门球等，都属于计分类项目。

观赏计分类体育比赛，一是看全队运动员之间的组织配合是否默契；二是看全队战术的运用及场上组织；三是看运动员精湛技艺；四是看运动队和运动员比赛的作风及风格；五是看运动员的比赛精神和斗志，以及顽强拼搏、胜不骄、败不馁的场上表现等。此外，拳击、柔道、跆拳道、相扑、泰拳、散打、国际式摔跤、中国式摔跤、卡巴迪、击剑、飞镖等运动项目也属计分类运动项目，但又有所区别。如拳击、泰拳、散打等按规则规定：用拳脚有力地击打对方的合法打击部位（头部发迹前面、腰带以上的身体正面及前面），击中对方或使之倒地，阻击或躲过对方的攻击，使对方的攻击落空，有优良的技术、战术和精神、风格等均可得分。

（2）测速与测距类运动项目。测速与测距类运动项目主要有田径、游泳、蹼泳、滑雪、雪橇、速度滑冰与短跑道速度滑冰、冰上溜石、轮滑、皮划艇、赛艇、帆船、龙舟竞渡、自行车、摩托车运动、摩托艇汽车运动、方程式赛车、跳伞等。

测速与测距类运动是奥运会比赛中金牌最多的项目。观赏中主要是看运动员的运动能力和水平发挥得如何，一是看运动员的速度、力量和耐力等身体素质水平；二是看运动员的动作是否有节奏，技术是否合理，是否符合人体生物力学原理；三是看运动员动作是否具有美学的韵味和风格；四是看运动员的技术、精神、意志、品质的表现。

（3）评分类运动项目。评分类运动项目主要有竞技体操、艺术体操、技巧、健美运动、健美体操、体育舞蹈、花样游泳、跳水、花样滑冰、马术、武术、蹦床等。以裁判员在现场对运动员的技术进行评分和排列名次，一般采用几个裁判员同时评分。为了使评分公正准确，几个裁判员的评分采取去掉一个最高分和一个最低分，取中间几个裁判员评分数的平均值来决定运动员的最后得分。

观赏评分类运动项目比赛，主要看运动员的动作是否具有勇敢性、独特性、熟练性、优美性和审美性。具体来说：一是看运动员的动作难度和幅度，看是否大方、协调、连贯与落地情况；二是看运动员形体、造型、姿势、节奏、编排、难度、韵律等是否具有难、新、力、健、快、险、美的表现力、想象力和准确性、优美性等。

（4）计量类运动项目。计量类运动项目以举重项目为典型。举重是按运动员的体重级别（男子分为10个级别、女子分为9个级别），以运动员在本级别中所举起的重量大小来评定成绩和名次的。如果两个运动员所举的重量相等，则体重轻者名次列前。

此外，还有冒险类运动项目，如滑翔、登山、攀岩、冲浪、滑水、高空网跳、牧人竞技；益智娱乐类运动项目，如围棋、中国象棋、国际象棋、桥牌、秋千、风筝、垂钓、信鸽；综合类运动项目，如航空模型、航海模型、无线电测向、定向、现代五项、铁人三项、现代冬季两项、伤残人运动项目和民族传统体育等。

二、体育竞赛组织

（一）体育竞赛的组织

竞赛组织工作包括确定竞赛主办单位、制定竞赛规程、编排竞赛程序表、召集领队会议、培训裁判、组织竞赛等。

竞赛规程是竞赛组织工作的依据，其内容包括竞赛性质和任务、竞赛时间和地点、参加办法（含分组、各队人数及运动员的资格规定等）、竞赛办法（竞赛规则、确定名次的方法和竞赛使用器材的规定等）和竞赛奖励办法等。

（二）体育竞赛的方法

体育竞赛的方法是指按一定的组织形式和顺序，使参赛者进行比赛。主要方法有淘汰制、循环制、混合制等。

1. 淘汰制

淘汰制通过比赛逐步淘汰失利的队或运动员，最后确定优胜者。淘汰制可分为单淘汰法、双淘汰法、种子法等。

（1）单淘汰法。参赛的队或运动员在比赛中失败一次，即被淘汰。其优点是可节省时间减少比赛场次，因此多用于参赛队数较多的比赛。

编排方法：参加队或人数为 $2n$，如 4、8、16、32……则 n 即为比赛的轮次，以 8 个队（人）参赛为例，可按图 1-7 所示编排。

比赛场次等于参赛队数减 1，8 个队的比赛场次为 8 - 1 = 7 场。

如果参加比赛的队或运动员数不是 2 的乘方数时，可选择最接近且大于参加队数 2 的乘方数，算出轮空队数，并进行有轮空的比赛。

（2）双淘汰法。参赛的队或运动员在比赛中失败 2 次后即被淘汰。与单淘汰法相比，双淘汰法有减少比赛偶然性的优点，但比赛场数增多。

编排方法：如以 8 个队或 8 人参加比赛为例。其编排如图 1-8 所示。

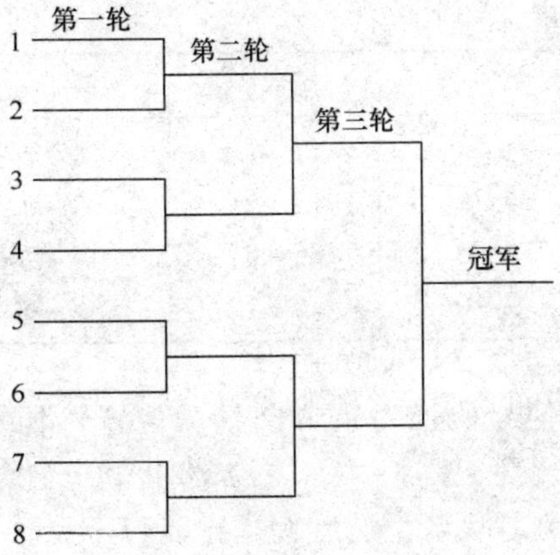

图 1-7

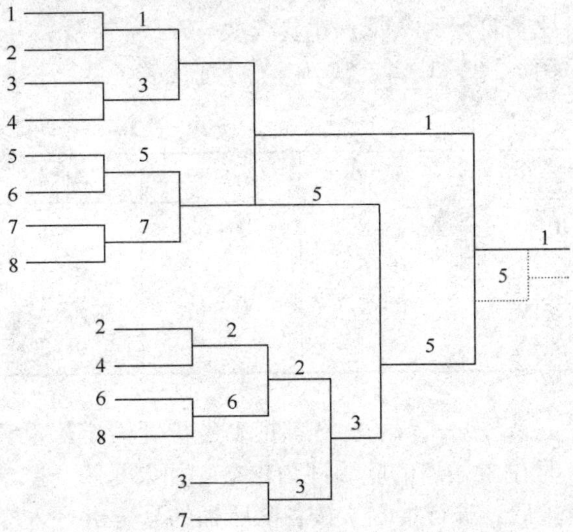

图 1-8

双淘汰赛总场次计算方法是：总场次 =（队数 - 1）+（队数 - 2）。如果是 8 个队比赛，那么比赛总场数为（8 - 1）+（8 - 2）= 13 场。决赛时，如果 1 胜，则 1 为第 1 名，5 为第 2 名。如果 5 胜，则 1 和 5 都只败一次，应进行补赛，胜者名列在前。

（3）种子法。赛前，根据参加队或运动员的以往比赛成绩和技术、战术水平，选定若干强队或人作为种子队（运动员），然后分散地安排在淘汰表的各个不同的部 分，使他们避免过早地相遇而被淘汰。编排方法：如果在有 8 名运动员的比赛中有 4 名种子选手参加。那么可按图 1-9 所示进行编排。

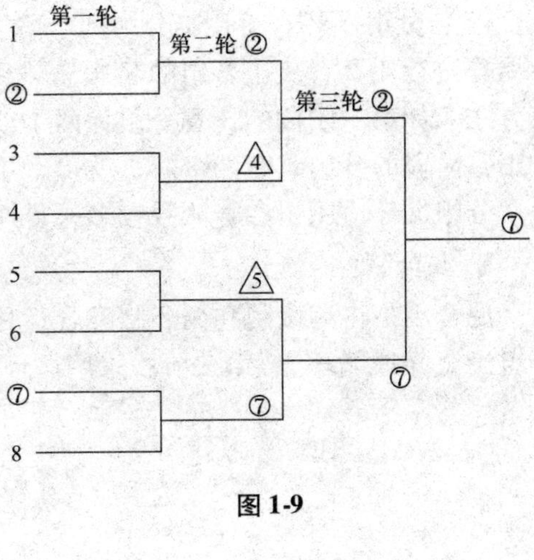

图 1-9

如果有轮空比赛时，尽可能安排种子选手进行轮空。

2. 循环制

循环制是使参赛的每个队（或人）在比赛中均等相遇，以各队比赛的胜负场数决定名次。又可分为单循环、双循环、分组循环等。

（1）单循环。所有参加比赛的队（或人）相互比赛一次，以胜负场数决定胜负的比赛方法。这种方法一般在参加比赛的队数或人数较少时采用。

单循环比赛轮次的计算方法：如果比赛队数或运动员数是奇数时，轮次 = 队数（或队员数）；如果比赛队数或运动员数是偶数时，轮次 = 队数 − 1。

单循环比赛场次的计算：比赛场次 = 队数 ×（队数 − 1）÷2。

编排方法（以 7 个队参赛为例）：

比赛轮数为 7 轮，比赛场次 =7 ×（7 − 1）÷2 =21 场。

用 1、2、3、4、5、6、7 分别代表各队，按图程序排出各轮次比赛程序（表 1-6）。

表 1-6　各轮比赛程序

第一轮	第二轮	第三轮	第四轮	第五轮	第六轮	第七轮
1 − 0	1 − 7	1 − 6	1 − 5	1 − 4	1 − 3	1 − 2
2 − 7	0 − 6	7 − 5	6 − 4	5 − 3	4 − 2	3 − 0
3 − 6	2 − 5	0 − 4	7 − 3	6 − 2	5 − 0	4 − 7
4 − 5	3 − 4	2 − 3	0 − 2	7 − 0	6 − 7	5 − 6

上表可见，每场比赛都把 1 号位置固定不动，其他号码逆时针方向移动位置，凡是与“0”号位置相遇的队，即为轮空。如果是 8 个队参加比赛，则将“0”换成 8 即可。比赛程序编排后，进行抽签，按各队所抽的号码对号入座，填写队名，最后编排比赛程序表。

（2）双循环。每个参赛的队（或人）在比赛中均相互比赛两场。适用于参赛队数不多，赛期又长的比赛。编排方法与单循环相同，但比赛的场次比单循环增加一倍。

（3）分组循环。将比赛分为两个阶段，第一阶段将比赛队平均分成几个小组，各组按单循环进行比赛，决出各组的名次。然后根据第一阶段的分组数多少，决定第二阶段的比赛方法。如第一阶段的比赛分组为两个以上时，可以采用同名次分组，用单循环进行比赛。如第一阶段的分组只有两个时，就可采用同名次决赛或交叉比赛，来进一步决定名次。

分组循环适用于参赛队数较多、赛期短、场地器材充裕条件下的比赛。

3. 混合制

混合制是将淘汰制和循环制配合运用的方法。一般是将比赛分两个阶段，第一阶段为分组淘汰（或循环），第二阶段采用循环制（或淘汰制）。其编排方法同淘汰制和循环制。

第二章　体育科学原理

第一节　运动与生理

一、人体运动与肌肉

（一）肌肉的功能及运动对肌肉的影响

人体在运动场上完成的各种各样优美的运动技术动作、日常生活中的各种生活动作技能，都是通过人体肌肉的主动收缩放松来实现的。

全身400多块肌肉和200多块骨骼以及关节等构成人体的运动系统，骨骼构成人体的支架，关节使各部位骨骼联系起来，而最终要由肌肉的收缩放松才能实现人体的各种运动。所以，肌肉的重要功能是收缩，它是人体实现各种运动和身体活动的动力。

全身肌肉是体重的主要部分，成年男性肌肉重量约占体重的40%，女性约占35%，而经过系统体育训练的人由于肌肉结实健壮，可占体重的50%。分析一下肌肉的化学组成，外表结实的肌肉约有3/4是水分，1/4是固体物（包括蛋白质、能量物质、酶，等等）。在肌肉的形态结构中，有丰富的毛细血管网及神经纤维，肌肉活动所需的氧气及营养物质由毛细血管网负责运输供应，同时清除代谢的废物，而神经纤维则负责肌肉活动的协调指挥。

一块肌肉外表看来，分肌腹和肌腱两部分：肌腹主要由肌纤维构成，是肌肉的收缩成分；肌腱主要由平行的胶原纤维束构成，它不能主动收缩，但却有很好的弹性，连同包绕肌纤维束的肌膜等结缔组织统称为肌肉的弹性成分。人体实现各种运动时，收缩成分主动缩短，弹性成分被拉长而将前者释放的部分能量吸收储存起来，然后以弹性反作用力的形式发挥出来，使肌肉产生更大的力量和更快的运动速度。弹性成分还有很好的伸展性，因而在完成跳跃、跑步、投掷等运动时对人体能起到缓冲保护作用。

经常参加体育锻炼对人体肌肉有良好的影响。首先，锻炼可使肌肉中毛细血管网开放的毛细血管数量大大增加。譬如在11 mm^2 肌肉中，约有4 000根毛细血管，但肌肉在安静状态时仅开放其中很少一部分，而当你进行体育锻炼时，肌肉的收缩放松活动会促使肌肉中毛细血管网大量开放，毛细血管开放数量可比安静时多20～50倍，这样，肌肉通过毛细血管获得的氧气及养料比安静时要多得多，从而促进肌肉的生长。其次，锻炼使神经系统交感神经对肌肉的营养性作用加强，促进肌肉的代谢过程，因而肌肉就比平时健壮得多。肌肉的结实粗壮是由于锻炼使肌纤维增粗，而这又主要是肌纤维中的蛋白质含量增加所致。

（二）肌肉锻炼与健美体型

俄国著名诗人马雅可夫斯基有一句著名诗句：“世界上没有任何一件衣衫能比健康的皮

肤和发达的肌肉更美丽。”人们通过体育锻炼使肌肉结实健壮，不仅是人体健康的表现，是优秀运动成绩的基础，同时，又是拥有健美体型的重要条件。

体型是人体高矮胖瘦及身体各部的比例。谁都希望自己能有健美的体型，身材匀称、肌肉健壮、动作灵巧协调、举止端庄优雅，身材修长而不显单薄、丰腴而不觉臃肿。体型虽然在一定程度上受着遗传因素的影响，但是后天人们从事体育锻炼却能给体型发展以积极的影响，科学的体育锻炼使肌肉增强而给健美体型注入活力，譬如：瘦高单薄者通过锻炼可使肌肉内蛋白质含量增加、肌肉健壮结实而一改单薄形象；过胖者则可通过锻炼，消除多余脂肪而给人丰腴健壮但不肥胖臃肿的感觉。通过体育锻炼，肌肉的收缩放松活动还可对骨关节的正常生理功能带来良好影响，又由于肌肉活动时需要神经系统的协调指挥，从而对人们动作的协调灵巧及举止的优雅得体也有裨益。

肌肉的锻炼还是保持正确优美体态、姿势的积极方法。一些年轻人不注意自己的坐立行走姿势而往往容易造成脊柱侧弯、含胸驼背等不良姿势，这不仅影响健美形象，也不利健康。因此，在积极参加体育锻炼的同时，要注意自己的坐立行走姿势。譬如：坐时应身体正直，两肩齐平，不要侧歪身体；站立时挺胸收腹，身体正直，不要扭腰斜肩；走路时重心平稳，挺胸收腹正腰，迈步大小恰当，双臂摆动自然。同时，通过体育锻炼，身体各部位肌肉的匀称发展对不良体态的改善与纠正也有积极作用。

（三）肌肉力量的锻炼

力量的表现形式有多种多样，运动生理学将力量归纳为以下三类。

第一类是最大力量。指肌肉进行最大收缩、抵抗最大阻力时所表现出的最高力量。又可分为绝对力量与相对力量。如举起最大负荷杠铃或拉动最重拉力器时所表现的最大力量称绝对力量。由于各人身高体重不同，为便于比较，常将各人绝对力量除以本人体重，即为相对力量，通常以每千克体重为单位。

第二类是爆发力量。指肌肉快速发挥力量的能力。又可根据发挥力量时力量与速度的关系分为快速力量与反应力量。快速力量是指肌肉尽快和尽可能大地发挥力量的能力，如抓举时以最快速度抓举起大重量的爆发力、推铅球出手时的爆发力量。反应力量指轻负荷下快速用力的爆发力量。

第三类是力量耐力。指肌肉在静力性或动力性力量练习中，在连续负荷情况下抵抗疲劳持续发挥并保持力量的能力。如柔道角力相持阶段表现的是静力性力量耐力，而用中小负荷连续举重是动力性力量耐力。

不同的人在不同的力量形式上强弱特点各不相同，如有人绝对力量不错但快速力量较差，而有人反应力量较好而力量耐力较弱等。因此，要锻炼自己的肌肉，增强肌肉力量，应了解并根据自己肌肉力量的状况，选用恰当的方法进行锻炼。

二、人体运动与神经

（一）神经系统在人体活动中的作用

神经系统是全身各器官系统生理活动的调节指挥者，人体在进行体育锻炼时，全身各部位肌肉的运动方向、力度、身体姿势等的协调完美及各类运动技术动作的完成，都是在神经系统的协调下进行的。

神经系统的最高部位是大脑，表面看来体积不大的大脑，由于它有很多沟回，所以其表面积可达 2 250 cm^2。神经细胞的数目可达约 140 亿个，真可以说是人体内一个庞大而工作效率极高的指挥中心。指挥中心实现有效而准确的指挥，需要对外周情况信息的了解、分析和综合。因此就有一些专门负责将全身各器官系统的信息传入和报告中枢神经系统的感觉神经（或称传入神经），指挥中心对这些信息不断加以分析，做出指挥决定，立即通过指挥各器官活动的运动神经（又称传出神经），向全身各器官系统发布命令，协调指挥全身各器官的活动。

人体在体育锻炼中学会的一切运动技能都是复杂的反射活动，都是在中枢神经系统这个人体指挥部指挥下实现的。运动中人体肌肉活动与内脏器官活动的协调配合、体内能量的代谢与供应的协调等都必须在神经系统指挥下才能协调一致。

（二）体育锻炼对神经系统的良好影响

人体在进行体育锻炼时，肌肉活动及全身各器官的协调配合都比安静时要复杂得多，因此神经系统的指挥工作也更加繁忙。譬如，当你驰骋绿茵场进行足球运动时，队员踢出的足球时速可高达 86 km，加上绿茵场上比赛双方瞬息万变的战术变化要求锻炼者要快速做出决定及反应，反应哪怕延误百分之几秒就可能错失进攻良机。同时足球场上激烈的奔跑要求心肺功能迅速动员配合。这些都对神经系统的活动提出更高要求。经常进行体育锻炼，神经细胞在不断的锻炼中提高了工作能力，反应更灵活迅速，指挥更准确协调，工作更能持久而不易疲劳。譬如，人体从感受外界刺激信号（如见到光或听到声音），到传入大脑皮层指挥中心做出反应的时间称反应潜伏期（反应时），一般人需 0.3 s～0.5 s，而经常锻炼的运动员只需 0.12 s～0.15 s，优秀的运动员只需 0.1 s 甚至更短。负责将身体内外的信息传入指挥中心的感觉器官，对刺激的敏感程度也在锻炼中获得提高。肌肉活动时，有关肌肉的协调一致，如一些肌肉收缩而另一些肌肉就要放松，这种协调一致也是神经系统指挥是否协调的反映。生理学者对运动时有关肌肉的肌电图测定表明，经常锻炼的人运动时该收缩的肌肉兴奋收缩，而无关的肌肉则舒张放松，表现出指挥的协调一致，而一些初学者往往不该紧张的肌肉也兴奋收缩，造成不该有的多余动作，动作僵硬而不协调。可见，经常参加体育锻炼，对改善和提高神经系统的功能有良好的作用。

经常进行体育锻炼，对脑细胞的生长发育也有良好作用。动物实验中观察到，每天运动的幼鼠，大脑神经细胞比不运动的幼鼠要发育得好、细胞体大而分枝较多，大脑的重量和大脑皮质的厚度均超过不运动的幼鼠。可见体育锻炼对青少年脑细胞的生长发育有促进作用。

体育锻炼对人体神经系统的影响还表现在对人的情绪及精神状态有良好作用，而情绪和精神状态又与各器官系统的健康及功能有密切关系。一个人如果情绪精神状态不健康，不仅影响神经系统功能，还会由此诱发疾病，影响健康。近代生理医学研究表明，健康的精神状态、奋发向上的追求和乐观豁达的胸怀是祛病延年、增进健康的良药，而患得患失、忧郁沮丧、焦躁烦恼的不良情绪却往往是疾病的诱因。我国古代著名医书《黄帝内经》中就有这样的记载："百病生于气也，怒则气上，喜则气缓，悲则气消，恐则气下，惊则气乱，思则气结。"就是这个道理。而参加体育锻炼，正是调节大脑兴奋抑制过程、稳定心理情绪、培养乐观豁达性格的积极手段。

神经生理学的研究证实，人的大脑左右两半球担负不同的功能，左半球主管数学、语言文字词汇及分析性逻辑思维等活动，而右半球则主管音乐、直觉形象及非语言性活动。

生理学研究还发现，人的情绪活动是由大脑边缘系统、下丘脑及脑干网状结构等协同管理的。

当人运动时，能使大脑主管形象、音乐的部分逐渐取得支配地位，情绪活动加强，交感神经兴奋，肾上腺素分泌增加，因而使人产生一种愉快乐观的情绪感觉，心情舒畅而一扫忧郁烦恼。

三、人体运动与心肺功能

（一）体育锻炼对氧运输系统的良好影响

人体生命活动一刻也离不开氧气，而将存在于环境大气中的氧气吸入体内直至运送到各组织器官则全靠人体内存在的一条氧的运输线，生理学上称之为氧运输系统。氧运输系统由呼吸系统、血液与心血管系统组成。

体育锻炼对人体健康的重要作用之一是增强氧运输系统功能，联合国“世界卫生日”曾经用“您的心脏就是您的健康”这一口号来提醒人们保护心脏。经常参加体育锻炼，对心肺功能有很好的增强作用，能使人心肺功能更强，身体更健康。

生理学家曾对动物进行观察比较，发现经常奔跑运动的动物的心脏远比缺乏运动的动物的心脏要强大得多。对人体的观察研究也同样表明，运动可使人体心脏细胞产生良好的适应性变化，心肌细胞产生运动性肥大，使心脏重量增加，容积增大，跳动更强有力。约在100年前，一位瑞典医生对滑雪运动员心脏进行检查时就发现他们的心脏较大而功能又十分强有力，他称之为运动员心脏。一般人心脏约重300 g，而经常运动的人心脏可在300 g以上，优秀的运动员甚至可达400 g～500 g；一般人心容积约为750 ml，而运动员可达1 000 ml以上。由于心脏的强大，因而常锻炼的人安静时心跳频率较慢，跳动有力。一些专家认为，坚持运动至少可使心脏推迟衰老10～15年。

经常进行体育锻炼还对心血管疾病有良好的预防作用。锻炼可以改善人体内的物质代谢过程，减少脂质在血管壁的沉积，保持与增进血管壁的良好弹性，对预防心血管疾病有积极作用。

氧气从体外进入人体内的第一道门户是经过呼吸系统的工作。经常进行体育锻炼能增强呼吸系统功能。①肺泡具有更好的弹性。肺泡是组成肺的最小单位，氧气就是在这里进入血液循环，人的肺约含7.5亿个肺泡，如果将肺泡一个个摊开，其总面积可达130 m^2。但安静时，由于人体需氧量不多，并不需要全部肺泡参加工作，只要有大约1/20的肺泡工作就可满足身体对氧的需求，因而肺泡活动不足，而体育锻炼时人体需氧量增加，促使肺泡大部分参与工作，这对肺泡弹性的改善与保持十分有益，既有助体质增强，又有预防呼吸系统疾病之效。②使负责呼吸的肌肉（称呼吸肌）更加强大。肺的扩张缩小是要靠呼吸肌收缩放松使胸廓扩大缩小实现的，体育锻炼时呼吸加快加深，迫使呼吸肌收缩更快、更用力，这对呼吸肌是一种很好的锻炼，由于呼吸肌的强大，可使呼吸深度加深，使肺吸入气体量更多，肺的储备功能及适应能力更强。

（二）运动与最大有氧能力

氧气经过氧运输系统的运输到达各组织器官，并为各组织器官所利用，这一能力称为人体的有氧工作能力。这既是取得优良运动成绩的身体基础，又是人体健康的重要标志。

锻炼对人体有氧工作能力的增强有良好的促进作用，但如何在锻炼强度、频度上掌握才能收到最佳效果，需要做到如下两点。

（1）运动的激烈程度要恰当，过分激烈和过分轻微效果均不理想，增进人体最大有氧能力的运动强度应掌握在中等强度。目前多用运动时心跳次数（心率）来掌握，可按下列公式推算自己锻炼时的恰当强度：

$$(220-\text{年龄})\times 60\%$$

（2）增进有氧能力的锻炼，内容可选择跑步、步行、游泳、健美操等内容。每次跑步都要持续一定时间，刚开始时可短些，但至少要持续 5 min 以上，以后应据健康状况及锻炼基础逐渐增加至持续 15 min ~ 30 min。每周至少应锻炼 3 次，才能使最大有氧能力的增进收到较佳效果，从而使体质得到增强。

第二节　体育与心理

一、参加体育活动的要求与欲望

（一）参加体育活动良好动机的形成

人们参加各种活动都是由一定动机引起的，参加体育活动的动机是推动人们积极锻炼的内部动力。正如高尔基所说："在生活中，没有任何东西比人的行动动机更重要、更珍奇的了。"

参加体育活动的良好动机与锻炼增强体质的效果密切有关。良好的锻炼动机一旦形成，会推动人们积极主动参加体育锻炼，在锻炼中保持饱满积极的情绪和浓厚的兴趣，达到一定的生理负荷量，使增强体质收到更好的效果。

参加体育活动的动机是多种多样的，它和人们所处的社会和教育条件、家庭影响和生活条件、个人经历、思想个性特点、习惯爱好等因素有关。同学们参加体育活动的良好动机可表现为以下几种。

（1）把积极参加体育锻炼与将自己培养成德智体全面发展的人、实现自己奋斗的理想联系起来。从而使同学积极自觉地锻炼身体，增强体质，以饱满旺盛的精力投入学习及工作。

（2）希望通过锻炼，改变自己的形象，使自己体型健美。

（3）希望通过锻炼磨炼自己的意志，使自己在克服困难、不断奋斗的经历中养成积极向上、不怕困难、顽强拼搏的良好意志品质，伴随自己在人生道路上奋斗。

怎样才能有助于形成参加体育活动的良好动机呢？首先，提高对体育锻炼重要性的认识。健壮的体魄是学习工作的重要条件与基础，要为祖国健康工作 50 年，就一定要有健康的身体；要使自己顺利完成学习任务，生活愉快幸福，也要锻炼，增强体质，从认识高度使自己养成锻炼的习惯，将锻炼作为生活不可缺少的内容。其次，认真上好体育课和积极参加课外锻炼，多观看体育竞赛及积极参与各种体育比赛，从锻炼及竞赛实践的效果中进一步激发参加体育活动的良好动机。第三，努力使体育课上得生动活泼，收到锻炼身体的实效，也是激发锻炼良好动机的重要因素。

（二）参加体育活动兴趣的培养

兴趣是构成人与人之间个性差异的一种心理因素，是积极认识某种事物或优先参与某种活动的倾向。兴趣也是推动人们积极参加体育活动的最活跃因素，对激发人们参加体育活动和提高锻炼效果有着十分重要的作用。在体育活动中，浓厚的兴趣能使锻炼者大脑神经细胞功能及各器官功能处在良好状态，调动身体的潜力，推迟疲劳的出现，并有助于活跃思维、加强理解、增进记忆，对掌握运动技能、增强锻炼效果大有助益。

对体育活动的兴趣可分为直接兴趣和间接兴趣。直接兴趣指对事物或活动本身所产生的兴趣，如对某种锻炼项目或健身方式感兴趣，对某些体育比赛和表演感兴趣，对高质量的生动活泼的体育课感兴趣等。而间接兴趣则是事物或活动本身虽然未能引起活动参加者的兴趣，但事物与活动的结果却是参加者需要和感兴趣的。如学生对某种锻炼项目虽不大感兴趣，但这项锻炼对增强体质、增进健美有良好作用，学生希望能收到增强体质的效果，这一愿望激发了对这项锻炼的兴趣。参加体育活动的兴趣，往往是直接兴趣和间接兴趣共同起作用，共同激发学生参加体育活动的自觉性和积极性的。

二、体育与情感和意志品质

（一）情感的表现形式及对体育活动的影响

情感是人对客观事物是否符合自己的需要而产生的体验，是人的心理活动的一个重要方面。心理学研究表明，人的感觉、知觉、记忆、思维、想象等多种能力的发挥，都和情感有关。积极良好的情感能使人体生理功能处在最佳状态，而消极的情感则往往使人思维下降、反应迟钝，各器官生理功能得不到充分发挥。高兴、愉快、满意等属积极的情感，而悲哀、厌恶、恐惧、失望等属消极的情感。

在参加体育活动时，使自己处在积极良好的情感状态，有如下作用。

（1）发挥情感的增力作用。在参加体育锻炼时情绪饱满、心情愉快，有助于动员身体潜力，承受较大运动负荷、推迟疲劳出现，就像给身体增添了活力，此时无论对学习掌握技术动作或提高锻炼效果都有良好的促进作用。

（2）运用情感的强化效能。情感对人们的行为可起到强化作用，在体育活动中，通过积极的情感体验，强化正确的运动技能和良好的体育道德行为；而通过消极的情感体验，使错误运动技能与不良行为得不到强化而逐渐消退。

（3）发挥情感的感染效应。个体的情感具有影响其他人情感的效能，因此对体育活动自觉性高、兴趣浓、具有积极情感的同学，应努力将这种情感感染和影响其他同学。

（二）意志品质对体育活动的影响及其培养

意志是人们为了实现确定的目的，自觉支配和调节自己的行为并努力克服困难的心理过程。它是人类意识能动作用的表现，是人所特有的。

参加体育活动是和各种困难做斗争的过程。例如，中长跑的坚持，冷热天气下的锻炼，力量练习带来的肌肉酸痛，器械体操练习中的畏惧情绪等，都需要坚强的意志去斗争。在体育锻炼中努力克服困难的过程既使身体得到锻炼，又是对意志的磨炼。

意志品质是意志的具体表现。坚强意志的基本品质可有自觉性、果断性、坚持性与自制性。良好的意志品质对参加体育活动的效果有重要影响。

（1）自觉性。这是指人对自己意志行为的目的和社会意义有明确而深刻的认识。在参加体育活动和上体育课时，自觉认识锻炼身体对国家、对事业、对个人的重要性，自觉进行锻炼，不因其他因素影响而动摇。

（2）果断性。是指人在必要时当机立断做出决定并果断地采取行动去实现决定的意志品质。在球类运动中果断性十分重要，要善于抓住战机，当机立断。如果反应迟钝、优柔寡断、行动迟缓就会坐失取胜良机。当然，果断性要以正确的认识为前提，使果断的决定产生良好的效果。

（3）坚持性。这是指人能不屈不挠、坚持不懈地去克服困难执行决定。这种品质又可称为毅力。参加体育活动的坚持性表现在两个方面：一是坚持经常锻炼，持之以恒；二是在一次锻炼中要努力克服困难，顽强拼搏。这对比赛中取得好成绩及锻炼中收到好效果是十分重要的。

（4）自制性。这是指人能善于控制和协调自己行动的能力。体育活动中，运动场上出现的各种变化及由于各种因素使个人情绪、心境的变化，都要求人们能自觉地协调控制，按预期目标去努力。

坚强的意志和毅力需要在实践中培养，一方面师生要共同努力提高对意志品质重要性的认识，树立正确的奋斗目标，同时要多参加体育活动及竞赛，在实践中和困难做斗争。通过认识的提高及实践的锻炼，努力使自己具有良好的意志品质。

三、体育学习过程中的心理

（一）体育学习的心理分析

大学阶段，同学们已进入青春期后期，随着知识的增加、理解能力的增强及锻炼实践的体验，动机、兴趣、情感等心理特征逐渐趋向稳定发展。因此，在体育教学及体育活动实践中更要重视自觉调节心理因素，促进良好心理品质的养成。

大学阶段，同学们对体育活动的意义和作用有了更进一步的认识和理解，一些同学已形成良好的动机与培养起对体育活动的兴趣，这些同学应坚持参加体育活动，使锻炼成为自觉行动而终身受益。当然也可能由于社会、家庭、个人等多方面因素，一些同学对参加体育活动自觉性尚未形成，锻炼兴趣和毅力不足，这些同学应从认识锻炼增强体质、能终身受益的锻炼效果入手，培养间接兴趣，并通过锻炼效果的检查反馈看到锻炼给自己带来的收益。在大学阶段形成锻炼的自觉性及习惯，培养良好心理意志品质。

（二）体育学习中的心理障碍及消除

体育学习中，由于受锻炼或教学环境、运动项目特点、个人体育基础及性格、能力特点等众多因素的影响，在体育教学或锻炼过程中可能会出现一些心理障碍，及时消除这些心理障碍对获得良好的锻炼效果有重要意义。常见的心理障碍有：

（1）恐惧心理。恐惧心理常发生在一些容易产生运动损伤或需要越过障碍的项目，如器械体操、跨栏等；也发生在一些体力负荷较大的运动，如中长跑等。此外，有人在运动中发生损伤时，更易引起恐惧心理。应有针对性地注意消除恐惧心理，例如，可以激发学习动机、合理组织锻炼过程，注意保护和帮助措施，加强心理训练，等等。

（2）挫折心理。挫折心理常发生在体育活动过程中遭受干扰、阻力及失败而导致心理上的焦虑、沮丧、愤懑等情况下。这种挫折心理对掌握运动技术、争取比赛好成绩及对锻炼的情绪等都有很大的负面影响。应学会从挫折心理中解脱出来，正确对待，增强自信，增强毅力。

（3）自卑心理。自卑心理是指个人由于某些原因（如身体素质差、运动成绩差、身材瘦小等）而产生的轻视自己，觉得自己处处不如别人的一种消极心理现象。有自卑心理的同学由于自卑而影响锻炼积极性，这些同学应正确认识自己，既看到自己的不足，又看到自己的长处。同时大胆参加锻炼实践，定期了解自己的锻炼效果，在和同学交往中逐步让大家了解自己，消除自卑心理。

（4）逆反心理。逆反心理是指对外界环境与事物产生与一般人对立的或相反的情绪体验的行为倾向。使学生往往对一些正确的引导及体育活动指导持偏激的对立态度，这对正确进行体育锻炼带来了不利影响。造成逆反心理的原因众多，在体育教学及锻炼中，应从对锻炼身体正确认识出发自觉消除逆反心理。同时，教师要努力和学生建立情感，关心爱护学生，对学生提出恰当的要求和进行正确的引导，逐步消除这种心理障碍。

（三）练习曲线与高原现象

运动技能是通过练习而形成的，练习运动技能的提高过程可用曲线（练习曲线）表示。典型的练习曲线有三种类型（图 2-1）。

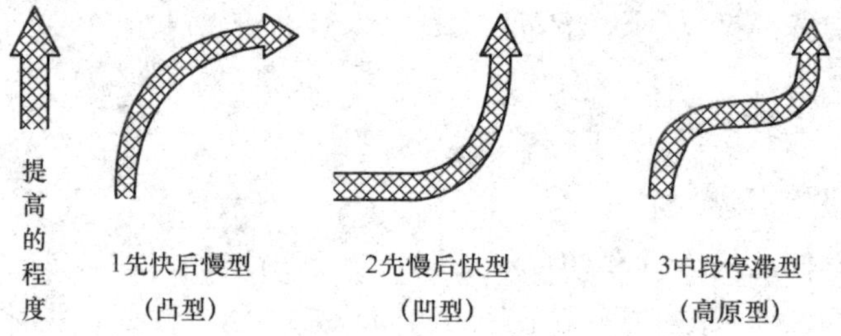

图 2-1

（1）先快后慢型（凸型）。表现为学习初期进步较快，以后逐渐减慢。

（2）先慢后快型（凹型）。表现为学习初期进步比较缓慢，以后逐渐加快。

（3）中段停滞型（高原型）。表现为在运动技能学习形成过程中，在练习中期出现了暂时停滞不前、在一个水平上徘徊的现象。练习曲线上表现有一段平台，类似高原，因此对这段停滞不前的表现称“高原”现象。

造成高原现象的原因可能是多方面的，主要原因如下：①习惯于以前的旧动作，动作改进较困难；②对局部动作注意过多，缺乏对动作的整体观念；③学习兴趣下降，产生消极情绪；④身体疲劳使体力下降，身体素质不适应技术发展的要求；⑤营养障碍（如维生素不足等）。

高原现象是一种暂时现象，在高原阶段只要坚持努力，针对个人出现高原现象的主要原因采取一定对策，如加强动作改进及新动作学习，加深对运动动作的理解，采取激励兴趣和情绪的方法提高兴趣，及时消除运动后的疲劳及注意营养配合等，经过努力就会突破高原，使运动技能提高到新的高度。

四、体育竞赛过程中的心理

（一）参加体育竞赛的一般心理特点

参加体育竞赛时，竞赛参加者比平时学习、锻炼时心理活动强度要大得多。而竞赛的胜负也往往和运动员参赛时的心理特点有关，心理水平的发挥往往是竞赛胜负的重要影响因素。

激烈的体育比赛要求参赛者的心理状态要适应如下特点：

（1）竞赛时高度的紧张性。由于竞赛激烈紧张，运动员在赛前、赛中心理上也表现出较平时紧张得多，需要进行心理上自我调节。

（2）竞赛时强烈的竞争性。这种竞争不仅是身体素质、运动技术的竞争，而且包含着心理品质、心理优势的竞争，良好的心理品质往往是竞争取胜的关键之一。

（3）竞赛时身体潜能的充分动员。心理学家把人体的潜在能力分为躯体能力和心理能力，竞赛时不仅要求躯体各器官功能潜力充分发挥，也要求心理能力的充分动员，例如必胜的信心、饱满的情绪、顽强的斗志和稳定的心理状态都是人体潜能充分发挥的重要条件。

（4）竞赛时对竞赛环境的适应性。运动场上竞赛的环境与气氛给运动员以新的刺激，在这种竞赛的特殊环境下能否调节自己的心理状态使之与竞赛环境保持协调与平衡，这就是心理对环境的适应能力。

在这种竞赛环境下，运动员心理特点一个明显的表现是情绪体验，一般运动员都会觉得激动、振奋，有精力充沛的战斗准备状态，充满获胜的希望与信心。当然也会有由于各种因素而表现不良的心理特点，对此应该进行心理调节。

（二）参加体育竞赛的心理分析

1. 竞赛前的心理状态

运动员在竞赛开始前就已表现出一系列不同的心理状态，这些不同的状态与运动员的训练水平、参赛经验、心理素质、思维能力等因素有关，应据自己的心理状态进行调整，使之适合竞赛需要。赛前心理状态可有 4 种不同类型。

（1）赛前淡漠状态。运动员没有参赛的强烈愿望，缺乏斗志和信心，情绪不高，精神不集中，反应迟钝，心境不佳。应采取措施：提高认识，振奋精神，激励斗志。

（2）过分激动状态。运动员对竞赛的情绪体验过分强烈，过度兴奋，坐立不安，焦急烦躁，记忆减弱，并有生理上心率加快、四肢肌肉颤抖等情况。这种过分强烈的情绪体验往往使运动员不能发挥应有水平。应采取赛前心理训练使之放松稳定，可配合适宜的赛前活动及按摩等措施。

（3）盲目自信状态。运动员对即将来临的比赛的复杂性和困难估计不足，过高估计自己的力量，缺乏必要的心理准备，盲目自信。心理上缺乏临战的准备，过分松懈，注意力、意志等都缺乏应有的准备与动员。盲目自信心理往往会导致意外失败。

（4）战斗准备状态。运动员对比赛有正确认识，情绪振奋饱满，在充分准备基础上充满信心与决心，注意力集中，思维敏捷，身体功能充分动员。这是每一个参加竞赛的运动员应该努力达到的状态。

2. 竞赛中的心理状态

竞赛中运动员会产生各种各样的情感情绪，大致可有以下几种。

（1）激动振奋情绪。运动员感到精神愉快，情绪高涨，精力充沛，就像浑身充满力量，这种情绪能激励运动员取得好成绩。

（2）运动陶醉情绪。运动员这时感到全部精力集中在竞赛中，全神贯注，对周围环境变化视而不见、听而不闻，完全陶醉在运动中，这对竞赛取得好成绩也是一种积极情绪。

（3）竞争拼搏情绪。运动员有强烈的进取心和取胜的渴望，动员身体潜力和对手竞争，也与自我竞争，争取取得本人最好成绩。这是比赛取胜必需的积极情绪。

（4）荣誉自豪情绪。运动员在运动中有强烈的荣誉感，为了国家、集体荣誉努力去克服困难、战胜对手。当胜利在望时运动员会产生自豪感，为完成自己的责任而自豪。

（5）焦虑矛盾情绪。运动员有时在竞赛中的某些时候感到力不从心，焦急烦躁，甚至想退出比赛。譬如中长跑时的“极点”，这种矛盾的情绪出现是因为“极点”时的生理功能暂时变化而影响到心理的稳定。运动员应以顽强的意志和毅力告诫自己坚持，作自我暗示、自我命令，坚持一会儿后生理功能增强就会渡过这一难关。

3. 竞赛后的心理调整

激烈的竞赛结束后，运动员由于所处胜负不同，因而在场上心理状态各种各样：有人欣喜若狂，有人呆若木鸡；有人静静思考，有人抱头痛哭；有人疲惫不堪，有人神采奕奕……不论何种表现，在竞赛时心理的高度紧张，赛后应对心理进行调整。心理调整主要有：

（1）正确看待胜负。胜者要在狂喜陶醉中正确对待胜利；负者要从沮丧悲观的心理困境中摆脱出来。

（2）摆脱抱怨心理。竞赛结束后，往往会抱怨裁判、抱怨场地、抱怨对手、抱怨同伴等，尤其失败者更甚，要引导运动员从抱怨中走出来进到冷静思考小结中去。

（3）防止丧失信心。对竞赛的失败者来说，如果不正确对待胜负和调整心理状态，很容易陷入失去自信的心理障碍。要通过分析讨论及心理咨询调整逐步恢复信心。

（4）消除赛后紧张。激烈比赛后心理上的紧张可能仍不同程度的存在，可通过身体康复及文体活动、讨论总结、语言疏导、心理指导等尽快使运动员恢复平静。

第三节　运动与集体

体育运动与集体的形成是密不可分的，无论我们上体育课，还是参加课外体育活动，或是参加体育比赛，都离不开集体的作用。一个良好的集体形成不但是提高学习效果、争取比赛胜利的基本保证，而且是人们从体育活动中体验到乐趣的重要条件。与此同时，个人在与同伴的协同中，在与对手的竞争中，在集体的共同活动中，可以了解自我，学会交往，形成尊重他人、热爱集体的良好意识。

一、集体的要素

集体不是人的简单的集合。集体的形成需要以下几个要素。

（1）共同的目标（士气）。一个集体的成员们因为有一个共同的目标而组成集体，如学习一项技术，参加一次比赛等。而成员每个人又有各自的目标，如提高个人成绩。当集体的共同目标和成员每个人的个人目标相吻合时，这个集体的凝聚力就强，士气就越高；

反之则弱。如图 2-2 所示。

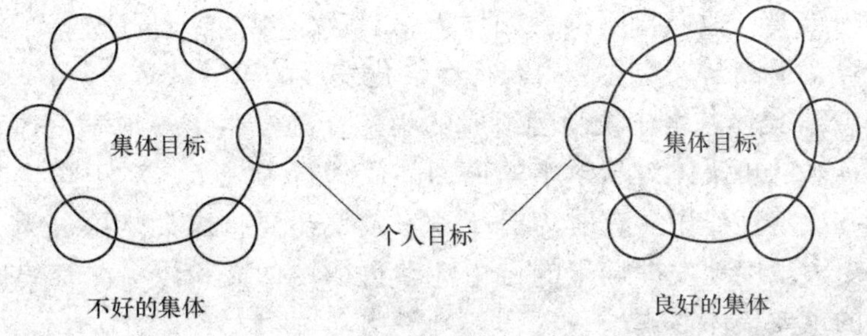

图 2-2

（2）领导核心。为达到集体的目标，充分发挥集体的智慧和优势，集体中要有一个强有力的领导核心，而其中的领导人物如班长、队长、体育委员、小组长则更为重要。领导人物不但要有民主的态度、善于调动集体成员每个人的积极性，还要有把握全局和组织的能力，这样才能得到大家的信赖，形成集体成员对其领导的服从。

（3）约束和规则。任何一个集体都有各自的规则和约束，它可能来自外部，如校方、老师制定的规章制度，也有集体成员们自己约定的规则，如游戏时不许耍赖等，但都是成员们认可的。谁违反了约束和规则就会受到集体的批评，谁不认可集体的规则和约束就会受到集体的排斥。因此，建立一个合理的、被大家认可的约束和规则，并且每个成员都自觉地遵守约束和规则对于一个集体来说是很重要的。

（4）职责的分工。一个集体要发挥整体优势，要使自己的行为更有效率，就要根据集体里每个成员的特点进行明确的职责分工。如体育课中为提高小组的学习效率，明确谁负责场地的布置，谁负责计时、记录，谁负责保护等。明确职责并适时交换还可以培养个人的责任心和多方面的能力。

其他影响集体的因素还有集体内的感情、集体上下级关系、集体的活动范围和内容等。

二、与运动有关的集体

与运动有关的集体很多，在我们大学生周围的运动集体有家庭、同伴集体（游戏集体）、班级、运动代表队等。

（1）家庭。家庭无论对社会还是个人都是至关重要的集体。与其他集体不同，它是以亲缘的紧密感情为基础的。一个家庭是否对孩子提供体育的知识和参加体育的机会，不但对孩子的体育认识、能力有很大影响，甚至影响他们的意志和各种能力。美国前总统肯尼迪就曾把自己和他兄弟们在政界活动中的胜利归功于他父亲从小对在他们参加体育锻炼上的影响。有人证明父母对体育的态度对孩子成人后的体育能力有密切关系。也有人证明父子跳远的相关系数为 +0.86。一个家庭的养育环境对孩子未来参加的体育活动类型也有极大的关系。随着现代生活水平的提高和余暇时间的增多，人们以家庭为单位参加体育活动的机会越来越多，体育活动也越来越成为丰富家庭文化生活、增进家庭内交流、促进家庭和睦美满的重要手段。

（2）同伴集体（游戏集体）。同伴集体是人离开家庭后最初加入的一个集体，是少年儿童自发地组成的集体，如放学后和邻居年龄相仿的儿童一起游玩的小团体。这种集体在时间上的延续不太长，游戏的种类和范围有限，有固定利用场地设施的特点。同伴集体对青少年的成长相当重要，他们自己推举领导人，自己定规则，自己选择、组织游戏，是少年儿童、学习体育、提高与人交往能力获得社会化发展的重要环节。

（3）班集体。班集体是由学校制度组成的集体，是学生正规地学习体育、参加体育活动的集体。一个良好的班集体对于学生的道德品质和行为规范、对于学生参加体育的意识和能力的培养将起决定性作用。有时为提高学习效率还要将班集体再分为小组。小组相对人数较少，可以更大限度地发挥学生的自主性和自律性，又和许多体育集体项目的人数接近，是体育活动的重要集体形式。

（4）运动代表队。是一些体育上有特长学生的集合体，由于成员的目标更加一致（参加比赛，提高成绩），集体的凝聚力较强，并有较强的集体意识和自豪感。活动内容以训练、比赛为主，系统性很强，对人的运动能力发展和性格的培养作用很大。但由于我国体育条件所限，不能使更多对体育有兴趣的学生参加运动代表队。

（5）校外体育活动集体。随着体育社会化和大众体育的发展，许多学生在放学后会参加社区和邻近体育场馆的体育组织，从事体育活动。由于这种集体有各种人参加，对学生社会化发展、提高交往能力、养成遵守公共道德、服从纪律都有很大促进作用。

第四节　有氧运动与运动处方

一、什么是有氧运动

有氧运动是指采用中、小强度，以有氧代谢供能为主的长时间运动，如走、跑、游泳、跳绳、骑自行车和做健美操等。这类运动的特点是简便、易行，对技术要求不高，而且运动形式和运动负荷可以根据每一个人的身体状况、体能水平、爱好和条件加以选择和控制，是一种安全而有效的健身方法。

二、有氧运动的健身作用

有氧运动是一种有助增强心肺功能、改善机体代谢、调节情绪、增强抗病能力和减肥的运动。在当今信息时代，非体力劳动者数量日益增多，随之而来的是缺乏体力劳动或运动的有关疾病日益增多，目前这类疾病称为现代文明病或运动不足综合征，如肥胖、高血压、高血脂、糖尿病、骨质疏松症等，而有氧运动对预防这类疾病起着重要的作用。

三、有氧运动负荷

有氧运动负荷一般由以下 3 个因素决定。

（1）运动强度。有氧运动最适合的运动强度是最大吸氧量的 50% ~70%。由于测定最大吸氧量需要一定设备条件，不容易推广，而心率和运动强度在一定范围内是线性关系，所以常用运动中的心率来反映运动强度。一般是以最高心率的 60% ~70% 作为运动中的适宜心率，又称为靶心率。最高心率通常可以从分级运动试验中获得，或用 220 减年龄数作为最高心率，或用 170 减年龄数作为运动中的靶心率。因为达到这个心率范围，心搏输出量可以达到最大值．对锻炼心脏最好。

运动中的心率一般较难测定，一般是采用运动停止后的即刻心率代表。但由于运动后心率恢复较快，所以，测定运动后即刻 10 s 的心率或脉搏 ×6 为 1 min 心率，代表运动中的心率。测脉搏部位常在桡动脉或颈总动脉，心脏跳动部位也可以测心率。

（2）运动时间。运动时间可以从 10 min 开始，逐步延长到 30 min ~ 40 min，不过靶心率维持累计时间一般以 20 min ~ 30 min 最佳，这样可以显著提高心肺功能和改善体内代谢。运动强度和运动时间要互相配合，即：运动强度较大，则持续时间较短；而运动强度低，则运动持续时间要长些。

（3）运动次数。一般每周锻炼 3 ~ 5 次，每次间隔不宜超过 3 天，每周不能少于 3 次。因为少于 3 次，最大吸氧量提高不明显。如果身体条件好，条件允许，坚持每天锻炼一次当然更好。

四、有氧运动项目的运动处方

（一）步行运动处方

走路是人的基本活动，也是锻炼身体的一种简易方法，它动作缓和，不易受伤，任何人在任何时间、地点都可以进行。

1. 动作要求全

身放松、走路抬头、眼看前方、挺胸收腹、两臂自然摆动、步伐稳健。

2. 步行速度

快步是 100 m/min ~ 140 m/min，心率 110 次/min ~ 120 次/min；慢步是 60 m/min ~ 100 m/min，心率 100 次/min 左右。

3. 方法

（1）普通散步法。每次走 20 min ~ 40 min，靶心率控制在 90 次/min ~ 120 次/min。

（2）快速步行法。每小时走 5 km ~ 7 km。适合增强心脏功能、减肥。但这种方法应该循序渐进，分阶段提高，见表 2-1。

表 2-1　分阶段步行

阶段	距离（m）	持续时间（min）
1	2 400	30
2	2 800	30
3	3 200	30
4	4 200	45
5	4 600	45
6	5 000	45
7	6 000	60
8	6 400	60
9	6 800	60

注：每阶段为一周。

（3）定量步行法。在平地上定时或定距步行。如每天走 1 万步，或每天走 1 小时，适合减肥。

（4）附加动作步行法。如摆臂、摩腹、反臂背后等，可以提高呼吸系统或消化系统功能。

（5）倒退步行。可以防止腰腿痛。要注意安全，预防跌倒。一般倒退 50 步，再向前走 100 步，交替进行 10 ~ 20 次。

（6）沙滩踩水快走。

4. 注意事项

（1）选择车辆少、行人少、安静、空气新鲜的平地步行，如公园、林荫道、江边、溪边、运动场等。

（2）步行时要心平气和，思想不要开小差。呼吸自然，动作有节奏，两臂自然摆动。

（3）饭后百步走并不科学。饭后，大量食物在胃内进行紧张消化，大量血液流进消化器官，消化液大量分泌。若饭后立刻外出快速步行，大量血液会流向运动的肌肉，从而减少消化器官的血量，减少消化液，阻碍消化。所以要饭后休息半小时以后步行才好。

（二）健身跑运动处方

健身跑是一种随意自如、不气喘的慢跑，强度一般大于步行。美国生理学家库珀提出 12 min 跑，是健心健体的方法，被称为“有氧代谢运动之王”。

1. 动作要求

上体正直并稍前倾，不要左右摇摆，眼平视、两臂屈肘、自由摆。下肢后蹬时要使髋、膝、踝关节伸直，前摆时小腿放松，用前脚掌或全脚掌着地。跑步时，呼吸要均匀、有节奏，可以两步一吸、两步一呼，也可以采用三步一吸、三步一呼。呼吸可用鼻和半张口同时进行。

2. 健身跑方式

（1）走跑交替。适合体弱的人，先走、后跑交替进行。如走 1 min、慢跑 1 min，如此反复交替 10 ~ 20 次，总时间在 20 min ~ 30 min。

（2）定时间或定距离跑。如 5 min 跑或 12 min 跑，1 000 m 跑或 2 000 m 跑。随着体能水平提高，每月或每两周延长一定的时间或距离。

（3）变速跑。即慢、快交替的越野跑。

3. 推荐 3 个月健身跑计划

表 2-2、表 2-3 分别为青少年男子、女子 12 周健身跑计划。计划每周锻炼 5 次，每个“△”代表一次练习，如第 1 周第 1 ~ 2 次各跑 600m，第 3 ~ 5 次各跑 800m。心率控制在最高心率的 60% ~ 70%，以后逐渐提高，但不能超过 80%。

表 2-2　青少年男子 12 周健身跑计划

距离（m）	1	2	3	4	5	6	7	8	9	10	11	12
600	△△	△△	△	△								
800	△△△	△△	△△	△	△	△	△					
1 200		△	△△	△	△△	△	△	△	△	△	△	△

（续表）

距离（m）	1	2	3	4	5	6	7	8	9	10	11	12
1 600				△△	△	△△	△	△	△	△	△	△
2 000				△	△	△△	△	△△	△	△	△	△
2 400								△△	△	△	△	△
2 800										△	△	△

表 2-3　青少年女子 12 周健身跑计划

距离（m）	1	2	3	4	5	6	7	8	9	10	11	12
600	△△	△△	△	△								
800	△△△	△△	△△	△	△	△	△					
1 200		△	△△	△	△△	△	△	△	△	△	△	△
1 600				△△	△	△△	△	△	△	△	△	△
2 000				△	△	△△	△	△△	△	△	△	△
2 400								△△	△	△	△	△
2 800										△	△	△

4. 注意事项

（1）不要在水泥地或硬地上跑，最好在运动场上跑。

（2）身体发热、感冒、女性月经期间要暂停跑。

（3）正确对待“极点”。一般人在长跑一段时间后，会出现呼吸急促、胸闷、下肢沉重、动作失调的感觉，不想再继续跑，这就是“极点”。要继续慢跑，这些现象会很快消失，随之会出现呼吸自如、动作轻松的感受，这就是“第二次呼吸”。减轻和克服“极点”的方法是开始跑的速度不要太快，出现“极点”时要放慢速度，加深呼气。

（4）预防“重力性休克”。跑后不能立刻站立不动，要再走一走或进行整理活动。因为如果马上停止活动，流向下肢的大量血液失去肌肉的挤压作用，使回心血量减少，很容易造成暂时性脑贫血而产生头晕、胸闷、恶心等不良反应，甚至晕倒，这就是“重力性休克”。如果做一些整理活动，就可以避免上述不良反应的出现。

（5）冬季锻炼时，要根据天气温度的变化和锻炼的不同阶段，及时增减衣服，预防感冒。

（三）游泳运动处方

长期进行游泳锻炼，不仅可以增强体能，还可以提高体温调节能力，适应外界气温的变化，夏季不易中暑，冬季不易感冒。

1. 运动负荷

（1）心率比在陆地上运动低 12 次/min。如健身跑心率为 130 次/min ~ 150 次/min，而游泳应为 118 次/min ~ 138 次/min。

（2）每周 3 次，如有条件或夏天可以每天 1 次，每次 0.5 ~ 1 小时。开始先慢游 25 m ~

50 m，然后站在水中或到岸边休息 1 min ~ 2 min，再游 50 m ~ 100 m 后休息，如此反复进行。

2. 注意事项

（1）游泳要到游泳馆或游泳池进行，也可以到江、河、湖、海中游泳，但要了解水深、水温、水的流速和水中是否有障碍物，禁止在有污染的水域或来往船只频繁的水域游泳。

（2）游泳要有组织地结伴进行或由教师、家长带领，保证安全。

（3）患有心脏病、高血压病、传染病、中耳炎，或伤口未愈，或女性月经期等，都不能游泳。

（4）游泳时如头晕、身上发冷、四肢无力，应立即停止游泳，上岸休息，穿好衣服注意保暖。

（5）游泳时不要打闹逞强，更不能开有危险的玩笑。

（四）跳绳运动处方

跳绳可以增强心肺功能，发展弹跳力，促进身体长高，提高身体各部位的协调性和灵活性。

1. 运动方法

（1）前摇后摇双脚跳，如图 2-3 所示。

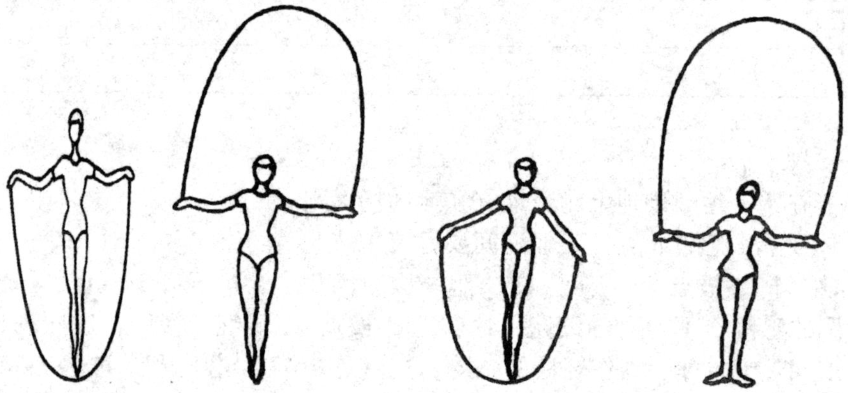

图 2-3

（2）前摇单脚交替连跳，如图 2-4 所示。

（3）双摇跳。

（4）交叉臂交替跳，如图 2-5 所示。

（5）跳绳跑。

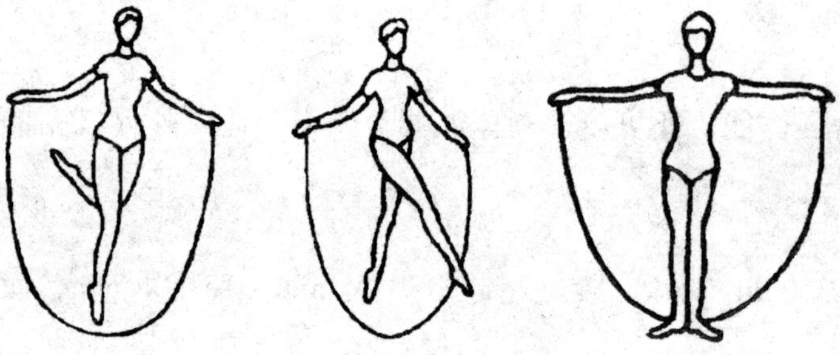

图 2-4

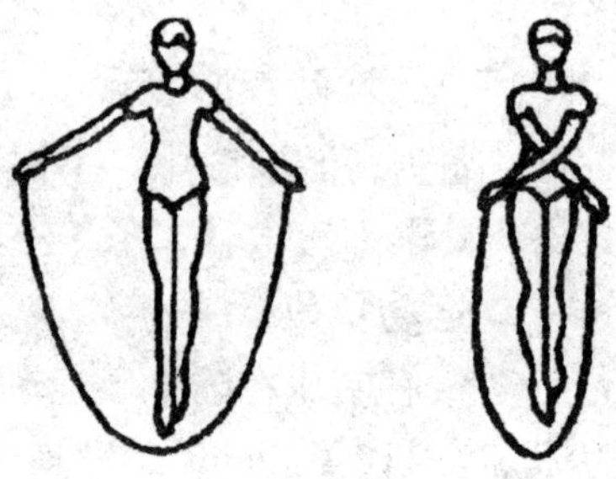

图 2-5

2. 运动负荷

每周 3 ~4 次，每次选择上述 1 ~2 种或几种方法，但一种方法跳绳后，需休息 1 min ~ 2 min 再换其他方法。心率控制在 130 次/min ~150 次/min，运动后 3 min ~5 min 恢复。

3. 注意事项

选择平坦地方锻炼。

（五）健身操运动处方

健身操是一种全身的节律运动，伴以优美的音乐，不仅给人以美的享受，而且也有足够的运动负荷，是融娱乐、健身、健美为一体的运动，可以提高身体的协调性、柔韧性及力量素质。

1. 动作要求

每种方法需按动作要领做，呼吸自然、均匀，不要憋气。几种方法可一起练，也可以选择其中 1 ~2 种练习。

2. 运动负荷

每周锻炼 3 ~5 次，每次 20 min ~30 min，心率控制在 110 次/min ~150 次/min。

3. 注意事项

（1）选择在空气新鲜的地方锻炼。

（2）锻炼时间可以安排在早晨，也可以在大课间或工间休息时间。

第三章　环境、行为与健康

第一节　环境与健康

环境是人类赖以生存的地方，它是生物有机体周围一切因素的总和。包括自然环境和社会环境。当环境构成和状态受到破坏时，人的健康就不可避免地受到不同程度的影响。因此，关注环境、保护环境、创建良好的生活环境，是每个人的职责。

一、自然环境与环境污染

（一）自然环境

自然环境包括空气、水、土壤、食物以及相互依存的各种生物。构成自然环境的诸因素中主要有以下 3 大因素。

（1）化学性因素。环境中空气、水、土壤等的正常化学组成都是相对稳定的，这是在漫长的地球发展历史中形成的。这种化学组成相对稳定的环境，是保证人类正常活动的必要条件。

（2）物理性因素。地球上充足的阳光、适宜的气候、安逸的生活空间是人类生存的必要条件。气象条件的各种变化、各种辐射线、噪音等物理因素均与人类健康密切相关。

（3）生物性因素。生物系统中的各种生物之间相互依存、利用，以摄食和被摄食的关系逐级传递物质和能量，以此形成一种食物链。例如，绿色植物利用日光进行光合作用，从空气、土壤、水中汲取营养和贮存能量，动物则依靠绿色植物获取能量和营养物质。

在自然界，生物与环境之间保持着密切联系，彼此影响，相互适应和制约。这种生物与环境的结合构成了自然界的生态平衡，这是一种动态平衡，即生物体总是从内部经常地调节自己以适应不断变化着的环境。而另一方面，生物的活动又在不断地改变着环境的状态。当这种平衡发生变化（遭到破坏），人体的适应性又来不及迅速调整以适应这种变化时，就可能对人造成健康损害。

（二）环境污染

1. 污染及污染源

由于自然的或人为的因素使环境的构成或状态发生变化，扰乱、破坏了生态平衡和人类的生活环境就称作环境污染。引起环境污染的物质称为环境污染物，它主要来源于生活、生产（如工业三废，即废气、废水和废渣）、交通，其种类繁多，可以是气体、液体、固体、生物（致病微生物等）、噪声、放射线等。

2. 污染对人体健康的危害

环境污染主要累及空气、水、土壤、食物和生活空间，直接或间接地损害人类的健康。

(1) 空气污染对健康的影响。空气中的污染物主要是随人的呼吸活动经呼吸道直接进入人体内，也可向周围扩散，使饮用水或食物受到污染经消化道进入人的体内，造成人的急、慢性健康损害。空气污染可引起急性中毒，尤其是汽车废气和石油化工等工业废气在强烈日光照射下形成一种不同于煤烟的有毒、有害气体——光化学烟雾，对眼和呼吸道黏膜有强烈的刺激作用，会使人急性中毒，表现为眼睛肿痛、咽喉不适、血压下降和呼吸困难，严重者昏厥。

空气污染对人体的慢性损害较急性损害更为多见。人体长期生活在受污染的空气环境中，污染物对人的局部器官持续刺激，而且对人免疫系统有影响，使人易患咽炎、支气管炎、哮喘等呼吸道疾病和眼结膜炎、鼻炎等。大气污染对人类健康威胁最大的是污染物中有 30 多种致癌物质，与人类肺癌的发生有密切关系，它主要是煤和石油燃烧不完全产生的废气。长期生活在受污染的空气中，可使人的精神萎靡不振、情绪不稳、睡眠出现障碍。

(2) 水污染对健康的影响。水是人体的重要组成部分，是维持人体生命活动必需的物质。当人类饮用或接触受污染的水后，就可能对人体健康带来一定的影响和危害。未经处理的生活废弃物和工农业生产废弃物是水污染的主要来源。前者对人多为生物性危害，后者多为化学性危害。

人们饮用或接触被病原体如细菌、病毒、寄生虫污染的水，会人感染多种传染病，如霍乱、伤寒、细菌性痢疾、肝炎等。如果人群饮用同一水源，还可造成短时间内出现大量病人，导致疾病的流行。如果工业生产废弃物中所含的有毒物质如汞、铅、苯、砷等和农业用的农药污染了水源，可引起人体的急、慢性中毒。此外，地面污染还可污染地下水、海洋，致使环境生态平衡和生物资源遭到破坏，使人类群体的健康受到间接的损害。

(3) 食物污染对健康的影响。食物是重要的环境因素之一。人体靠摄取食物而获得营养。当人进食的食物被污染，可导致食物中毒、肠道传染病、慢性中毒或致癌等。当食物被产毒菌株的霉菌污染后，在适宜的条件下可产生霉菌毒素，损害人的健康。在已知的 100 多种霉菌毒素中，以黄曲霉素对人的健康损害较大，其致癌作用相当强，可诱发肝癌、胃癌、结肠癌等。

(4) 噪声对健康的损害。环境噪声主要来源于交通运输、工业生产和生活活动。噪声对人的影响是全身性的、多方面的。长期的噪声刺激可导致人听力下降，当噪声达到 120dB 时，人的听力丧失，双耳出现疼痛。噪声污染，还可使人头痛、头晕、耳鸣、心悸、睡眠出现障碍，导致人的心血管、内分泌、神经等系统的功能紊乱。人们在噪声环境中，生活受到干扰，会心绪焦虑不安，容易疲劳，使生活和学习质量下降。

(5) 土壤污染对健康的影响。土壤污染物一是来源于人畜粪便、垃圾、污水，二是来源于工业生产废弃物和农业生产用农药。因此，土壤污染一方面是导致人体某些传染病，如沙门氏菌病、钩虫病、蛔虫病等的传播；另一方面是化学物质对人体的毒性损害，这多为间接损害。污染土壤通过食物链进入人体，对人体健康造成影响。土壤污染严重时，还可能破坏土壤结构，影响土壤的自净能力和农作物生长。

3. 环境污染的防治

在过去的漫长岁月里，人类更多的是利用环境创造财富。近年来，人类已明确地认识到环境污染导致人类健康的严重损害，人类正面对环境污染的严峻挑战，环境污染如不控制，人类的生存就将成为问题。因此，人们对自己依存的环境给予了愈来愈多的关心，对环境保护投入了大量的精力。

环境保护必须是综合治理，强调人类整体行为，应广泛开展宣传教育活动。我国政府制定了有关环境保护的一系列法律法规，如环境保护法、水污染防治法、森林保护法、食品卫生法等。不少城市还规定了严禁在公众场所吸烟、市内交通禁止鸣笛……人们利用科学技术改善能源，如利用太阳能、加强对粪便、垃圾的卫生管理和无害处理，合理使用农药，对工业废弃物和放射性废弃物进行有效处理等措施。

4. 校园环境与健康

（1）校园绿化。大学校园是有别于其他一般地方的特殊区域，是精神文明展示的窗口。绿化校园，就是大面积植种树木花草（一般要求树木覆盖率达 20% 以上，地面覆盖率达 60% 以上），它不仅仅是学校工作人员的责任，大学生也应自觉承担起这一社会责任。

绿化对净化空气、减弱噪声、调节微小气候、美化环境和保护生态平衡均起着重要作用，因而对人身体健康大有益处。①净化空气。人们生活环境中的二氧化碳含量较高时，人会感到不适，而绿色植物包括树木和草坪在进行光合作用时，吸收了空气中的二氧化碳，释放出氧气，这样使得空气的质量得到改善。空气中有不少的有毒有害气体，如二氧化硫、二氧化氮等均能被不同的绿色植物所吸收。许多绿色植物，特别是树木有明显的阻留和过滤、吸附尘粒的作用，草坪也能减少空气中的含尘量，因而起到净化空气的作用。②减弱噪声。绿色植物对声波具有吸收和反射作用。当声波通过绿色林带时，由于枝叶摆动，使声波减弱而逐渐消失。同时枝叶表面的气孔和纤维状绒毛能吸收部分噪声，因此能有效地减弱噪声的强度。③调节微小气候。绿化能改善环境的小气候，在某种程度上调节和改善大气的温度和湿度，缓和太阳辐射热。在夏季，树阴能遮太阳，从而减轻炎热和防止日晒。同时，由于绿叶表面蒸发水分时需吸热，故能降低绿化地带的气温。在冬季，树木吸收日光的热量后缓慢散发热量，高大的树木和绿化地带还可减低风速。④美化环境、调节人的情绪。通过大面积绿化形成绿树成荫、繁花似锦的美丽景色，给人以美感和清洁、舒适、富有生机的感觉，使人心旷神怡，对人的心理起调节、镇静作用，有益于人体的代谢活动，从而可减轻因学习压力而产生的精神紧张情绪。

（2）大学生居住环境与大学生健康。人的健康不仅受外界环境的影响，还受到室内环境的影响。人的一生中有一半的时间在室内，尤其是大学生大部分时间在教室、阅览室、寝室内度过，因此大学生居住环境污染对健康的影响甚大。大学生室内环境污染主要来源于吸烟、生活垃圾、燃料燃烧以及因宿舍通风不良和个人卫生不好而造成的室内异常臭味等，其中吸烟是室内空气污染的重要因素。

室内污染物主要含一氧化碳、氮氧化物、醛、氨、尼古丁、多环芳烃等物质，它们形成一种混合复杂气体，可直接刺激人的眼睛、呼吸道黏膜，使人易患眼疾和呼吸道疾病。有害气体吸入肺内，可引起咳嗽、多痰、气急等症状。同时香烟烟雾与癌症发生率关系密切。除此之外，生活垃圾可致室内空气、食物受到污染，致使诸如痢疾和其他肠道传染病的发生机会增多；室内异常臭味会使人情绪烦躁不安、恶心及食欲不振；较长时间的紧闭门窗，空气不对流，使室内空气不新鲜，可引起人头昏、头痛、胸闷，影响生活和学习质量。

二、社会环境

社会环境是指包括社会制度、社会经济、文化水平、社会心理和科学技术进步等在内的社会因素。随着生物学、免疫学和公共卫生事业的发展，人们积累了大量战胜生物因素所致疾病的手段，占死因谱中主要地位的传染病得到了有效地控制，而与社会因素有关的疾病则成为当今影响人们健康状况、威胁人们生命的主要医学问题。健康和疾病都受到社会因素的制约，尤其是社会经济因素、社会心理因素。当今，随着科学技术的发展，在造福人类的同时，对人类的健康也造成了一定的影响。

（一）社会经济因素

社会经济因素是影响人群健康的因素之一。经济发展水平是发展卫生事业、提高人群健康的物质基础。经济不发展，会由于食物和营养的供给不足造成机体营养不良、抵抗力下降，从而受到传染病的侵袭，造成传染病和寄生虫病的流行，在经济落后的国家不少人死于饥饿和瘟疫。随着经济的发展，人们饮食消费水平的提高，加之科学技术的发展，使人们在工作、生活诸多方面的运动消耗减少，从而导致体内营养过剩，使心脑血管、糖尿病等疾病的发病机会增多。

（二）社会心理因素

人脑在反映客观事物时所进行的一系列复杂活动（兴奋、抑制、焦虑、恐惧、愤怒、悲伤）的过程不是由单一因素决定，而是个体的性格素质特点、心理因素、社会环境（受教育程度、文化修养、经济收入、人际关系、工作和生活节奏）等综合作用的结果。这些因素即为社会心理因素。不同年龄、职业和不同社会环境的人有不同的心理紧张因素，影响个体的心理活动。心理紧张是人适应环境的一种正常反应，但如程度过大或时间过长，将会使人心理活动失去平衡，甚至导致神经活动的功能失调，对机体产生不良影响，轻则引起抑郁，重则造成各种精神性疾病的发生。

（三）科学技术革命对人类健康的影响

科学技术进步对人类所造成的影响是极其复杂的。由于科学技术的飞速发展，自然资源被大量滥用和消耗使生态失衡紊乱。一方面，科学技术发展带来了物质生活条件、卫生和医疗条件的改善。保健技术的进步，使人类群体健康水平提高，寿命延长。而另一方面，自然界的生态平衡遭到严重破坏和环境严重污染，致使人类健康受到直接或间接的危害。

（1）臭氧层的破坏。人类工业化活动使地球平流层的臭氧层受到破坏，形成臭氧层空洞。臭氧层能保护地球上的生物免受强紫外线照射。臭氧层损耗使过量的紫外线照射增加，不仅危及农作物和海洋生物，而且使皮肤癌和白内障病人增加，并使人的免疫系统受到严重损害，导致各种疾病难以控制。

（2）森林资源的破坏。据统计，由于森林过度砍伐，目前美洲大陆的森林面积与500年前哥伦布发现美洲大陆时相比，仅2%尚存，98%已被破坏殆尽。

（3）水资源的破坏。水资源受到了很大的破坏，水源丢失严重地影响了人们的生活，影响了社会经济的发展。

（4）动物的灭绝。由于人口的增加，人类对自然的破坏，地球上稀有动物的灭绝情况非常严重。

第二节　吸烟与健康

当今，烟草成为世界上危害最严重的社会问题之一。据 1997 年 8 月在北京召开的世界烟草与健康大会提示：目前，全世界约有 11 亿吸烟者，其中 8 亿在发展中国家。吸烟致死人数将从目前的每年 350 万增至 2025 年的每年 1 000 万。在全世界死亡率中，因吸烟致死和致残所占份额将从现在的 30% 增至 90%。烟草是引起或可能引起 25 种疾病的起因，终身吸烟死于烟草的机会为 50%，世界上每 10 s 就有 1 人因吸烟而丧生。烟草成了不断蔓延的瘟疫。对此，世界卫生组织（WHO）率先在控制吸烟方面做了不懈的努力，并宣布“吸烟这一不良习惯必须彻底摒弃，它已成为严重的社会公害，为人们越来越无法接受和容忍”，要通过“不屈不挠的努力来帮助人们停止使用烟草产品”。

从 1492 年哥伦布到达美洲发现印第安人吸烟至今，已有 500 年历史。1575 年烟草传入我国，在这 400 余年中，当初为数不多的吸烟者，今在我国竟发展为浩浩荡荡的 3 亿吸烟大军，还有继续增加的趋势，我国将成为吸烟致死者的主要国家。

烟草消费蔓延如此之快，是由于烟草的高额烟税使发达国家和发展中国家盲目地发展烟草生产和扩大烟草市场的结果。随着烟民人数迅猛增加，各国烟草生产发展相当快，这不仅毁坏了农业和森林资源，还直接损害人们的健康。对此，我们应给予足够的重视，并认真对待。

一、烟草及烟雾中的有害物质

烟草是一种含有多种对人体有害成分的作物，燃烧冒出的烟雾是一种很复杂的混合物，其中含有大量的有害物质。烟草、烟雾含有 4 000 多种物质，其中毒性较强、危害较严重的有尼古丁、一氧化碳、放射性同位素、金属元素镉、亚硝胺等。尼古丁（烟碱）是一种有苦味、无色透明的挥发性油质液体，既是一种兴奋剂，也是一种抗焦虑药，可以使吸烟者得到一种轻松愉快的感觉。但尼古丁是危害最大的植物毒素之一，通过口、鼻、支气管及胃的黏膜很容易地被机体吸收，在急性中毒时死亡之快与氰化物相似。我国生产的香烟每支含尼古丁 2 mg ~ 4 mg。实验证明，一支纸烟所含的尼古丁能够毒死一只老鼠，一滴尼古丁足以结束一条 20 kg 重的狗的生命，50 mg 尼古丁就可以置人于死地。如果把一支烟的尼古丁全部吸入肺中，人就会出现头痛、头晕、恶心、呕吐等中毒症状。但通常我们吸烟，仅 10% ~20% 的尼古丁进入肺，其中的 80% ~90% 的尼古丁被肝脏解毒，所以才不会出现抽十几支烟就使人呼吸麻痹甚至死亡的情景，但是慢性中毒却是难以避免的。尼古丁使支气管上的纤毛丧失活动，甚至脱落，致使支气管黏膜受损、发炎或感染。尼古丁刺激中枢神经系统，使心率和脉搏加快，血压上升，长期吸烟将导致血栓闭塞性脉管炎，促进血栓和动脉粥样硬化。尼古丁的最大危害在于它的成瘾性，它的作用很迅速，吸入纸烟烟雾中的尼古丁只需 7. 5 s 就可以到达大脑，是主要成瘾源。尼古丁在血浆中的半衰期为 30 min，如每天吸一包纸烟者，每 30 min ~ 40 min 就要吸一支烟，以维持大脑尼古丁稳定水平，否则就会感到烦躁、不适、恶心、头痛。

吸烟时进入人体的一氧化碳，易和红细胞里血红蛋白结合形成碳氧血红蛋白，其亲和力之高是氧亲和力的250倍。吸烟者血液中的碳氧血红蛋白增多，减弱了血红蛋白的送氧能力，易造成心肌缺氧，导致心绞痛、心肌梗死和猝死。身体中缺氧，可导致动脉粥样硬化，大脑缺氧，意识模糊，肌肉过早疲劳。实验证明，吸烟之后，经10 min ~ 15 min肌肉力量下降15%，动作协调性降低25%，完成工作的愿望也明显降低。烟焦油是一种黄色具黏性的树脂，它可粘在咽部和支气管的内表面上。烟焦油里含有致癌物质和促癌物质。其致癌物质主要是一些多环芳烃化合物，在烟草燃放时产生。

此外，烟草中还含有放射性同位素钋210、铅210、锇210等。这些放射性同位素会在人体的肺、肝、肾、胰甚至骨骼中出现放射现象，其致癌作用有较长的潜伏期，不易被人察觉。

烟雾微粒，能吸附放射性物质氡，随之进入人体，而放射性物质氡是肺癌的致病因子。同时烟雾中含有亚硝胺，这也是一种具有较强致癌作用的化合物。烟雾中还含有多种金属（镉、铝、铜等），其中，镉在致癌和引起其他慢性病方面起着重要的作用。

二、吸烟对人体健康的危害

吸烟损害人体的健康，祖国医学早有认识。明·兰茂《滇南本草》载曰：烟“辛热，有大毒”。吸烟耗肺、损血、伤神、折寿。随着科学技术的发展，人们对于烟草的危害认识越来越清楚。烟草及烟雾中的大量有毒物，对人体的神经、心血管、呼吸、消化、泌尿及生殖等系统造成损害，导致或诱发多种疾病，全球每年至少有300万人死于和吸烟有关的疾病。吸烟是百病之源，有百害而无一利。

（一）吸烟是多种癌症的祸根

烟草含的尼古丁、3，4 – 苯并芘、亚硝胺、放射性同位素、金属元素镉、苯、酚等各种有害物质有致癌和促癌作用。吸烟者比不吸烟者患病率高：患肺癌的发病率吸烟者是比吸烟者的30倍，喉癌的发病率为5.4倍，口腔癌的发病率为4.1倍，膀胱癌的发病率为1.9倍，胃癌的发病率为1.4倍，胰癌的发病率为3倍，前列腺癌的发病率为1.3倍。

以肺癌为例子，根据5个不同国家，8次前瞻性研究，1 750万人/年的随访观察表明，患癌症的危险性与每天吸烟量和持续时间成正比。美国著名的“万宝路”香烟的一名推销员50岁就死于肺癌，临死之前留下的一句话是：希望他的子孙后代不要再抽烟。

（二）吸烟对心脑血管的损害

吸烟对心血管系统的损害是明显的，它使血管产生痉挛性收缩，引起缺血，导致动脉硬化，引起冠心病，使血压增高，心率加快，心律失常等。根据不同国家10次大的前瞻性研究，观察2 000万人，研究发现，吸烟者缺血性心脏病的发病率和冠心病的死亡率高于不吸烟者70%。40 ~ 50岁男性每天吸一包以上纸烟者第一次冠心病发作是不吸烟者的2.5倍，有显著的剂量关系。65岁以下因冠心病致死病例中有25%是由于吸烟造成的。吸烟也会使脑血管痉挛，使大脑供血不足，加之一氧化碳加重了肺供氧的不足，易造成脑细胞功能障碍，出现头痛、失眠、头晕、感觉异常、记忆力下降等。

（三）吸烟对神经系统的损害

吸烟对神经系统先有短暂兴奋，后有麻痹作用，从而破坏了大脑皮质兴奋和抑制的动态平衡。长久吸烟会出现神经过敏、记忆力减退、注意力分散、精神恍惚、失眠多梦、反应迟钝等神经衰弱及神经中毒症状。吸烟还会引起弥散性大脑皮质萎缩。有些人认为吸烟能提神、振作精神、活跃文思，其实恰巧相反，吸烟由于毒素的作用，抑制神经系统的活动，降低大脑功能。有人做了如下的研究，把吸烟者（平均每人每天吸20支）和不吸烟者各37人，分别给他们看12幅素不相识的人的彩色照片，每人看三遍，同时告诉他们照片的名字，每人看过3 min后，再把照片依次给他们看，让他们说出照片的名字。结果，不吸烟者平均记住了9个人的名字，而吸烟者平均记住了7个，并且不吸烟者回忆这些人的名字所用时间比吸烟者平均少用10 s。有人观察了射击运动员吸烟后的射击成绩变化，结果吸一支烟，成绩下降4.8%，吸两支烟成绩下降6%。

（四）吸烟对呼吸系统、消化系统的损害

烟中的有害物质，进入呼吸道，直接刺激黏膜管壁，破坏呼吸道的天然屏障，造成小气管阻塞，致使肺的免疫功能下降，而导致多种疾病，如支气管炎、肺部感染、肺癌等。

吸烟还导致胃肠功能紊乱，引起食欲不振、恶心、呕吐、腹泻或便秘，并对胃和十二指肠造成损害，诱发溃疡。据统计，患胃及十二指肠溃疡的病人中，吸烟者比不吸烟者高10倍。

（五）吸烟的其他危害

吸烟降低人们的抗病能力，从而导致多种疾病的发生。据统计，吸烟者血清免疫球蛋白，如G（LgG）和A（LGA）的水平低于不吸烟者。

吸烟有损自己的面容，会加速出现面部衰老。吸烟者可出现吸烟面容：①眼角有鸡爪形线条或其他皱纹，脸颊、下颌处也有深深的皱纹；②轻微憔悴；③面孔呈现轻度灰、橘红、紫红的颜色。这是由于吸烟会降低人的皮肤血液循环，造成营养障碍的结果。

吸烟使人折寿，加速衰老，表现在面部变化、生理机能、运动能力、脑组织改变和思维等方面，导致各种疾病，减短寿命。吸烟越早、越多，死亡越早，寿命越短。据统计，吸烟者比不吸烟者平均少活5~10年。每天吸20支烟，比不吸烟者平均少活5.5年，每天吸烟40支者平均少活8.3年。因此，有人曾推算，每吸一支烟，其寿命就会减少5 min，所以说："吸烟是生命的窃贼。"

三、对被动吸烟者的危害

被动吸烟者指不吸烟者无意或被动吸入由于吸烟者的烟草燃烧产生的烟雾。其来源为：由吸烟者吸烟时所喷出的烟，也称为主流烟雾；由烟草直接燃烧产生的，也称为侧流烟雾。室内烟雾以侧流烟雾为主，侧流烟雾所含的一氧化碳的浓度是主流烟雾的5倍，尼古丁、焦油为3倍，苯并芘为4倍，胺为46倍。被动吸烟者同主动吸烟者一样深受烟害。母亲吸烟不仅损害了个人健康，而且会殃及胎儿，吸烟等于给胎儿服毒。妊娠妇女吸烟，其婴儿出生体重平均减少200 g，易引起流产。被动吸烟对儿童的影响很大，父母吸烟可促使婴幼儿呼吸道疾病发生，并影响婴儿的生长发育。

被动吸烟者受烟草有害物质影响最常见的表现在眼刺激（69%）、头痛（33%）、鼻部症状（33%）、咳嗽（33%）以及过敏反应，并对有心、肝病和过敏反应的人的症状加剧。所以，吸烟不仅危害自己，更危害别人健康。

青少年正是长身体、学知识的时期，身体处于生长发育阶段，神经系统、内分泌功能、

免疫机制都不稳定，更易受烟草有害物质的不利影响。世界卫生组织指出："一个人越早开始吸烟，患肺癌和威胁生命的其他疾病的危险性就越大。"所以，青少年吸烟危害更大，为了保持身体健康，青少年不应吸烟。

尽管吸烟危害如此之大，但近几年吸烟者仍是有增无减。据长沙市大中学生的调查，男中学生吸烟率高达39.6%，大学生为62.6%。这是什么原因呢？主要有心理上的依赖、生理上的依赖和社会的依赖三个方面。从心理的角度来说，以吸烟形象作为"美"和"刚毅"典范的广告镜头，反复地出现在各种传播媒介上，对人们起了潜移默化的作用，年轻人感到吸烟更有男子汉气魄，更成熟，更有派头，认为吸烟可带来欣快感，甚至还可解除烦闷；在生理上则无法摆脱尼古丁所带来的烟瘾的痛苦；更重要的是社会的依赖，今天的社会把香烟作为一种奢侈物品，不论婚丧喜庆都离不开香烟，似乎名牌香烟就象征着富有、高贵，并成了社会上交往所不可少的礼品，使吸烟蔚然成风。目前，在发达的国家中，戒烟成效显著，吸烟率逐年下降。而在发展中国家，吸烟者日益增多。据不完全统计，发达国家如有一人戒烟，在发展中国家就会有两个人开始吸烟。吸烟实际上是贫穷、落后的象征，青年人应该摒弃这种陋习。

鉴于吸烟的危害，世界各国分别采取了各种措施。迄今为止，已有近92个国家实行了戒烟法，规定了杜绝广告、包装示警、限制出售等有效控烟法规，许多国家还规定在某些公共场所禁烟。自1967年以来，世界卫生组织每三年召开一次吸烟与健康的国际会议，研究对策，并将每年5月31日定为"世界无烟日"，采取了广泛的宣传、教育活动。我国卫生部门也多次发布了吸烟有害和控制吸烟的通知。吸烟犹如吸毒。为了保护人们的身体健康，戒烟势在必行。大学生具有较高的文化素质和科学知识，更应该带头戒烟，并且积极宣传吸烟的危害，为提高民族素质做贡献。

戒烟是需要毅力的，只要认识危害，下定决心，是完全可以戒掉的。有些人习惯于尼古丁的刺激、吸烟动作和烟雾气氛刺激，其实这只是一种条件反射。就解除一种嗜好而言，只要认真对待，戒烟是可以做到的。市场上出售的戒烟茶、戒烟糖或戒烟含漱液，用后使人厌恶烟味，可以作为戒烟的辅助手段起一些作用，但主要还是要靠戒烟者的决心和毅力。

我国是烟草大国，吸烟者占世界吸烟总人数的1/4。做好控烟工作，是对世界控烟工作的极大贡献。

第三节　饮酒与健康

酿酒在我国已有悠久的历史，并且我国的酒酒质优良，在国际上享有较高的信誉。至今，饮酒已成为人们的一大嗜好。无酒不成礼，无酒不成欢，无酒欠敬意。在一切社会活动中几乎离不开酒。饮酒在人们生活中占有一定地位。适量饮酒，有兴奋精神，增进食欲，帮助消化，祛风除湿，舒筋活络，化瘀止痛等作用。过量饮酒则有碍健康。

一、酒的种类和成分

酒有蒸馏酒、发酵原酒和配制酒三大类。

（一）蒸馏酒

用淀粉或糖类为原料经过糖化和发酵形成酒醇，再经过蒸馏而得的酒称蒸馏酒。如白酒（茅台酒、汾酒、五粮液、剑南春、泸州老窖特曲等国家名酒）、烧酒、白兰地等，其主要成分是酒精和水，占总量的98%，其余的微量成分含量只有2%。酒精（乙醇）含量是衡量酒度高低的标度。100 ml 白酒中含乙醇60 ml，其酒度为60 度。酒中含有酸，酸在白酒中是重要的呈味物，它与其他香味物质构成白酒特有的芳香。此外还含有少量的酯、醛、高级醇、酚类化合物。白酒有严格的国家卫生标准，其有害物质甲醇、醛、杂醇油、铅、氰化物不能超过规定指标。

（二）发酵原酒

将含淀粉或糖类的物质，经过酿造发酵、过滤成的酒为发醇酒。如葡萄酒、果酒、啤酒等。葡萄酒的主要成分有乙醇、水、转化糖、甘油、蛋白质、各种维生素、少许脂肪、有机酸、钙、钾、钠、铁、氯等。葡萄酒的原料是葡萄，有较高的营养价值，一般含乙醇为13%～18%。啤酒的主要成分有乙醇、二氧化碳、水、麦芽糖、甘油、蛋白质、矿物质等，一般含乙醇3%～5%。啤酒以大麦芽和大米为主要原料，含有17 种氨基酸，其中8 种是必需氨基酸，含有多种维生素，其中维生素P 能防治高血压和血管硬化，有抗癌防衰老功能。啤酒的含热量较高，每升啤酒可以产生3 192 J 的热量。据测定，每升啤酒约相当于500 g 瘦肉，或250 g 面包，或800 ml 牛奶的营养价值，被称为“液体面包”。果酒是利用水果为原料酿造的酒，其营养成分与制作原料相近。

（三）配制酒

以蒸馏酒或发酵酒为原料，按一定比例加入糖分、香料或中药等混合、过滤而得的酒。常见的如竹叶青、玫瑰酒、五加皮等。

适量饮酒，对人体健康有利，“少饮则和血行气，壮神御寒，消愁遣兴”（《本草纲目》）。少量饮酒，有营养和医疗保健作用。低度酒对人体好处较多，含酒精低，营养丰富，饮酒应选低度酒为好。

二、过量饮酒对人体的损害

乙醇是一种麻醉剂，饮酒后80%以上酒精通过小肠吸收，5 min 左右进入血液，所以空腹饮酒易醉。一次大量酗酒或长期大量饮酒，可造成急性或慢性酒精中毒，对人体会造成很大的损害，并引起多种疾病，有的甚至丧命。我国对酒害早有认识，明代李时珍的《本草纲目》指出：“痛饮则伤神耗血，损胃亡精，生痰动火。”“甚至丧躯殒命，其害不胜言哉。”

（一）对消化系统的损伤

长期饮酒，最易损伤消化器官。酒对口腔、咽喉、食管、胃、胰腺的刺激，不仅诱发炎症和溃疡，还使这些部位的癌症发生率明显提高。饮酒不当，可以引起急性胃炎，其症状为恶心、呕吐、打嗝、胸脘部灼热、疼痛等，也可引起急性肠炎，其症状为出现腹泻、腹痛、肠鸣亢进、大便次数频繁。过量饮酒，还可以导致急慢性胰腺炎症，造成心窝部或上腹部疼痛，出现食欲不振、消化不良、恶心、呕吐、腹泻，以致发生营养不良、贫血及消瘦，甚至出现黄疸，严重的会引起肝脏损伤，因为肝脏是酒精代谢的唯一器官。长期饮酒，可引起酒精性肝炎、脂肪肝、肝硬化等多种疾病。肝脏是人体的能量“合成工厂”，这些疾病会严重地影响人们的健康。

（二）对神经系统的损害

长期过量饮酒可损伤大脑皮质，造成中枢神经最高级部位功能损害，引起神经系统功能紊乱，如神经衰弱、智力迟钝、注意力不集中、判断能力下降、记忆力减退、视力下降，严重时甚至出现精神错乱、平衡失调、步态不稳、指舌震颤、抑郁症等。酒精性中毒可出现痴呆和大脑萎缩。酒精慢性中毒可损伤上下肢远端神经元，表现为“手套或袜套状”麻痹。一次大量酗酒，可出现急性中毒、脑神经麻痹，严重时可危及生命。

（三）对心血管系统的损害

长期过量饮酒，会引起心脏变形，失去正常的弹力而增大。心脏组织中出现脂肪细胞，心肌肥大，心脏的收缩功能减弱，心动过速。还可引起心肌炎，血压、血脂升高，胆固醇含量增加，冠状动脉硬化，冠心病发病率增加。更为严重的是酗酒极易引起中风，这是因为：

（1）酒精有直接导致心律失常的作用，可诱发心房纤颤或心肌病，使心输出量减少，附壁血栓形成引起心源性脑栓塞。

（2）长期饮酒，可使血压升高，高血压患者易发生脑小动脉硬化，血管变脆，血压波动，极易发生痉挛，形成血栓或破裂出血，引起中风。

（3）急性酒精中毒可使体内凝血机制激活，易诱发血栓形成。

（4）习惯性饮酒，局部脑血流量减少。中风是严重的疾病，一旦发生可危及生命。

（四）对呼吸道的影响

长期大量饮酒，可使呼吸道防御功能降低，易患上呼吸道感染性疾病，临床上以急性咽喉炎较多，其次是急性支气管炎、慢性支气管炎、支气管扩张、肺结核。调查研究证明，饮酒者患上述病的发病率比非饮酒者高。醉酒时，患者处于昏迷状态，易引起吸入性肺炎。

（五）可使癌症发病率增加

长期大量饮酒及烟酒兼嗜者可使癌症发病率增加，使口腔癌、咽部癌、鼻咽癌的发病率比一般人高得多。其原因为：

（1）酒精能刺激垂体分泌增加，从而加速细胞繁殖，增加对肿瘤细胞的易感性。

（2）长期饮酒，会导致维生素 B、叶酸、铁等的缺乏，营养素不足，营养状况下降，因而降低机体对外源性致癌物的抵抗力。

（3）酒对免疫功能有抑制作用。

所以，大量饮酒引起癌症的死亡率比不饮酒者高。

（六）长期大量饮酒对身体的其他损害

长期大量饮酒可影响性腺、垂体、甲状腺及肾上腺等分泌腺体的功能，从而影响人体的新陈代谢；对人的眼、耳、鼻、舌等器官产生不同程度的影响，使其功能下降；孕妇饮酒还会影响胎儿发育，导致出生婴儿体重较轻，严重者可引起胎儿酒精中毒综合征；女性酒精中毒会损害卵子，造成染色体异常而引起流产、死胎，还可以出现畸胎和遗传性疾病；男性酒精中毒可造成精子减少或无精子。

酒癖者的唯一选择是在医生指导下戒酒。

青少年正处于生长发育时期，各个组织器官的发育尚未成熟，饮酒更易损伤消化器官和神经系统，如情绪不稳、记忆力减退、头痛、头晕等，这对大学生学习非常不利。为此，不提倡青少年饮酒。青少年是长身体、长知识时期，要保证健康身体和充沛的精力来搞好学习。

酗酒的危害是很大的，酒精急性中毒时，轻者出现步态蹒跚、走路不稳、动作笨拙、语无伦次的情况，甚至会跌倒跌伤，严重者可出现面色苍白、皮肤湿冷、口唇发紫、瞳孔散大的情况，体温、血压下降，大小便失禁，并出现肺水肿，最终可致延脑麻痹、呼吸循环衰竭而死亡。因此，青年人在节日、喜庆的时候饮用适当的啤酒、葡萄酒等低度酒是有益的，但应把握自己，不空腹喝酒，更不宜喝烈性酒，避免酒精过多直接刺激胃黏膜。饮酒一定要适量，千万不要“逞英雄”、赌酒量、“超载”饮酒、硬劝酒、喝“惩罚”酒，干危害同学和自己健康的傻事。

第四节　吸毒与健康

一、吸毒

当今，毒品问题已是国际瘟疫和全球性灾难。世界各地，凡是人类居住的地方，无不受到毒品的骚扰和危害。据统计，全世界每年用于毒品交易额达5 000亿美元以上，大于石油、粮食等大宗商品交易额，仅次于军火交易。由于毒品的高额利润，使毒品狂潮如洪水猛涨。毒品泛滥，席卷着越来越多的国家和地区，威胁着越来越多的人的生命。世界上已经没有几个国家和地区能够摆脱毒品之害，全世界至少有5 000万人滥用毒品，每年因吸毒致死者达10万人之多，另有1 000万人因吸毒丧失正常人的智力和工作能力。世界范围的毒品蔓延泛滥危害着人类的健康和国际社会的安宁，已成为严重的国际问题。

与此同时，国际毒品犯罪的浪潮也侵害着正在改革、开放中的中国。毒品问题，从我国边境地区开始，并逐渐向内地蔓延发展。在20世纪90年代初，毒品就已渗入全国29个省、(自治区，直辖市）的1 600多个县（市），吸毒人数逐年上升。全国有据可查的吸毒人员1991年为14.8万，到1995年已增加到52万人，到2010年已增加到133.5万人。毒品已向我们袭来，应该引起高度重视，全民动员，打一场禁毒的人民战争。

（一）毒品的种类

毒品是指鸦片、海洛因、吗啡、大麻、可卡因以及国务院规定管制的其他能够使人成瘾的麻醉药品和精神药品。

罂粟，原系罂粟科观赏有花植物的通称，这里指能提炼鸦片等物质的罂粟，其成熟果实切开后流出的汁液，干后为鸦片，内含吗啡、可卡因、海洛因等，是强镇痛药，久用可成瘾。

吗啡是一种无色和白色结晶粉末，有较强的镇痛作用，最大缺点是易成瘾。吗啡及其口服麻醉剂和注射剂的临床应用，本是医学界重大突破，大大提高了当时的医疗水平，但当今其作为毒品的危害，已远远大于医疗价值。

海洛因，俗称“白粉”，由吗啡制成。易成瘾，且难戒掉，使用过量可引起呼吸抑制而死亡。

可卡因，是从非洲、南美洲灌木古柯叶中提炼出的一种细微、雪白的结晶粉末状生物碱，因其有阻断神经传导的作用，故其用途是作麻醉药，同时可卡因有成瘾的特点。

大麻，主要指“印度大麻”中的几种有毒生物碱的变种，常被提炼成麻醉品，如哈希尔、安非他明等，或将叶干燥、压碎后制成卷烟，经鼻吸入，或加入食物饮料中。滥用印度大麻对社会造成危害，表现为服药者个人不能尽其社会职能，且变得更容易做出非社会和反社会的行为，从而给社会造成危害。

冰毒，学名为甲基苯丙胺，又叫去氧麻黄素，是人工合成的一种化学药品。白色、透明结晶体，纯度很高，毒性大，易上瘾，致幻能力强，毒性发作快，对人体损害更大，可产生偏执狂和精神分裂症，剂量过大会中毒死亡。

“摇头丸”（二亚甲基双氧苯丙胺），是一种新型丙胺毒品，是“冰毒”的衍生物，属于兴奋性毒品。危害人的中枢神经系统，严重时表现精神病状态，狂躁。

卫生部指定的其他易产生生理依赖性并能成瘾癖的药品、药用原植物及其试剂有鸦片、可卡因、罂粟壳、哌替啶、安纳咖、复方樟脑酊、咖啡因、麻黄素等。

（二）毒品的危害

鸦片、吗啡、大麻、海洛因、可卡因等之所以被称为“毒品”，这不仅因为它们能摧残吸毒者的精神和躯体，使其意志丧失，身体素质下降，而且还因为它们的滥用会给人类社会构成严重的危害，给人类带来灾难。

（1）对中枢神经系统的毒害。毒品的最大毒害即对人的中枢神经系统有高度毒性，可刺激大脑皮层，产生欣快感、眩晕、近视、听、触等幻觉，易引起人们的好奇心。大剂量可刺激脊髓，引起惊厥，抑制神经系统，呼吸衰竭导致死亡。

毒品会影响人体的生长、发育，影响消化功能，导致营养不良，吸毒者寿命比其他人要短。据英国卫生部门统计，英国麻醉品成瘾者的死亡率远远超过了其他人，比总人口中同年龄高出28倍，吸毒人员的平均寿命仅为40～50岁，而一般英国人的平均寿命达74.2岁。吸毒对身体造成严重损害，降低了人体自然抵抗能力，免疫功能下降，使溃疡病、肝炎、败血症等发病率显著上升。据英国卫生部门调查研究表明，吸毒者有50%～80%的人有肝细胞损害的征象。更值得忧虑的是艾滋病在吸毒人群中的传播，毒品与令人闻之色变的艾滋病结为“联盟”。嗜毒人员往往共同使用不洁的针头、器具注射海洛因等毒品，这就为艾滋病的传播提供了有利的条件。美国及西方等国艾滋病流行，其吸毒现象泛滥也是其中一个重要原因。

（2）毒品极易成瘾。吸毒总是从“第一口”开始。多次用药后，数周即可产生毒瘾，由于毒品价格昂贵，只靠正当的职业收入，通常无法维持毒瘾，而毒瘾发作时难以忍受。因此，为了满足毒瘾，吸毒者往往不惜代价，不择手段，以身试法，偷盗抢掠，女性甚至卖淫，严重危害治安，败坏社会风气。

毒品使得吸毒人员出现“戒断现象”，上瘾后不得不反复吸毒，造成身体周期性的恶化循环。世界卫生组织将毒瘾阐释为一种经常使用毒品而造成的周期性的或习惯性的兴奋状态。

毒品进入人体后，对中枢神经发生作用，降低血压，影响体内循环，出现欣快感。一旦上瘾，发作时，吸毒者大汗不止，皮肤奇痒难忍，忽冷忽热，痉挛，鼻涕眼泪不止，瞳孔扩大，产生双影。如果在3～8小时内还不能得到毒品，吸毒者浑身抽搐，就像要被撕裂，血压、体温、新陈代谢和呼吸频率急速上升和加快，心跳加速，分泌物增多，不断地呕吐和腹泻，鼻涕和眼泪流个不停，头重脚轻，整个人仿佛要大爆炸似的。2～3天后上述症状消退，但全身不舒服感觉将一直到2～3个月后才会减弱，这就是“退瘾”的过程。但毒品所引起的心理上的毒瘾，却难以忘怀，往往使吸毒者梦寐以求，难以摆脱而重操旧业。

毒品像一只毒蜘蛛，把其千万根毒线伸向了各个阴暗角落，使染上它的人无一例外地脸色苍白，行为颓废，精神萎靡，情绪暴戾乖张，丧失了人的起码尊严，沉溺于毒网而不能自拔。

（三）导致吸毒的因素

毒品既然如此可怕，那么为什么还有人去尝试，要去步入泥潭，走向深渊？总的来看，吸毒问题是生活各个方面消极因素的综合反映，主要是由社会因素、家庭因素、个人因素所引起的。

在国际毒品浪潮的冲击下，形成国内毒品消费市场，使吸毒者大多数能寻找到供吸食的毒品，不少吸毒者吸、贩结合，以贩养吸、以吸养贩的恶性循环和传播，加剧了吸毒的蔓延。这是社会因素。

家庭成员间在经济、思想、文化、感情、生活习惯差异以及夫妻感情破裂、子女关系处理不好，使得矛盾激化，挫伤彼此间感情，出现沮丧、懊恼、哀怒等情绪，如此反复会使人走入歧途，走上吸毒道路。这是家庭因素。

再者，有的追求新奇刺激，有的爱慕虚荣，有的自暴自弃，有的贪图享乐，有的走向极端，这些不正常的心理，往往会使人无所事事而步入深渊。这是自身因素。

（四）禁毒措施

前任联合国秘书长德奎利亚尔在世界反毒大会上警告：“滥用毒品同以前若干世界瘟疫在世界许多地区恶性泛滥一样，对现在和未来若干代人是同样可怕的危险，如果不制止这种危险，其后果将比瘟疫的祸害更为严重和可怕。”面对毒品泛滥的严峻现象，世界各国政府都很关注，联合国自1945年成立以来，在对待毒品问题上，各成员国都采取一致态度，一切有关反毒品的议案、提案、决议、声明等均在联合国大会上顺利通过，这在联合国40多年历史上是罕见的。1987年第42届联大确定，将每年6月26日定为国际禁毒日。我国政府对禁毒工作十分重视，1990年12月，全国人大通过了《关于禁毒的决定》，1991年6月提出了“三禁（禁贩、禁种、禁吸）并举，堵源截流，严格执法，标本兼治”的禁毒工作方针，采取一系列措施，决不容许毒品祸害的历史在我国重演。

二、艾滋病

（一）艾滋病及其发展

艾滋病（缩写词AIDS）是一种新的性传播病，全称为“获得性免疫缺陷综合征”，是由人类免疫缺陷病毒（HIV）所致的传染病，目前正在全世界迅速蔓延。此病是在1981年1月由美国疾病控制中心所发现，并于同年6月首先报道此病。1982年根据其症状正式命名为获得性免疫缺陷综合征。据考证，艾滋病是由中非传到中美加勒比海的地中海，再由地中海通过移居美国的海地移民传到美国纽约，特别是在男性同性恋者中传播迅速，并很快在美国各港口城市泛滥，其后传播到欧洲、亚洲，向全世界迅速蔓延。根据世界卫生组织的统计，1987 年有 99 个国家报道有此病，正式登记的患者总数为 44252 例（由于一部分患者难以统计，因此，实际患者可能远远高于此数）。而到了 1991 年，已有 163 个国家和地区有此病，患者累计总数达 41. 8 万人，而携带艾滋病毒的人估计达 1 000 万人。美国在 1981 年仅有患者 231 例，1986 年底已增至近 3 万例，其中 1. 6 万多例已经死亡；至 1993 年 10 月，患者累计已接近 34 万例，其中已死亡者 20. 4 万例。至 1998 年全球累计有 4 730 万人感染了艾滋病病毒，其中 3 340 万人正生活在艾滋病的发作期。

我国 1985 年首次发现 1 例美籍阿根廷人因艾滋病而死亡，1987 年又报道 1 例回国探亲死于艾滋病的外籍华人。但到 1992 年 9 月，患者已有 11 例，其中 3 例为大陆居民，已死亡者 9 例，艾滋病毒携带者达 932 例。至 1994 年 5 月底，全国艾滋病人及艾滋病毒携带者达 1 361 例，其中大陆居民 1 106 例。进入 21 世纪，艾滋病毒的传播势头不减。据专家估算，全国实际感染艾滋病毒的人数已大大超过预测的实际人数。资料表明，从 1995 年后，我国艾滋病病毒感染者和病人报告数呈 45°直线上升，截止到 2001 年 9 月底，全国累计报告艾滋病病毒感染者为 28 133 例，其中艾滋病人 1 208 例，死亡 641 例。仅 2001 年前三季度，全国共报告艾滋病病毒感染者 5 616 例，已超过 2000 年全年的报告数（5201 例），艾滋病病人 328 例，较 2000 年全年的 233 例增加了 95 例，性别构成上男女比例为 4. 6∶1。

联合国艾滋病规划署 2010 发布年度报告，全球 2010 年艾滋病病毒（HIV）携带者大约 3 400 万人，比 2009 年增加 70 万。感染者总数上升是因为 2010 年全球就医人数增加，特别是中低收入国家因艾滋病病毒死亡的人数减少。艾滋病规划署报告显示，中低收入国家去年 1 420 万就医者中，大约 660 万人正接受治疗，占总数 47%，比 2009 年高 11 个百分点。艾滋病规划署统计，全球 2009 年大约 180 万人死于艾滋病相关原因，比 2006 年高峰值减少 40 万，大约 70 万人因接受治疗得以幸存。自 1995 年以来，中低收入国家大约 250 万艾滋病病毒携带者因就医免于死亡。除艾滋病病毒携带者就医人数增加、死亡人数减少外，全球 2010 年新感染艾滋病病毒人数同样下降。报告显示，全球 2010 年艾滋病病毒携带者新增大约 270 万，比 2001 年减少 15%，比 1997 年高峰值减少 21%。

中国疾控中心性病艾滋病预防控制中心数据显示，我国累计报告艾滋病病毒感染者和病人 43. 4 万人，其中死亡 8. 8 万人。自 1985 年我国发现首例艾滋病病人以来，我国艾滋病感染人数逐年上升。

可见，艾滋病已成为世界性的疾病，引起了全世界的关注，世界卫生组织和各国政府对艾滋病的防治给予了高度的重视。

（二）艾滋病的传播

从流行病学的理论和证据来看，艾滋病主要通过血液、精液，经破损的皮肤或完好的黏膜进行传染与传播。传播途径主要有：

（1）性接触传染。

（2）血源传染（如共用被污染的医疗注射器械和输入污染的血液）。

（3）母婴传染，即通过妇女妊娠、分娩、哺乳传染。

目前尚无证据表明艾滋病可通过一般日常接触（如共同进餐、乘车、游泳、礼节性握手、拥抱等）传染。

（三）艾滋病预防的一般原则

艾滋病预防的一般原则包括：

（1）预防艾滋病发生和流行的关键，是加强人的思想观、道德观和卫生教育，树立正确的性道德和性观念。积极参与和协助社会综合治理，避免混乱的性关系和婚外性行为，坚决取缔和打击卖淫、嫖娼行为。洁身自爱是最可靠和最有效的预防措施。

（2）对性病应进行严格管理，对患者应彻底治疗。应大力宣传有关性病的防治知识，使患者充分认识到，既然已染上性病，就不应该讳疾忌医、不敢或不肯面对现实，那样只能是害己害人。应强制隔离治疗病人，同时严格处理艾滋病人的血液、体液和排泄物等。严格防范艾滋病的传播与感染，严格控制传染源，坚决切断传播途径。一旦发现病人，应立即报告卫生防疫部门进行隔离治疗。

（3）应做好卫生防治工作。严格输血和血制品的检查与使用。

（4）加强个人思想道德修养，提高社会公德观念，培养良好的作风和行为习惯。坚决杜绝不良的行为和习惯。

第四章　体育锻炼与体质健康

第一节　身体形态特点与锻炼方法

一、身体形态特点

大学生多为 18 ~ 22 岁，这一阶段男女生形态指标增长均减慢，但差距继续增大。由于此阶段男、女生下肢长度增长甚微，身高的增长主要是坐高的增长，至 18 岁后，身高接近成人，而围、宽度指标年增长率也很小。这一时期，女生身体基本定型，皮下脂肪增厚，体重明显增加，乳房发育趋于成熟，呈现出富于曲线的形体。女生骨盆发育也日渐成熟，髋部和大腿部明显增粗，小腿围度增长较多，但肩带窄，胸廓小，因而形成下肢粗短、上肢单薄窄细的体形，而男生则由于上体围、宽度增长较快，形成了上体宽厚、下肢细长的体形。

二、锻炼方法

青春发育后期，身体发育逐渐成熟，通过积极参加体育锻炼，可以使男生的肌肉更加健美，女生则可减少体内脂肪堆积，使体态健美匀称。这一时期女生身体形态主要的锻炼部位是胸部、腰背部、大腿和臀部，男子则主要进行肩带、上臂、胸廓和腰部以及腿部的练习，通过一些徒手或器械练习，增加肌肉力量，形成结实而健美的体形。

（一）女生练习内容

女生在这一年龄阶段由于生长发育的规律，以及喜静厌动的特点，其腰、腹、臀和腿等部位的脂肪堆积相对较多。因而这一时期练习还是应以腰、腹、背、臀和腿的针对性练习为主。练习方法和手段可参照高中女生练习手段，适当增加练习的次数和组数，如一般性练习的次数增加 5 ~ 10 次，组数增加 1 ~ 2 组。此外还可根据具体情况，参照发展腰、腹、背、臀和腿的力量练习的方法进行练习，但要注意要降低强度，增加次数。

也可根据教学大纲或课程标准的要求，加强体操和韵律操的练习，通过各种步伐和身体姿态的组合，结合徒手操和器械操练习（如球操等）可改善形体，使之更具女性柔美特征。同时也可增加女生协调、柔韧等综合素质，并培养审美意识。还可进行一些大众健美操练习，因为这些操均以有氧练习为主，所以有助于全面消耗体内脂肪，使身体全面协调发展。可进行全国健美操大众锻炼标准 1 ~ 3 级的练习，通过各种步伐组合及手臂动作，动作由简至繁，幅度由小至大，速度由快至慢，运动量和难度逐渐增大，可以很好地达到锻炼身体、增强体质、健美形体的目的。

（二）男生练习内容

男生在这一阶段主要进行一些肌肉力量练习，包括静力性和动力性力量练习，以增加肌肉体积和围度，使肌肉更结实，更具男性的健力美。

（1）上肢练习。主要采用常见的发展力量的练习来锻炼三角肌、肱二头肌、肱三头肌、斜方肌、胸大肌。还可以用徒手操进行练习，也可持小哑铃做，如没有哑铃，可用矿泉水瓶装满水或沙子代替，适当调整练习的次数和速度。

（2）腰、背、腹部练习。主要进行腹直肌、腹斜肌、肋间肌、背阔肌锻炼，除前面已介绍过的练习之外，还可以多采用一些器械、负重物和使用体操器械进行练习。

（3）下肢练习。主要是臀肌、股四头肌的练习，使下肢肌肉结实而饱满。除前面所介绍的一些方法之外，还可以采用蹲跳起、各种踢腿动作和跳跃练习。

（4）器械体操练习。器械体操练习可以使全身肌肉得到全面地锻炼。如双杠的支撑摆动、挂臂撑前摆上、分腿坐前滚翻成分腿坐、分腿坐慢起成肩倒立，单杠的慢翻身上成支撑、骑撑前回环、支撑后回环，以及跳马的分腿腾越等动作。

（三）课外活动与家庭锻炼

男女生都有能力在课余时间自觉地进行身体锻炼，并根据自己的薄弱环节进行一些针对性练习，也可在教师指导下进行，或参加兴趣小组进行专门性练习。女生可参加健美操兴趣小组练习，进行有氧操练习，以使全身更为匀称发展。男生则可利用学校一些器械，如单杠、双杠、肋木等进行练习。也可自制一些器械，如装满水或沙子的矿泉水瓶进行练习。当然，进行篮球、排球、足球等全身性运动也有助于改善身体形态。

因每个人的身体形态发展不一致，因而这一阶段的家庭身体练习方法应有个体差异，每个人应针对自己的需要进行练习，可从前面介绍的练习里选择一些自己家庭条件允许的方法进行锻炼。

第二节　身体形态发展不平衡或畸形的体育锻炼矫正法

一、两肩高低不一

长期两肩用力不均（一侧肩背书包等），会使一侧肩关节、周围的软组织长时间处于紧张状态而引起的两肩高低不一，可采用以下方法进行矫正练习。

（1）两脚开立，两臂侧下举，低肩的一侧做提肩 20 次，然后双肩一起做提沉肩 20 次。早晚各做 2 组。

（2）双手正握高杠悬垂，两腿向下垂直，绷脚尖，保持 30 s，练习 3 组。

（3）同上练习，男生可双腿向上直腿举至水平，女生屈膝收腹大腿抬至水平，保持 15 s，练习 3 组。

（4）两脚开立，上体直立，低肩侧手持哑铃或重物成侧平举，另一手叉腰，每组 15 ~ 20 次，练习 3 组。

二、驼背

驼背是一种较为常见的脊柱变形，是胸椎后突所引起的形态改变。主要是由于背部肌肉薄弱、松弛无力所致。矫正练习的目的是加强背部伸肌的力量，并牵拉胸部前面的韧带。可采用以下方法进行矫正练习。

（1）手扶墙压胸腰练习。距墙一步距离站立，两臂上举，扶墙，上体尽量向前压，挺胸、凹腰，髋不能前移，胸贴住墙，保持4拍再还原。这个练习应经常性练习，以使少年儿童逐渐形成挺胸拔背的姿势。

（2）两臂翻握挺胸腰练习。背对杠一步距离站立，两臂内旋后举翻握杠，然后抬头，挺胸至最高，两臂尽量内收夹拢，两腿直立。保持4拍再还原。做6~8次，注意呼吸自然。

（3）背手挺胸练习。两腿开立，两手体后十指交叉握紧，然后两肩胛骨后锁，两臂后举至最高，挺胸立腰，再还原。2拍1动，做16次。

（4）坐位挺腰背。椅背上绑一物（不要太硬），如小皮球等，人正坐于椅子上，臀部尽量靠里边，后背顶住物体，两手向后扶住椅子后背，然后尽量内夹两臂，抬头挺胸。4拍完成1次，做6~8次。

（5）扩胸运动。两腿开立，两臂前平举，然后两臂向侧打开扩胸，再还原，如此反复练习16~20次。要求向后扩胸速度要快，有一定力度，扩胸时抬头、挺胸、收腹。

（6）俯卧两头起。俯卧地上，膝关节伸直，绷脚尖，两臂前举，两臂与两腿同时从两头抬起，腰背肌肉紧缩，然后还原，做8~12次。要求起时两腿夹紧，抬头挺胸。

（7）仰卧拱背。仰卧，两臂于体侧伸直扶地，背部离地，用力向上挺胸，保持2s，再还原，做8~10次。要求挺胸时，背部离地面至最高点，脖子不能放松。

（8）持棍绕肩。两腿开立，两手握棍比肩略宽，举棍过头，双臂后绕，木棍落至后背，然后双臂再从后背绕至前面。练习12~15次。要求前后绕肩时手臂要伸直，挺胸收腹。

三、脊柱侧弯

脊柱侧弯是青少年发育期比较常见的一种脊柱畸形，它是指脊柱向左或向右发生弯曲，超过正常的曲度。初期表现为两肩不等高，腰凹不对称，此时进行矫正效果较好。其目的是通过矫正练习，加强肌力，恢复脊柱周围肌力的平衡。矫正练习中脊柱左侧弯便向左侧屈练习，右侧弯便向右侧屈练习。

（1）手拉肋木体侧屈。侧对肋木站立，一手拉住肋木，另一手上举，做体侧屈，练习3组，每组30~50次。要求抬头、挺胸、收腹，上体不能前倾。

（2）俯卧，两臂弯曲体前撑地，将脊柱侧弯一侧的腿用力向上抬起，同时异侧手臂伸直前举，保持3 s~4 s，再还原。练习3组，每组10~15次。

（3）两腿开立，侧弯同侧的手臂自然下垂，另一侧手臂肩侧屈抱头，上体向侧弯一侧弯曲，手往下伸至最低，保持3 s，还原。练习3组，每组10~15次。或侧弯一侧手臂提一重物（如哑铃、书包等）进行练习。

（4）向脊柱侧弯方向侧卧，两臂屈臂撑地，外侧腿用力向肩侧方踢腿至最大限度，再还原。练习25~30次。要求踢腿时身体要正，踢腿幅度要大。

四、溜肩

指肩部与颈部的角度较大，主要原因是肩部的锁骨和肩胛骨周围附着的各种肌肉群不发达、无力，使锁骨和肩胛骨远端下垂。这是青少年中较常见的一种现象，只要加强锻炼，采用适当的方法就可以矫正。

（1）侧平举。两脚开立，两臂下垂，双手握拳，拳眼向前（或手持重物），然后两臂侧平举，保持手臂与肩平位置 3 s ~ 4 s，再还原。每组 12 ~ 15 次，练习 3 组。

（2）俯卧撑。练习 3 组，每组 8 ~ 15 次。要求俯撑时肘外展，并保持两肘与肩在一水平线上。每组 10 ~ 12 次，练习 3 组。

（3）屈臂提肘。两腿开立，两手于体侧持一哑铃或其他重物，然后上体前屈，两臂屈臂提肘上拉至上臂与地面水平，肘外展，保持 3 s 再还原。

（4）坐位，双手持重物或哑铃垂直向上推起至两臂完全伸直，保持 3 s 再还原，每组 10 ~ 12 次，练习 3 组。要求保持挺胸、收腹、立腰。

（5）推小车练习。练习者两手支撑向前爬行，帮助者双手抱练习者两腿于体侧，爬行时手臂伸直，不塌腿，臀不能左右摇摆，至爬不动停止，练习 3 组。

五、“O”形腿

“O”形腿是指双脚踝部并拢，双膝不能靠拢，呈“O”字形。大多是由于站立过早，行走时间过长，缺乏营养和锻炼等原因引起的，造成大、小腿内外两侧肌肉群及韧带的收缩力量与伸展力量不平衡。年纪越小，程度越轻，进行矫正的效果越好，可采用以下方法进行矫正练习。

（1）两脚开立，双手扶膝关节外侧，体前屈，屈膝半蹲，双手用力向内侧推压膝部，两膝尽量内扣，然后慢慢还原，做 10 ~ 15 次。

（2）坐立，两腿屈膝左右分开，然后两腿用力向内夹，两个膝关节尽量靠近，两手按住膝部轻轻下压，至最大限度，停止 2 s ~ 3 s 再还原。要求膝关节用力，动作缓慢进行。

（3）用绳子将膝部绑紧（松紧度要适当），两脚并拢，两手扶膝关节处，上体前屈，连续做屈膝下蹲 25 ~ 30 次。

（4）用绳子将膝部绑紧（松紧度要适当），两脚并拢，连续向上纵跳，两臂屈臂摆动，20 ~ 25 次。

（5）直立，向左侧横移时，左脚脚跟向左侧移，同时右脚脚尖向左侧移，成内八字，然后左脚脚尖向左侧移，同时右脚脚跟向左侧，成外八字，如此连续移动，10 ~ 15 次，再相反移动，共 3 组。

（6）左侧卧，左手撑地，右腿后屈，右手握右踝，往臀部拉回，然后右翻身成仰卧，右膝弯曲压在体侧并靠近左腿，两臂侧举。然后换左腿做练习。

（7）小腿外侧翻平踢毽子或小沙袋。

（8）两膝间夹一物体，向前走路，物体可由厚向薄逐渐改变。

六、“X”形腿

与“O”形腿相反，“X”形腿是指站立时，两膝并拢时两脚不能并拢，间隔距离为

1.5 cm以上。它同样是由于先天遗传，后天营养不良，幼儿时期坐、走姿势不正确所引起的，造成股骨内收、内旋和胫骨外展、外旋所形成的一种骨关节异常现象。它的矫正困难很大，但只要坚持，也会收到一定的效果。

矫正操的目的是加强腿部练习，使大腿内侧群肌肉的力量得到加强，小腿三头肌得到经常的锻炼。

（1）坐在椅子上，两手后撑，足踝处夹一物体（可由厚换薄），两膝并拢，然后直腿上举至水平，再下落。每组做15～20次，做3组。

（2）两腿屈膝坐地，膝外开，脚掌相对，两臂弯曲，两手扶在膝关节内侧，用力下压膝关节，至最大限度保持2 s，再还原。

（3）直腿坐，两手体后撑地，两膝间夹一软物（如小皮球），用橡皮筋将踝关节捆住，练习5 min。要求小腿用力夹物体。

（4）两腿开立成二位，两膝尽量向两边分开，挺胸立背，屈膝半蹲，慢慢抬起脚跟，然后下落，反复提起并下落脚跟，直至小腿有酸胀感。

（5）小腿向内侧踢毽子，两腿交替进行。

七、扁平足

扁平足是少年儿童常见的足部畸形，多为后天性。在少年儿童时期由于生长发育迅速，肌肉力量不能和身高体重的增长相适应，足部肌肉韧带无力、松弛，而引起足弓塌陷。在儿童少年时期进行扁平足矫正体操治疗有一定效果，到成年之后再进行矫正，则效果较差。

矫正操的目的是增强维持足弓的肌肉力量，改善足弓的弹性，保护韧带免受过度牵拉，并同时矫正足过度外翻。

（1）足尖、足跟走，足底内侧、外缘着地走，也可手持重物或哑铃进行，每种姿势练习1 min～2 min，交替进行。

（2）踮足尖跳绳，连续跳2 min，共3组。

（3）两腿伸直坐在椅子上，做脚的伸、屈，内翻、外翻脚尖等动作。

（4）坐位，双脚横向踩在一根体操棒上，用足底滚动体操棒，或两脚在一体操棒上纵向行走1 min～2 min。

（5）用足滚动实心球或站在实心球上进行平衡练习。

（6）下蹲，用力起脚跟，至足底稍感疲劳为止。

八、“豆芽菜”体形

“豆芽菜”体形是指青少年在生长发育期，身体高度增长与围度增加出现比例失调，从而出现身体瘦高，而肌肉松弛的瘦高个现象。在进行锻炼时一定要用科学的方法，主要是加强针对背、胸、肩、臀部的锻炼，使这些部位肌肉发达匀称，从而改变这种体形。可根据不同的年龄阶段选择前面介绍的一些针对性练习方法进行练习。练习时可适当增加负荷，给肌肉更大的阻力，以提高练习效果。在感觉肌肉疲劳时再坚持练习几次，效果会更好。练习时间以隔天效果最好。

练习内容包括哑铃操、拉力器练习、俯卧撑、爬绳、跳跃练习、游泳、爬山及形体操练习。

九、青少年肥胖

青少年肥胖除病理性之外，大多数是由于过食而又缺乏运动所致，特别是由于摄入过多脂肪、糖类、淀粉而造成。按标准体重计算，凡是超过标准体重 20% ~30% 的为轻度肥胖，超过 30% ~40% 的为中度肥胖，超过 40% 的为重度肥胖。通过适当的体育活动可以有效降低肥胖程度。由于肥胖情况各有不同，学校和家长应通力配合，采取综合措施，帮助肥胖者制定锻炼计划，让他们坚持锻炼。

（1）坚持慢跑。每次 10 min ~25 min。

（2）每天做广播操，或在老师指导下自编力量性较强的减肥操。

（3）进行腰腹部练习。这是减肥较有效的锻炼方式。

①仰卧两头起。重复做 20 次。②仰卧举腿扭腰。左右各做 10 ~12 次，要求腰向左侧转，两腿同时向左侧倒，还原以后再向右侧倒。侧倒腿时，腿与上体夹角保持 90°。③仰卧蹬腿。仰卧成“蹬自行车”状，左右腿各做 30 ~35 次。④仰卧举腿。直腿上举 12 ~15 次。⑤俯卧，两腿上举，上下打腿。每条腿各做 15 ~20 次。⑥收腹控腿。直腿上举控住，上体抬起用力收腹。做 8 ~10 次。⑦仰撑。保持 10 s ~15 s 后还原，重复做 8 ~10 次。要求臀、腰、腹、背肌紧张。

以上练习每隔一日练习一次，每次练习不少于 30 min，要求持之以恒，长期进行。练习之前进行 3 min ~5 min 准备活动，充分活动各相关关节，主要练习结束后进行 5 min ~8 min 放松和伸拉练习。同时，适当控制脂肪、糖类的摄入，多吃蔬菜水果，养成良好的生活习惯。经过一段时间的练习，一定能有效地控制肥胖。

十、瘦弱型体形

瘦弱型体形的人应加强背、胸、肩、臂的练习，使这些部位的骨骼、肌肉发达，围度增加，从而改变瘦弱型体形。练习时可持哑铃、拉力器等器械，以增加一定阻力，锻炼效果更佳。

（1）两脚开立，两臂下垂，双手握拳拳眼对前（或手持哑铃），然后两臂侧平举，手臂与肩相平，保持 3 s ~4 s 后再还原。每组 12 ~15 次，练习 3 组。

（2）两脚开立，两臂前平举，双手拳心相对（或手持哑铃、拉力器），然后两臂侧平举，扩胸，保持 3 s ~4 s，再还原。每组 12 ~15 次，练习 3 组。

（3）两腿开立，两手于体侧持一哑铃，上体前屈，然后两臂屈肘上拉，上臂与地面水平，肘外开，保持 3 s 后再还原，每组 10 ~12 次，练习 3 组。

（4）俯卧撑（女生练习跪撑俯卧撑）。每组 8 ~15 次，练习 3 组。要求俯撑时肘外开，并保持两肘与肩同一水平。

（5）坐姿，双手持哑铃于肩上，用力向上推举，然后慢慢还原，两臂交换进行。每组 15 ~20 次，各练习 3 组。

（6）在沙坑上由全蹲向上做垂直纵跳，或者在平地上双手持哑铃于肩上，向上垂直纵跳，练习 10 ~12 次。

（7）台阶交换腿跳。每组 30 s，练习 3 组。要求跳时用力蹬腿，腾空时保持直腿。

（8）坐于凳子上，两手侧撑，两腿斜上举，轮流快速地屈膝做踩车轮动作。每组 30 s，练习3组。

(9) 仰卧床上，双手抓床栏，直腿上举，男生可将腿尽量后伸碰到床栏，两腿下落时缓缓下降，每组10～15次，练习3组。

以上练习隔日进行一次，每次练习30 min。在练习中可采用循环练习方法，每项练习完成一组之后再进行第二组练习。在练习过程中产生疲劳时应再坚持练习几次，效果就更为明显，但不能过量，以免产生伤害。练习之后要进行5 min～8 min放松运动。平时多进行登山运动，夏日多进行游泳运动等，这些练习都能促进体格健壮。同时，还应合理安排饮食，保证充分的休息与睡眠。

第三节 身体机能特点与锻炼方法

一、大学生身体机能的特点

大学生正处于青年期，这时期学生身体发育迅速，身体各器官系统渐趋完善，肌肉力量不断增强，骨骼的骨化过程趋向完成。血压增加的速度减慢，到18～19岁以后血压基本趋于稳定。体育运动能力和动作协调性进一步提高。

二、发展身体机能的锻炼方法和手段

由于这时期心血管系统、呼吸系统等系统发育加速，应采取必要的锻炼手段，促进青少年呼吸系统、心血管系统的发育，提高各系统的机能。强度应适当地加大，时间适当地延长。同时注意培养他们对体育的兴趣，激发他们锻炼身体、增强体质的积极性。同时，男女学生由于在生理、心理上的区别，男生较喜欢一些竞技性强、有一定强度的活动，女生喜欢选择一些韵律性强、节奏明快、动作优美的活动。也就是说，要根据他们生理、心理的特点，选择适当的活动，从而促进各种机能提高。同时，还应进行适当的无氧练习，以促进身体全面发展。

（一）校内体育活动

大学生锻炼的自觉性和积极性较高，学习和掌握运动技能时不仅能注意模仿练习，而且能体会要领，理解动作的内在联系。因此，活动的内容应该多选择能适当发展技术、力量、耐力的项目，如球类、体操、武术、游戏、田径、健美操等。在练习时，应根据男女生自身的特点有选择地进行锻炼。

(1) 足球。足球运动是世界第一运动，深受大家的喜爱，其影响力是所有体育运动中最大的。足球运动是大学生最喜爱的体育运动项目之一，它对锻炼学生的身体、增强他们的体质、培养顽强拼搏等意志品质都起着重要的作用。

(2) 篮球。篮球运动是由跑、跳、投多种动作所组成的、在激烈对抗的情况下进行的一项综合性运动。它对发展大学生的跑、跳、投等基本运动能力，提高身体素质，增强内脏器官的功能，学会基本技能。基本技战术，培养顽强的意志品质和参与意识、团队精神有很好的作用。

(3) 健美操。健美操是以肢体动作为基本手段，根据练习者的特点，按照全面、协调发展身体的原则在音乐的伴奏下进行锻炼的一种运动。可以起到增进健康、培养正确的体态、塑造健美的形体的作用，同时，培养学生感受美、鉴赏美和创造美的能力。健美操在现代生活中的多元化功能，获得了越来越多的人的喜爱。健身性健美操可以根据不同的对象进行有针对性的练习。

一般每套动作的节数和每节动作的重复次数应根据练习者自身的特点和身体需要而定，通常为 10 节左右，每节操可反复做 2 ~ 3 遍，时间为 20 min，也可做 40 min 左右。健美操节奏感强、运动负荷适中，并伴有简单的舞蹈动作，练习有音乐伴奏，可激发练习者的情绪，提高练习效果，对人的身心健康非常有益，已逐渐成为人们健身运动的一种重要形式，也深受大学生尤其是女生的喜爱。

（二）校外体育活动

在对自己感兴趣的项目选择上，男、女生差异明显，男生比较喜欢带有对抗性、富有刺激性的运动，如足球等。而女生则喜欢非对抗性、趣味性、娱乐性比较强的，并且有一定技巧性的运动项目，如羽毛球、踢毽子、跳橡皮筋、健美操等。在校外进行锻炼，可以充分地根据自己的兴趣选择活动项目，积极参与，这样有利于身体机能的不断提高。

校外体育活动还可以选择骑自行车。自行车既是一种常用的交通工具，同时还是一件极好的健身器械。选择一条合适的骑车路线（最好是有上下坡度的道路），掌握好一定的骑车速度，使身体承受一定的负荷（心率一般在 120 次/min ~ 140 次/min），就可以充分利用上学、放学或休息日的时间，进行身体锻炼。骑自行车时，主要通过双腿持续的周期运动，使身体的血液循环加快以利于心脏功能的提高。

骑自行车需要注意的是改正不正确的骑车姿势。骑车时，双膝内转或外撇而不是双腿与地面成垂直；车座不要过低，以防膝关节过度弯曲、使髌骨劳损。人在骑车时，颈部、腰部相对静止，但上肢，甚至是下肢的局部肌肉需要起支撑作用，静止用力时间长了也会产生酸痛，应经常活动一下头颈部和腰部肌肉。

三、女生的生理特点与身体锻炼

女生在生理机能方面与男生有许多差异。一般来说，女生心脏体积小于男生 10% ~ 15%，脉搏频率比男生快 2 次/min ~ 3 次/min，血压比男生低 0. 67 kPa ~ 1. 33 kPa（5 mm ~ 10 mm 汞柱）。每搏输出量比男生少 10 ml ~ 15 ml，每分输出量少 0. 3 L ~ 0. 5 L，所以女生靠增加心跳次数来弥补小于男生的每分输出量。此外，女生的红细胞数量与血红蛋白含量均低于男生。这些都是限制女生耐力能力提高的因素。女生的胸廓、胸围、呼吸差均小于男生，呼吸肌弱，以胸式呼吸为主。呼吸频率快，肺活量为男生的 70%，肺通气量和最大吸氧量均小于男生。因此，体育锻炼时，在选择运动项目和器械大小、重量上都要与男生有所区别。女生在选择锻炼项目时要注意以下几点：

（1）多采用柔韧性、动作协调优美、韵律节奏感强的运动项目进行练习，如体操、艺术体操、舞蹈等。

（2）由于女生体内脂肪储存较多，浮力大、耐寒能力强、热能供给较充足，适宜采用长距离游泳等项目来发展心肺功能。因此，应在有条件的地区和季节上游泳课，以促进女生心肺功能的提高。

女生月经属正常的生理现象，应鼓励在月经期参加一些力所能及的体育活动，像散步、托排球、早操等，这样可调节大脑皮层的兴奋与抑制过程，改善盆腔的血液循环，并可使腹肌和盆底肌轻度收缩与放松，有利于经血排出，减轻腹部不适感。但是，月经期子宫内膜脱落，出血，加之生殖器官抗菌力弱易导致感染，全身神经、体液方面也有较大的变化，故应注意下列卫生要求：

（1）适当减少运动量和运动时间，特别是月经初潮的女生，由于她们的月经周期尚不稳定，要循序渐进地逐步养成经期锻炼的习惯。

（2）月经期要避免过冷、过热的刺激，特别是下腹部不要着凉，以免引起卵巢功能紊乱而导致月经失调和痛经的发生。

（3）月经期不宜游泳，以免病菌侵入内生殖器引起炎症。

（4）月经期不宜从事剧烈运动，尤其是震动强烈、腹压过大的运动，如后蹬跑、高抬腿跑、跳跃、投篮动作和力量性练习等，以免造成子宫异位和经血量过多。

（5）有痛经和月经紊乱的女生，应进行积极治疗，月经期不宜进行体育活动。

第四节　身体素质及其锻炼方法

一、身体素质

（一）身体素质的含义

人体的形态结构、生理功能、身体素质和运动能力、心理发展以及对内外环境的适应能力，是构成体质的相互依存、相互影响、相互制约、不可分割的5个重要因素。身体的形态结构，是体质的外在表现；生理功能、身体素质和运动能力、心理发展是体质的物质基础；对内外环境的适应能力是它们的综合反映。一定的形态结构，必然表现为一定的生理功能；身体素质和运动能力是各器官系统的生理功能在生活和体育活动中的客观反映。发展和提高身体素质和运动能力的过程，又会相应地引起机体一系列形态结构、生理功能的变化，而伴随着形态结构、生理功能的变化以及身体素质和运动能力的发展提高，又会产生一定的心理过程和个性心理特征，从而促进人的心理的发展。它们之间的统一，是存在与价值的统一、结构与功能的统一。

身体素质不仅和运动能力有关，而且与人的健康水平、日常活动、工作的能力密切相关，现在一般认为："身体素质是指人体活动的一种能力。指人体在运动、劳动与生活中所表现出来的力量、速度、耐力、灵敏及柔韧性等机能能力。"这条定义指出身体素质不仅仅是人体运动的机能能力，而且也是人体劳动和生活的机能能力。美国健康、体育、娱乐、舞蹈联合会把身体素质概括为两个方面：

（1）与健康相关的身体素质，也称为健康素质。主要指与提高健康水平和增强体质有关的因素，如心血管耐力、肌肉力量和耐力、柔韧性等。这是所有人都需要的，是衡量健康水平和体质好坏的标准之一。

（2）与完成运动动作相关的身体素质，也称为运动素质。主要包括用于正确完成运动技术的能力，如速度、反应、爆发力、灵敏性、协调性和平衡能力等。与健康有关的身体素质和与运动动作有关的素质存在重叠的内容，对一般人来说，必要的速度、灵敏、反应和协调性也是十分必要的。但对于运动员来说，运动素质的高低是衡量其训练水平和运动能力的标准之一。

由此可见，不论是国内还是国外都一致认为身体素质不仅仅是关系到人的运动水平，而且与人健康、高效地生活、娱乐和工作有密切的关系。《学生体质健康标准》通过评价反映健康素质为主的指标，如握力体重指数、坐位体前屈等，以及基本的运动素质的指标，如50 m跑、立定跳远等来促使青少年加强锻炼，提高健康水平和有关运动能力。

作为衡量人的体质强弱与运动机能能力的身体素质，一方面与人体各器官系统的机能水平有关，另一方面也决定于肌肉工作的效率。要获得健壮的身体，就必须通过科学的锻炼使全身肌肉均衡发展并强壮有力。全面发展身体素质，增强体质，才能充分满足机体在学习、工作、生活、娱乐等多方面的需求。

身体素质的水平因人而异，而同一个人在不同年龄段和不同条件下也会发生变化，变化的形式主要有自然增长、自然减退和训练增长。学生正处在生长发育的旺盛时期，随其生长发育，人体各个器官和系统的结构与机能日趋完善与成熟，各项身体素质也相应得到增长，这种随年龄而增长的现象称为身体素质的自然增长。相反，当人体生长发育完全成熟之后，随着年龄的增长，人体各个器官系统机能逐渐降低，从而引起各项身体素质的减退。然而，通过对各种肌肉群进行不同形式的练习，能有效地提高身体素质或在一定程度上延缓身体素质自然减退的速度。青年身体素质的自然增长和运动能力的提高，是以形态、机能的发育作为生物学基础，并受其生长发育的规律所支配的。体育教师在根据《学生体质健康标准》指导学生进行体育锻炼时，要了解和掌握身体素质增长的基本规律，以更好地帮助他们提高身体素质，增强体质，提高健康水平。此外，还应注意引导他们养成经常进行体育运动的习惯，坚持有计划地锻炼身体，以增强身体素质，延缓身体素质的自然消退。

（二）青春发育期男女生身体素质和运动能力的差异

青春发育期，是由儿童过渡到成人的阶段，一般指从第二次生长高峰开始到性成熟及体格发育完全的一段时期。它的特征表现为一系列的身体形态结构、生理功能、内分泌功能的由量到质的突变，以及与之相伴的心理、体力、行为的巨大变化，是人一生中十分重要的一个时期。同时，男女学生间出现了明显的性别差异，反映在身体素质的自然增长和运动能力的提高上，便形成了一定的特点和规律。充分认识这个时期的重要性和特殊性，研究这期间身体素质发展的一般规律和特殊规律，并给予充分的重视，用以指导锻炼实践是十分必要的。

男女生身体素质之间的差异，在10岁前并不十分明显，而大致在13岁以后，随着年龄的增长，差异越来越大，约在18岁左右开始稳定。若将男女生各项身体素质和运动能力在各年龄点上的相差值绘制成随年龄而变化的曲线，可以明显看出，曲线在13～18岁间急速上升，相差值随年龄的增长而迅速加大，至18岁左右开始稳定，以致最后形成成年男女在身体素质上的差异。另外，女生发育比男生早，女生突增期结束后（约12岁左右），男生才开始进入青春发育的突增阶段。也就是说，女生生长发育的速度开始减慢时，男生的生长发育速度才开始加速。这也是男女学生在此阶段性别差异迅速加大的一个重要原因。

青春发育期的男女学生在形态结构、生理功能及运动能力的变化和发展上存在明显的差异。这一复杂的发育过程主要是受内分泌系统，特别是由性激素分泌所控制、启动的。

小学低中年级学生内分泌系统的变化很小，无论男女生都同样分泌少量的性腺激素。青春期开始后，性激素分泌量迅速增加。女生约在 10～11 岁左右，性腺和肾上腺开始大量分泌雌性激素和少量雄性激素，促进性器官的发育并调节生长发育过程。男生的性发育比女生要晚 1～2 年，但雄性激素的分泌量要比女生明显多，由于雄性激素对促进蛋白质合成，对骨骼、肌肉发育的促进作用远超过雌性激素，因此男生比女生骨质坚硬、肌肉发达，肌肉收缩能力和血液运输氧的能力更强，这就是为什么通常男生运动能力要比女生强的主要原因。

二、身体素质的内容及其锻炼方法

（一）力量素质

力量素质是指人的机体或机体的某一部分肌肉工作（收缩和舒张）时克服内外阻力的能力。外部阻力是指物体的重量、支撑反作用力、摩擦力以及空气或水的阻力等。内部阻力包括肌肉的黏滞力、各肌肉间的对抗力等。克服外部阻力往往是发展力量素质的手段，人体在克服这些阻力中提高、发展自身的力量素质。

人体的任何活动离不开肌肉的收缩，它维持着人体基本的生活和活动能力，丧失肌肉收缩力量的人，生活将无法自理。从事体育运动，更需要专门的肌肉力量，这些专门的肌肉力量是通过运动训练获得的，是掌握运动技能、技巧，提高运动成绩的最重要的基础。对于学生来说，通过日常的体育锻炼和专门的练习，可以显著提高肌肉力量，有利于他们更好地学习、生活和娱乐，使其受益终生。

1. 发展力量素质的意义

（1）力量素质是进行一切体育活动的基础。人体的运动，离不开骨骼、关节和肌肉的相互作用，其中肌肉是动力器官，通过肌腱拉动相应的骨骼。随着收缩力、收缩速度和持续时间的不同，所完成的运动负荷也各不相同。如果没有肌肉收缩产生的力量来牵拉骨骼进行运动，不要说进行体育活动，就连起码的行走和直立也不可能。每个人跑、跳、投及攀登、爬越等各种体育运动和体力劳动均离不开力量素质。一个人想要跑得更快，跳得更高、更远就要有更好的下肢力量。要想投（掷、推）得远就需要发展上肢爆发力。攀爬和提、拉重物等也离不开上肢、腰腹部及腿部力量，所以说力量素质是人体最基本的身体素质，是进行一切体育活动和体力劳动的基础。

（2）力量素质影响并促进其他身体素质的发展。任何身体素质都是通过一定的肌肉工作方式来实现的，而肌肉的力量是人体进行一切活动的基础。速度素质的提高、耐力素质的增长、柔韧素质的发挥和灵敏素质的表现，都与力量素质有密切的关系。

2. 提高力量素质的影响因素

力量素质的提高和发展是以人体肌肉的形态、结构、机能的生理、生化机制的改变为基础的，以神经中枢的兴奋和抑制过程的强度与集中程度，以及相适应的神经过程充分协调为前提而建立起来的各种用力动作的条件反射的结果。也就是说，一个人肌肉力量的大小要受到与其生长发育水平、性别、体形、肌肉自身结构特征以及生理、生化和练习方面的各种各样因素制约。因此，了解上述因素对力量素质的不同影响，对于指导学生力量素质练习取得较好的效果有积极的作用。

（1）性别差异。按照一般规律，男子的力量通常比女子要大，直接原因是肌肉大小的差异所致。例如，一般成年男子肌肉重量占体重的40%～50%，而女子约占35%。科学研究证明，女子的力量平均约是男子的2/3。但并非所有肌群均成此比例。若将男性力量定为100%时，女性的前臂屈、伸肌群约为男性的55%；手指内收肌、小腿伸肌约65%；髋关节屈和伸肌、小腿屈肌、咀嚼肌约为80%。由于内分泌系统产生的激素量不同，在同样力量练习的影响下，女子力量的增长和肌肉体积的增大都比男子要慢。

（2）年龄差异。力量素质的增长有明显的年龄特征，其生理机制在于肌肉发育与年龄密切相关。一般规律是，10岁以前，随着人体的生长发育，无论男生或女生力量一直缓慢而平稳地增长，而且两者区别不大；约从10岁以后，男女的最大力量的差异开始显露，男生增长稍快而女生增长较慢；青春期过后，力量仍在增长但其增长速率很低，女性达到最大力量约在20岁左右，男性约在25岁左右，而后随着年龄的增长而减退。

力量素质发展的敏感期是13～17岁。最大力量从13岁左右开始进入快速增长的第一个高峰期，这个阶段力量的增长与体重的增长同步，而且最大力量增长快，相对力量却增长不大，肌肉的长度增加比围度的增加要快，此时也正是身高的快速增长期。16～17岁是最大力量快速增长的第二高峰，此时肌肉围度的增长速度加快。18～25岁，力量增长变得缓慢。此后如不坚持锻炼，随着年龄的增长力量将逐渐减小，然而如果坚持良好的训练，男子力量增长可保持到35岁左右。

概括起来看，青少年力量的增长有如下特点：快速力量增长先于最大力量，最大力量增长先于相对力量，躯干肌肉力量增长先于四肢肌肉力量。

3. 常用的发展肌肉力量的具体方法

（1）俯卧撑。主要发展三角肌的前部、胸大肌以及肱三头肌等上肢肌肉的力量。要求身体保持平直，不能塌腰成“凹”形，也不可拱臀成“凸”形。该练习可采用不同变化来提高练习难度和效果。

两臂宽撑，两手采用掌撑或指撑，连续做俯卧撑动作。

两脚放在横木上，连续做俯卧撑动作等。

（2）引体向上。主要发展胸大肌、背阔肌以及肘关节屈肌群等肌肉的力量。要求发力引体时不要借助身体摆动和屈蹬腿的力量。

（3）双杠臂屈伸。两臂伸直支撑于双杠上，身体垂直在杠内，屈臂至两臂完全弯曲，接着用力撑起，使两臂伸直成原来姿势，该练习主要发展胸大肌、三角肌前部、肱三头肌力量。要求身体要直，下肢自然下垂，腿不要屈伸摆动。

（4）仰卧起坐。主要发展腹肌、髂腰肌等肌肉力量。要求起坐动作速度要快，双肘应触及或超过两膝，上体向下仰卧时动作速度应慢，两肩胛必须触垫或地板。

（5）收腹举腿。仰卧在地板上或体操垫子上，两腿伸直处于水平位置上，两臂伸直自然置于体侧，然后收腹向上举起双腿至垂直部位，再慢慢放下成原来姿势。该练习主要发展腹肌和髋关节屈肌群力量。要求收腹举腿动作速度要快，放腿速度应慢。该练习可采用不同变化来提高练习难度和效果。

背靠肋木，两手正握横木悬垂，两脚夹实心球连续做收腹举腿动作。

仰卧，两脚夹实心球连续做收腹举腿动作。

也可在同伴帮助下进行练习，如仰卧，然后两手握住同伴脚腕做举腿动作，同伴用手推练习者双脚增强控制腹肌能力。

练习要求：练习者举腿速度要快，放下时腿不许着地。

（6）连续跳跃。单、双腿进行向上跳或向前水平跳。

（7）后振躯干。成俯卧两臂前伸，手着地，然后在同伴的帮助下做直臂后振躯干动作，再恢复原来姿势。该练习主要发展腰、背肌群和腹直肌力量。

练习要求：后振展腹速度要快，复原应慢。

（8）左右转体。两人背靠背分腿坐，双手侧平举互拉，连续向左右转体。该练习主要发展腹内、外斜肌和腰背肌力量。要求转体应稍用力，转体至极限时稍停。

（9）抱腰角力。两人面相对，相互抱住对方腰，然后用力将对方抱离地面。要求以旱地拔葱式用力将对方抱离地面。

4. 发展力量素质的注意事项

力量素质发展水平是影响身体训练水平的关键因素。在实施发展力量素质过程中为取得事半功倍的效果，必须注意如下几点：

（1）要全面而又有重点。在发展力量素质的过程中，一方面应使四肢、腰、腹、背、臀等部位的大肌肉群和主要肌肉群得到锻炼、发展，另一方面也要注意发展那些薄弱的小肌肉群的力量。由于体育运动中许多动作是很复杂的，需要身体各部位许多大小不同的肌群协同工作才能完成，所以发展力量素质也不意味着面面俱到、平均发展，应该在全面发展的基础上针对项目特点而有所侧重。

（2）练习要充分，动作要到位。练习时要使肌肉充分拉长和收缩，练习后要使肌肉充分放松，每次练习时，应使肌肉先充分伸展拉长，然后再收缩，动作的幅度要大。因为肌纤维被拉长后可以增大收缩的力量，同时又可保持肌肉良好的弹性和收缩速度。力量练习以后，肌肉常会充血，胀得很硬，这时应做一些与力量练习动作相反的拉长动作，或者做一些按摩、抖动动作，使肌肉充分放松。这样既可加快疲劳的消除，促进恢复，又可防止关节的柔韧性因力量训练而下降，同时也有助于保持肌肉良好的弹性和收缩速度。

利用肌电图进行研究表明，力量练习越是接近最大负荷，肌肉越容易疲劳，肌肉放电量越大，这说明此时肌肉承受了较深的刺激。这种刺激能促进机体发生良好的生理、生化反应，有助于超量恢复而使力量得到增长。所以在进行力量练习时越是最困难的最后一两次动作，越是要坚持完成，但要特别注意安全，以免拉伤。

（3）要全神贯注，念动一致，注意安全。肌肉活动是在中枢神经系统的调节下进行的，练习时要全神贯注，使意念活动与练习动作紧密配合保持一致，这样有助于肌肉力量得到更好的发展。特别是进行较大负荷练习时不能说说笑笑，注意力应高度集中，否则很容易受伤。因为笑的时候肌肉容易放松，而力量练习的负荷又大，一不当心就易造成损伤。此外，为了安全练习，达到期望的效果，还应注意加强自我保护和互相保护，尤其在举起或肩负较大重量时，更应该注意加强相互保护。

（二）速度素质

速度素质是指人体或人体某部位快速运动的能力。即人体或人体某一部位快速反应、快速完成动作、快速移动的能力。

对于速度素质的内涵过去存在着不同认识，不少人认为速度就是跑得快、游得快，是指“尽快向前运动的能力”。近几年对速度的认识逐步趋向一致，即速度素质包括运动时人体对各种信号刺激的快速反应能力、快速完成动作的能力和快速通过一定距离的能力三个方面。

1. 常用的发展反应速度、动作速度的具体方法

（1）反应速度。①听信号加速跑：慢跑中听信号后突然加速快跑 10 m，根据情况进行多组重复练习。②小步跑、高抬腿跑接加速跑：做原地或行进间的小步跑或高抬腿跑，听到信号后突然加速快跑 10 m～20 m，根据情况进行多组重复练习。③俯撑起跑：从俯撑开始，听信号后迅速收腿起跑 10 m～20 m，根据情况进行多组重复练习。④转身起跑：背对跑的方向站立，听信号后迅速转体 180°，加速跑 20 m，根据情况进行多组重复练习。⑤听口令起跑：蹲踞式或站立式起跑 20 m，组数及每组次数根据学生水平而定。⑥听（看）信号变速快跑：在慢跑或其他移动中，听或看信号后立刻快跑 10 m～20 m。⑦突变反应练习：练习者听信号做各种滑步、上步、交叉步、转身、急停、接球、上步垫球等练习。⑧听信号做专门练习：将专门练习进行编号，听号数做不同的练习。⑨接传不同方向的来球：练习者依次接不同方向的来球，并传出。⑩抢接球练习：学生若干人站成一排，教师在其身后向前抛球，练习者见球后快速启动抢接球。抢断球：教师向不同方向传球，练习者随时启动断球。利用电子反应器练习：根据不同的信号灯，用手或脚压相应按钮，记录反应时间。

（2）动作速度。动作速度包括完成各种动作时需要的速度，如武术的冲拳，跳高的起跳等。①听口令、击掌或节拍器摆臂：上体直立或稍前倾，两脚前后开立或弓箭步，根据口令、击掌或节拍器节奏，做快速前后摆臂练习 20 s 左右，节奏由慢至快，快慢结合，摆臂动作正确、有力。②原地快速高抬腿或支撑高抬腿：直立或前倾支撑肋木或墙壁等，听信号后做高抬腿 10 s～30 s，大腿抬至水平，上体不后仰。③快速小步跑：小步跑 15 m～30 m，两腿频率越快越好。要求大腿发力，小腿放松，膝踝关节放松，脚落地后有“扒地”动作。④快速小步跑接高抬腿跑：快速小步跑 5 m～10 m 后，转高抬腿跑 20 m。小步跑要放松而快，转高抬腿跑时频率不变，只是动作幅度加大。⑤快速小步跑接加速跑：快速小步跑 10 m 左右后变为加速跑。

（3）位移速度。一般以快速跑作为典型的发展位移速度的练习方法，如 50 m 跑。

2. 发展速度素质的注意事项

（1）发展速度素质应注意年龄特征。研究表明，速度素质的发展水平在相当程度上受到人体生长发育规律的制约。在锻炼中必须考虑到这个因素，采用合理的措施，快速、稳定地发展速度素质。一般来说，7～13 岁的少年儿童处在速度素质的快速增长期（敏感期），这与其神经系统、协调能力在这期间快速发展有关。抓住这一阶段进行速度练习，有助于促进动作频率、单个动作速度及反应速度的快速发展。通常的做法是，13 岁之前重点应放在单个动作速度和跑的频率的安排上，针对少年儿童的生理和心理特点，在练习中充分利用一切能提高单个动作速度和跑的频率的方法与手段，提高和稳定少年儿童对练习的兴趣和积极性。13 岁以后，在保持已经获得的单个动作速度和跑的频率的基础上，采用提高肌肉最大力量的方法来增大步幅，从而提高移动速度。

（2）注意合理安排速度素质练习的顺序与时间。各种素质及运动能力之间，具有相互联系、相互促进和制约的关系。在发展某一素质的同时，都会或多或少、直接或间接地引起其他素质的变化。因此，发展速度素质时应从系统论的角度出发，处理好同其他素质的关系，合理安排练习的顺序，使得素质间互相促进和良性转移。速度练习中，常使用发展力量的手段来促进速度的提高，但力量素质要求肌肉收缩用力大，尤其是静力性力量练习，由于动作缓慢，会降低神经过程和肌肉活动的灵活性。而速度素质要求神经过程的灵活性高，兴奋与抑制转换迅速，肌肉收缩轻松协调。因此，速度练习应放在力量练习之前进行，力量练习也应以动力性力量为主。在力量练习过程中，应交替安排一些轻松、快速地跑跳练习或一些协调性和柔韧性练习，这对发展速度素质十分必要。

（3）注意以发展力量和柔韧等素质来促进速度素质提高。力量（特别是快速力量）和柔韧性是影响速度素质的重要因素。所以在发展速度素质中，首先要注意发展快速力量。如采用40%～60%的强度进行多次重复快速负重练习，使肌肉横断面和肌肉力量增大，并提高肌肉活动的灵活性，以及适当采用75%以上的大强度练习，使肌肉用力时能够最大限度地动员更多的肌纤维同时进行收缩，提高肌肉的收缩功效。其次，通过各种手段提高柔韧素质。柔韧性提高后可以增加力的作用范围和时间，同时能使主动肌、对抗肌和协同肌之间的协调性得到改善，从而减少肌肉阻力和增大肌肉合力，最终使运动速度得到提高。

（4）发展速度素质应重视肌肉放松。肌肉的放松能力对速度素质的发挥有非常重要的作用。肌肉放松，张弛有度，能够减少肌肉本身的内阻力，增大肌肉合力，使血液循环通畅。当肌肉紧张度达到60%～80%时，血液流动就会严重受阻，时间稍长，动作就会失去协调性，已有的快速能力也无从发挥。而肌肉放松时，肌肉中血液流动情况大为改善，比紧张时提高15～16倍，血液循环通畅，能给参与活动的肌肉输送更多的氧，加快ATP再合成速度，并能节省能量物质，使能量物质得到充分合理利用，还可增加肌肉收缩前的初长度，从而提高速度素质。

（三）耐力素质

耐力素质是指机体维持长时间进行工作或运动而不疲劳的能力，也是反映人体健康水平或体质强弱的一个重要标志。

耐力的内涵和分类比较庞杂，对于学生的一般体育锻炼，重点是发展肌肉耐力和全身耐力，促进心脏机能发展。所谓肌肉耐力，是指某一肌群持续一定时间或次数，并保持一定强度进行运动的能力。通过适当的体育锻炼可提高相应肌群的肌肉耐力，如通过局部或全身运动使某一肌群持续运动。通过相应的锻炼可扩增肌肉内的毛细血管，改善氧和能源的供给以及废物的排除，使肌肉内贮存更多的能源物质，从而提高肌肉耐力。全身耐力，是指身体能够长时间持续一定强度的全身运动的能力。提高全身耐力可采用长距离走、跑，以及篮球、足球等持续时间长的运动。提高全身耐力就是在发达肌肉的同时，改善呼吸器官和循环系统的功能。例如，运动员的肺活量要比一般人大得多，就是由于运动使胸部、腹部及膈肌的肌肉发达，增强了肺的功能。长期坚持锻炼还可使心肌发达、厚而强，血容量增加，心功能提高。

1. 常用发展耐力素质的方法

发展肌肉耐力练习的内容与力量练习大致相同，只是负荷的强度较小，练习持续的时间要长，重复次数要更多。具体练习应针对个人的特点、要求，选择不同的练习、持续时间（或重复距离、次数）和强度。发展一般耐力的练习更强调全身各器官都被动员，运动的时间要求更长，强度相对更低。

（1）1 min立卧撑。由直立姿势开始，下蹲两手撑地，伸直腿成俯撑，然后收腿成蹲撑，再还原成直立，每次做 1 min。要求动作规范，必须站起来才算完成一次练习。

（2）重复上坡跑。在 15°的斜坡道或 15°～20°的山坡上进行上坡跑，跑距 250 m，或更多些，重复 5 次以上，间歇 5min 左右，强度为 60%～70%最大心率的强度。也可根据教学目的来决定强度。

（3）连续半蹲跑。成半蹲姿势（大小腿成 100°角左右），向前跑 50 m～70 m，重复 5～7 次，每次间歇 3 min～5 min，强度为 60%～65%最大心率的强度，不规定速度，走回来时尽量放松。

（4）沙滩跑。在沙滩上做快慢交替自由跑，速度变化和要求可因人而异，强度为 50%～55%最大心率时的强度。

（5）5 min 运球跑。篮球场内，以单手或双手交替运球跑动 5 min，练习 3～5 次，每次间歇 2 min，强度为 45%～60%最大心率时的强度。要求不间断进行，禁止原地运球。

（6）10 min 带球跑。足球场内不限区域，中速带球运球跑 10 min，2～3 组，每组间歇 5 min，强度为 40%～50%最大心率时的强度。要求不间断跑动，不允许原地运球。

（7）跳绳。原地两臂正摇跳绳 3 min 或在跑道上做跳绳跑 2 min，强度为 45%～60%最大心率时的强度。要求每次结束时，心率在 140 次/min～150 次/min，恢复至 120 次/min 以下开始下一次练习。

（8）滑雪、滑冰、划船。有条件的可进行长时间滑雪、滑冰。划船需连续不间断地进行 20 min 以上，强度在 50%～60%最大心率时的强度。

（9）足球。进行 30 min 以上的足球游戏或比赛，如在足球场或手球场进行教学比赛或比赛性游戏。

（10）篮球“三对三”游戏。篮球场上打半场或全场比赛性“三对三”30 min 以上，强度为 45%～60%最大心率时的强度。

（11）循环练习。选择 8～10 个内容，组成一套循环练习，反复循环进行 5 min 以上，强度控制在 40%～60%最大心率时的强度。心率在活动结束时控制在 140 次/min～160 次/min，休息恢复到 120 次/min 以下，开始下一组练习。

（12）韵律活动及舞蹈。跳健美操、迪斯科舞蹈等，不间断地跳 5 min 以上，强度为 40%～60%最大心率时的强度。心率控制在 160 次/min 以下。

2. 发展耐力素质的注意事项

耐力素质的发展水平与其他素质一样，受到人体生长发育水平的影响。耐力素质练习应遵循人体生长发育的规律，如果练习中所采用的方式、强度和运动量与生长发育水平不相一致，非但不能收到良好的练习效果，还会损害人体健康。因此，根据学生的发育水平，合理地安排耐力练习，是发展耐力素质过程中一个非常重要的方面。耐力练习方法与手段的采用，也要根据不同对象的生理、心理特点，从实际出发。

（四）柔韧素质

柔韧素质是指人体关节活动幅度的大小以及跨过关节的韧带、肌腱、肌肉、皮肤及其他组织的弹性和伸展能力。

柔韧素质取决于两个方面的因素：一个是关节活动幅度的大小，一个是跨过关节的肌肉、肌腱、韧带等软组织的伸展性。关节的活动幅度主要取决于关节本身的解剖结构。跨过关节的肌肉、肌腱等软组织的伸展性，可通过合理的锻炼得到提高。

1. 年龄特征

从人的生理自然生长规律来看，初生的婴儿柔性最好，随着年龄的递增、骨骼的自然增长，骨骼骨化，肌肉壮大，韧性逐渐增强。柔韧性的增长在10岁以前随人的生长发育，自然获得发展，10岁以后随年龄的增长，柔韧性相对降低。特别是髋关节，由于腿的前后活动多，加之肌肉组织增大，使左右外展幅度明显下降。因此，在10岁以前就应给予应有的柔韧练习，使其自然增长的柔韧性得到发展。

10～13岁这个年龄段应充分发展柔韧练习，这个年龄段处于性成熟前期，骨的弹性增强，肌肉韧带的弹性、伸展性仍有较大的可塑性，给予充分的柔韧练习，使各关节幅度达到最大解剖限度，充分提高肌肉韧带的伸展性，这不仅能提高各关节的活动范围，而且对青春期的身高增长也是有利的。如果在10岁以前柔韧性未得到充分发展，在10～13岁这个时期仍可进行柔韧性练习进行弥补，获得应有的柔韧效果。

13～15岁为生长期，在这个时期，骨骼生长速度超过肌肉的生长，因此柔韧性有所下降。在这个时期特别注意身体发育的匀称性，多做全身性的伸展练习，巩固已获得的柔韧效果，不要过分进行柔韧性练习以免拉伤。

16～20岁，由于13岁以前获得了良好的柔韧效果，在青春期虽有些下降，但在这个年龄段整个身体发育趋向成熟，可加大柔韧练习的负荷、难度，从而在已获得的柔韧素质的基础上，进一步保持和提高柔韧素质。

2. 性别特征

根据生理解剖特点，男子的肌纤维较粗，横断面积大于女子，伸缩度较大，全部肌纤维的3/4强而有力。女子的肌纤维较细，横断面积小于男子，伸展性好，对关节活动限制小，全身仅有1/2的肌纤维强而有力，因此女子关节的灵活性好于男子。

3. 常用发展柔韧素质练习的方法

（1）主动或被动的静力拉伸方法。缓慢地将肢体移动到一定位置，使肌肉、肌腱、韧带被拉长，让机体有一定的酸、胀、痛的感觉，在该位置或略有超过处停留一定时间。

这种方法可减少或消除动作幅度超过关节伸展能力的危险性，防止拉伤。由于拉伸缓慢不会引发牵张反射。一般要求在酸、胀、痛的位置停留6 s～8 s，重复6～8次。

（2）主动或被动的动力性拉伸方法。有节奏的、速度较快的、幅度逐渐加大的多次重复一个拉伸动作的方法。在运用该方法时用力不宜过猛，幅度一定要由小到大，先作几次小幅度的预备拉长，然后加大幅度，避免拉伤。主动的动力性拉伸方法是靠自己的力量拉伸，被动的动力性拉伸方法是靠同伴的帮助或负重借助外力的拉伸，但外力应与练习者被拉伸的可能伸展能力相适应。

上述方法可单独采用亦可混合运用，练习时间根据需要确定。

4. 发展柔韧性素质可采用的手段

（1）在器械上的练习。利用肋木、平衡木、跳箱、把杆、吊环、单杠等进行练习。

（2）利用轻器械的练习。利用木棍、绳、橡皮筋等进行练习。

（3）利用外部的助力练习。利用同伴的助力、负重等进行练习。

（4）利用自身所给的助力或自身体重的练习。如压腿时双手用力压的同时上体前压振、在吊环或单杠上作悬垂等。

（5）发展各关节柔韧所采用的动作。有压、踢、摆、搬、劈、绕环、前屈、后仰、吊转等动作。

5. 发展各关节柔韧性的练习方法、手段

发展柔韧素质主要是针对各关节的练习，下面逐一进行介绍。

（1）肩关节。发展肩关节的柔韧练习主要有主动或被动地压肩、拉肩、吊肩、转肩等。如手扶肋木的体前屈压肩，背对肋木双手上握身体向前拉肩，在单杠上做各种握法的悬垂，借助绳或木棍转肩等练习。

（2）肘关节。肘关节运动时屈伸动作较多，所以在发展屈肌力量练习的同时配以屈肌的伸展性练习。主要采用压肘、旋内、旋外、绕环练习。

（3）手关节。发展手关节柔韧性比较好的项目有篮球、排球、乒乓球、手球、网球等，这些项目对手腕的灵活性要求较高，既发展屈伸和内收外展又发展旋转的能力，主要通过其基本动作、基本技术来发展。

（4）膝关节、髋关节。①膝关节的柔韧主要发展腿部后面肌群，包括股二头肌、半腱肌、半膜肌、小腿三头肌、胫骨后肌的伸展性。发展屈膝能力主要发展腿部前面肌群，包括股四头肌、缝匠肌、胫骨前肌、拇长伸肌的伸展性。②髋关节的柔韧主要发展屈、伸、外展、内收和旋内、旋外的能力。

发展膝关节、髋关节柔韧，常结合在一起练，称为腿部柔韧练习。经常采用的练习有主动或被动的压腿、踢腿、摆腿、劈腿等。

（5）踝关节。踝关节主要发展背屈、背伸、内翻、外翻的能力。发展踝关节的柔韧练习主要有屈踝、伸踝，踝关节的内翻、外翻和绕环。

（6）脊柱。脊柱的柔韧包括颈椎、胸椎、腰椎的柔韧。①颈椎柔韧主要采用头前后屈、左右侧屈、左右转动及绕环的练习。②胸、腰椎柔韧常结合在一起练习，主要采用下腰、甩腰、体前屈等练习。

6. 发展柔韧素质的注意事项

（1）循序渐进，持之以恒。柔韧素质的发展是需要有意志力的练习，练习中痛感强、见效慢，停止训练便有所消退，因此应持之以恒才能见效。

当初次练习时易见效，第二天再练习时会痛感加剧，并且第一次练习获得的效果会全部消退，甚至低于第一次练习前的效果。这是由于肌肉和肌腱被拉长后，出现一系列生理、生化变化，如肌梭、腱梭对拉伸的敏感性提高导致疼痛感觉加剧，同时肌肉结构上也会有微小变化，导致收缩力增加，不易被拉伸，此时应继续坚持柔韧性练习，使肌肉适应新的拉伸长度并恢复正常结构，降低肌梭、腱梭敏感性以消除痛感。经过一个时期的练习，肌肉对该拉伸长度已经适应，应进一步拉伸肌肉、牵拉肌腱，提高柔韧性，使肌肉、韧带不断从不适应到适应，逐渐提高。

由于肌肉、韧带等的伸展性并不是一时一刻就能得到提高的，所以柔韧性练习应做到循序渐进，逐步提高要求，不能急于求成。根据停止柔韧练习一段时期，已获得的柔韧效果会有所消退的规律，柔韧性练习要做到系统化、经常化。

（2）柔韧素质的发展应与力量素质发展相适应。柔韧和肌肉力量是相辅相成的，力量练习是发展肌肉的收缩能力，柔韧练习能发展肌肉的伸展能力。因此，力量结合柔韧的练习对提高肌肉质量最为有效，即既能达到力量和柔韧的同时增长，又能保证关节灵活性的稳固。

柔韧的发展应是在肌力增长下的发展，要提高肌力，但决不能使肌肉体积过分增大而影响关节活动幅度。

（3）柔韧素质的发展要兼顾相互关联的身体各个部位。在有些动作中，柔韧性的表现不仅仅是在一个关节或某个身体部位，而是牵涉到几个相互有关联的部位。如为发展腰部柔韧性采用“桥”的练习，就是由肩、脊柱、髋等部位的关节所决定的。因此，在练习过程中对这几个部位都应该进行发展，倘若忽视某一部位的发展就有可能出现外伤。如果发现某一部位的柔韧性比较差，就应采取措施使其得到改善。另外，也可通过身体其他部位的有效发展使其得到补偿，这样做可以使各部位的柔韧性得到发展。

（4）柔韧素质练习要注意外界温度与练习的时间。外界温度过高或过低，都会影响到肌肉的状态，影响到肌肉的伸展性。一般地说，当外界温度在18℃左右时，有利于柔韧的发展，因为肌肉在这个温度下，伸展能力较强。温度过高或过低，肌肉紧张或无力都会影响其伸展能力。例如，跳高运动员每做完试跳之后，总要穿上衣服，目的在于保持体温，使肌肉处于良好的状态，以便准备下一次试跳。

一天之内在任何时间都可以进行柔韧性练习，只是效果不同。早晨柔韧性会明显地降低，所以早晨可做一些强度不大的“拉韧带”的练习。一日之中在10～18时人体能表现出良好的柔韧性，此时可进行一些强度较大的柔韧性练习。

（5）柔韧性练习之后应结合放松练习。每个伸展练习之后，应做相反方向的练习，促进被拉伸的肌肉的血液循环，有助于伸展肌群的放松和恢复。如压腿之后做几次屈膝练习，体前屈练习之后做几次挺腹、挺髋动作，下完腰后做几次体前屈或团身抱膝动作等。

（6）柔韧素质的发展要从小培养。从小发展的柔韧素质，由于是在人体自然生长发育的过程中实现的，因此能得到保持和巩固，不易消退。柔韧素质发展的敏感期是5～10岁，所以应在此期间抓紧练习，并在10岁以前使柔韧素质得到较好发展。

（7）柔韧练习时要防止受伤。柔韧练习主要是运用各种方法，拉长人体肌肉、韧带的长度，但如不注重科学的方法，非常容易出现肌肉拉伤现象。因此，在进行柔韧练习前，可做一些热身活动，减少肌肉的黏滞性。在做柔韧练习的过程中，不易用力过猛，特别是在被动练习时，施加的外力要循序渐进，以防止损伤。

（五）灵敏素质

灵敏素质是指人体在各种突然变换的条件下，快速、协调、敏捷、准确地完成动作的能力。它是人的运动技能、神经反应和各种身体素质的综合表现。

灵敏素质之所以是运动技能、神经反应和各种身体素质的综合表现，是因为它在不同程度上体现了力量、速度、耐力、柔韧等素质。通过力量，特别是爆发力量，控制身体的加速或减速；通过速度，特别是爆发速度，控制身体移动、躲闪、变换方向的快慢；通过柔韧，保证力量、速度的发挥；通过耐力，保证持久的工作能力。这些素质的综合运用才能保证动作的熟练程度。因为神经反应决定了反应速度的快慢、判断是否准确、应答动作是否及时。因此，反应迅速、判断准确、及时做出应答动作是灵敏素质的先决条件，各素质协同配合是完成应答动作的基础。应答动作的熟练程度直接体现了灵敏素质的高低。所以说，灵敏素质是运动技能、神经反应和各种素质的综合表现。

1. 发展灵敏素质的常用方法

（1）在跑、跳中做迅速改变方向的各种跑、躲闪、突然启动以及各种快速急停和迅速转身等练习。

（2）做多种调整身体方位的练习。

（3）做专门设计的复杂多变的综合练习。例如，用“之字跑”“躲闪跑”“穿梭跑和“立卧撑”四项组成的综合性练习。

（4）以非常规姿势完成的练习。如侧向或倒退跳等。

（5）限制完成动作的空间练习。如在缩小的球类运动场地进行练习。

（6）改变完成运动的速度或速率的练习。如变换动作频率或步幅增加动作的频率。

（7）做各种变换方向的追逐性游戏和对各种信号做出应答反应的游戏等。

发展灵敏素质是提高运动能力的一个重要方面，在发展灵敏素质过程中，应该注意到提高力量、速度、耐力、柔韧等素质是发展灵敏素质的基础，体操、武术、技巧、滑冰、滑雪、球类等运动项目都是发展灵敏素质的有效项目。发展灵敏素质的途径主要包括徒手练习、器械练习、组合练习和游戏等。

2. 发展灵敏素质的注意事项

由于灵敏素质是人体综合能力的表现，发展灵敏素质还必须从培养人的各种能力入手，在练习中广泛采用发展其他身体素质的方法来发展灵敏素质，并培养掌握动作能力、反应能力、平衡能力等。

（1）抓住发展灵敏素质的最佳时期。灵敏素质是在中枢神经系统的指挥下，各种能力的综合表现。儿童少年神经系统是人体发育最早、最快的系统，他们具有较快的反应能力，在动作速度、平衡能力、节奏感等方面都具有很大的发展潜力，这些都为发展灵敏素质提供了有利的条件，因此应抓住这一时期进行灵敏素质练习。

（2）灵敏素质练习时应注意消除练习者的紧张心理状态。在进行灵敏素质练习时，体育教师应采用各种有效的方法与手段，消除学生紧张的心理状态和恐惧心理。因为在心理紧张时，运动器官也必然紧张，会导致反应迟钝，动作的协调性下降，影响练习效果。

第五节　提高身体素质的案例

【案例一】　　无运动场地怎样练短跑

许多同学的快速跑能力较差，经常为不能在《学生体质健康标准》的 50 m 跑测试中取得好成绩而苦恼，毕业后又不像学校那样具有可供进行锻炼的运动场所，无法进行发展速度素质的练习，怎么办呢？其实这个问题动动脑筋是可以解决的。下面介绍几种方法以供参考。

（1）徒手练习摆臂，逐渐过渡到手持哑铃的摆臂练习，动作由慢到快。

（2）将垫子或席子放在地板上，双脚做仰卧蹬车轮动作练习，动作由慢到快。

（3）在客厅或室外通道上做原地高抬腿跑练习，动作由慢到快。

（4）利用室外通道或客厅做小步跑、弓箭步走、弓箭步交换跳等动作的练习。

（5）手扶墙或栏杆，做单脚支撑蹲立练习。

（6）利用室外空地做快慢结合的原地跳短绳练习。

总之，只要你想进行体育锻炼，总会有相应的办法，关键是要培养自己的锻炼习惯，克服惰性。采用上述的锻炼方法，持之以恒地坚持锻炼，照样能发展自己的速度素质和力量素质，提高快速跑能力。

【案例二】 在家中如何进行耐力素质（长跑）锻炼

耐力素质对人的健康极其重要。要想发展耐力，仅仅依靠体育课上的锻炼是不能完全满足机体需要的。教师不仅应在课上组织学生进行发展耐力素质的练习，还应教会学生怎样在课后，在家中进行耐力素质的练习。下面介绍几种发展耐力素质的家庭锻炼方法。

1. 跳短绳

（1）向前摇绳并脚连续跳。

（2）向前摇绳单脚交换跳。

以上练习可采用定时计数或定数计时进行。定时以 3 min 为宜，定数最好 300 个以上。一般重复 2 ~ 3 组。也可根据每人的具体情况，从少到多，循序渐进地增加时间与个数。

2. 原地高抬腿跑

跑时上体直立或稍前倾，大腿高抬与上体成直角，小腿放松与大腿自然折叠。蹬地腿的髋、膝、踝三关节充分伸直。落地时大腿积极下压，用前脚掌着地，两臂自然前后摆动，身体重心提起。此练习采用定时计数或定数计时进行，一般定时不少于 30 s，定数不低于 60 次。根据每人的具体情况，逐渐增加次数与时间。

3. 跑楼梯

利用上下楼梯进行跑步练习。向上快速跑，下来时放松慢跑或走下。重复次数与跑楼层多少，根据本人的具体情况，循序渐进地增加。

【案例三】 发展腿部力量（立定跳远）的徒手练习方法

1. 蹲跳起

主要是发展腿部肌肉和踝关节爆发力的方法。一般每组练习 10 ~ 15 个，完成 2 ~ 3 组。

2. 单脚跳

单脚跳。是发展腿部、踝关节力量的有效练习。每组距离 20 m ~ 30 m 左右，左、右脚各 2 ~ 3 组。

3. 蛙跳

蛙跳。是发展大腿肌肉和髋关节力量的有效练习方法。要求两跳之间衔接要快，使跳的动作富有节奏而轻快。练习时可规定距离，如 10 m ~ 20 m，也可规定个数，如 6 ~ 10 个，一般重复 2 ~ 3 组。

4. 弓箭步交换跳

主要是发展大腿前群肌肉力量和髋关节的灵活性。练习时两脚前后开立成弓箭步，脚尖向前。蹬地跳起后，两腿在空中交换，然后落地成另一腿在前的弓箭步。要求蹬地后尽量向上跳起，完成规定个数，一般 10 ~ 20 个为一组，完成 2 ~ 3 组。

5. 跳台阶练习

这是发展腿部肌肉力量与协调性的有效练习方法。可利用楼梯等自然条件进行练习，单脚跳、双脚跳均可。

【案例四】　　发展腹背肌群与仰卧起坐的锻炼方法

1. 仰卧举腿

目的：增强腹肌力量，提高仰卧起坐能力。

方法：身体仰卧在垫上或床上，两手扶住两侧垫子或床，两腿并拢伸直，脚面绷直，两腿上举时用力收腹，两腿下放成预备姿势，反复练习。

练习次数：10～20 次，做 4 组。

注意事项：练习时上体保持不动，腿上举时尽可能加快速度，然后慢放下。举时吸气，放时呼气。具备一定基础后，可以连续快速进行练习。

2. 斜面仰卧起坐

目的：发展腹部肌群力量。

方法：选择斜坡或用木板、床将一端垫起制成斜面，脚高头低仰卧，收腹屈背，双臂前摆，手触脚，然后还原成仰卧。

练习次数：20～30 次，做 4 组。

注意事项：起坐时动作速度快，后倒时要放慢速度。起坐时吸气，后倒时呼气。此练习也可两人一组进行，一人按练习者的脚。

3. 仰卧两头起（元宝收腹）

目的：发展腹部肌群、背部肌群、屈髋肌群的力量。

方法：可在床上或地毯上进行练习。仰卧直体，两臂上举，两腿并拢伸直，脚面绷直。练习时，快速收腹发力，上体和两腿同时举起，以臀部支撑，两手与两脚相触及。如此反复进行练习。

练习次数：5～15 次，做 4 组。

注意事项：练习时快速用力收腹，臂腿伸直相触及。收腹举臂举腿时吸气，下放还原时呼气。

4. 俯卧抬上体

目的：发展背部与腰部等肌群力量。

方法：直体俯卧于床上或垫子上，两手指交叉贴于头后，肘关节打开，另一人按住练习者小腿。抬头挺胸，上体用力抬起，迅速尽量后屈，然后还原。

练习次数：5～15 次，做 4 组。

注意事项：练习时用力快速抬上体，上体抬起越高越好，还原下落时应放慢速度。上体触及垫子后立即抬起，上抬时吸气，还原时呼气。此练习也可负重做，即在背部负杠铃片等物体，但重量不宜过重，并注意负重物体的稳定性。

第五章　田径运动

第一节　田径运动概述

田径运动在世界上有着悠久的历史和广泛的群众基础，包括跳跃、投掷类，以有效成绩距离大者名次列前的田赛和跑、走、跨（含3 000 m障碍）类，完成全程时间短者名次列前的径赛，以及由上述田、径两类各部分项目组成的全能项目和短跑团体接力项目，是比速度、比高度、比远度和比耐力的体能项目。田径项目或要求在很短的时间内表现出最大的速度和力量，或要求在很长的时间内表现出最大的耐力，是最能体现奥林匹克“更快、更高、更强”的精神的运动项目。

远在上古时代，人们为了获得生活资料，在和大自然及禽兽的斗争中，不得不走或跑相当长的距离，跳过各种障碍，投掷石块和使用各种捕猎工具。在劳动中不断地重复这些动作，便形成了走、跑、跳跃和投掷的各种技能。随着社会的发展，人们开始有意识地把走、跑、跳跃、投掷作为练习和比赛形式。

公元前776年在希腊奥林匹克村举行的第1届古代奥运会上进行的项目只有一个——短距离赛跑，跑道为一条直道，长192. 27 m。

1894年，在英国举行了最早的现代田径运动国际比赛，比赛共分9个项目。真正的大型国际比赛是1896年开始举行的现代奥运会，它沿用古代奥运会每隔4年举行一次的制度。每届奥运会上。田径运动都是主要的比赛项目之一。从1928年第9届奥运会起，才增设了女子田径项目，此后，女子便参加了田径项目的比赛。

至今，田径运动仍然是体育比赛中观赏性极强的运动之一。田径与游泳、射击被视为奥运金牌3大项目，是产生奥运金牌最多的项目。

一、田径运动的特点

田径运动项目作为人类最古老的运动项目能延续至今，正是由于它有自己的特性。它是在走、跑、跳、投等基本活动技能的基础上演变而来的，而且也是由这些基本活动技能构成的。田径运动具有以下特点。

1. 与日常生活紧密联系

田径运动是由基本生产、生活技能演化发展而来，具有浓厚的生产、生活色彩。从现在的田径运动的一些动作中仍然可以看出其在人类社会初期作为生产劳动技能的特征，是人类基本活动的运动化。

2. 激烈的竞争性

田径运动竞赛是能力、技术和心理的较量，特别在高水平的比赛中表现得更为明显，运动员的成绩越来越接近，你追我赶，相持不下，经常以微弱之差决定胜负。田赛项目的成败取决于运动员瞬间发挥的水平，而径赛项目运动员同在一条起跑线开始，进行全程的拼搏。因此，田径运动竞赛非常紧张而激烈，运动员不仅要精力高度集中，还要不畏强手，充分表现出自己的最高水平。田径运动竞赛在实力的较量中将激烈的竞争气氛贯穿全过程。

3. 严格的技术性

田径运动项目有周期性和非周期性两种，就各项技术动作而言，不同于技巧性项目，也不同于其他一些直接对抗性的项目。比赛中的田径技术相对稳定，动作结构也不是非常复杂，但是它对技术的要求却特别高。人的潜力在一定意义上讲是有限度的，要创造更好的成绩，必须依靠先进合理的技术。

4. 能力的多样性

田径运动的基本动作形式为走、跑、跳、投，有个人和集体项目，它们反映了人的速度、力量、耐力等方面的能力。每个项目都有本身的特点，突出地反映了某一方面的能力，优秀运动员训练和比赛大多围绕一个专项。较全面地参加田径项目，可使人的运动能力普遍得到提高。不同运动能力形成运动员较大的形态差异。

二、田径运动分类

田径运动是人类在长期的社会实践的基础上发展起来的，包括男女竞走、跑、跳跃、投掷等40多个单项，以及由跑、跳跃、投掷部分项目组成的全能运动。以时间计算成绩的竞走和跑的项目称径赛。以高度和远度计算成绩的跳跃、投掷等项目称田赛。田径运动是径赛、田赛和全能比赛的全称。表5-1是田径运动的主要种类。

表5-1　田径运动项目一览表

项目		男子	女子
径赛项目	短距离跑	100 m，200 m，400 m	100 m，200 m，400 m
	中距离跑	800 m，1 500 m，3 000 m	800 m，1 500 m
	长距离跑	5 000 m，10 000 m	3 000 m，5 000 m，10 000 m
	超长距跑	马拉松（42. 195 km）	马拉松（42. 195 km）
	接力跑	4×100 m，4×400 m	4×100 m，4×400 m
	跨栏跑	110 m，400 m	110 m，400 m
	障碍跑	3 000 m	3 000 m
	竞走	20 km，50 km	10 km，20 km
田赛项目	跳跃项目	跳远，三级跳远，跳高，撑竿跳高	跳远，三级跳远，跳高，撑竿跳高
	投掷项	铅球，铁饼，标枪，链球	铅球，铁饼，标枪，链球
全能项目		10项全能：100 m，跳远，铅球，跳高400 m，110 m栏，铁饼，撑竿跳高，标枪，1 500 m	7项全能：110 m栏，跳高，铅球，200 m，跳远，标枪，800 m

第二节　跑

一、短距离跑

短距离跑是田径径赛项目中的一类，一般包括50 m、60 m、100 m、200 m、400 m、4×100 m 接力、4×400 m 接力等。

短距离跑的动作过程包括起跑、起跑后的加速跑、途中跑、终点跑等紧密联系的几个部分。

（一）起跑

（1）起跑器的安装。起跑器的安装有两种方式，如图 5-1 所示。第一种是普通式，前起跑器距起跑线的距离为 1.5 脚长，后起跑器距前起跑器为 1.5 脚长；第二种是拉长式，前起跑器距起跑线 2 脚长，后起跑器距前起跑器为 1 脚长。起跑器与地面的角度是，前起跑器为 45°左右，后起跑器为 60°～70°。两个起跑器的中轴线间隔约 15 cm。

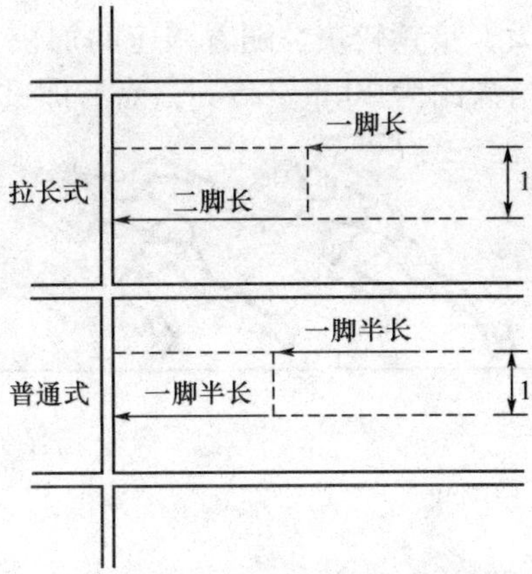

图 5-1

图 5-2

（2）起跑技术。起跑技术包括“各就位”“预备”“鸣枪”或“跑”3 个阶段，如图 5-2 所示。

“各就位”：动作前可以做 1～2 次深呼吸；听到口令后，身体放松，情绪稳定地走向起跑线，两手撑在起跑线前的跑道上，两脚依次在起跑器或起跑穴的支撑面上踏紧。后膝跪地，两臂伸直与肩同宽或比肩稍宽，两手拇指张开，其余 4 指并拢，手成拱形，两拇指相对支撑于起跑线的后缘；身体重心前移，两臂约与地面垂直，颈部放松，身体重量在两臂和两腿上，镇静而放松。

“预备”：听口令后，重心稍前移，臀部慢慢抬起，稍高于肩，后膝离地；两脚蹬紧起跑器，高度集中注意力听信号。

“跑”（鸣枪）：两脚用力蹬起跑器，后腿积极前摆，两手积极推地摆动；前腿用力蹬起跑器，蹬伸髋、膝、踝关节，使身体迅速向前跑出，并保持较大的倾斜角度。弯道起跑的动作过程同上，只是向前加速的方向应沿着内沿弧线的切线方向跑进。

（二）起跑后的加速跑

起跑和起跑后的加速跑是一个不可分的整体。起跑开始，当后腿前摆着地的瞬间即开始了起跑后的加速跑。起跑后的加速跑，第一步不宜过大，身体要保持适当的前倾，后蹬充分、积极有力，大小腿折叠较小，前摆积极、幅度较大，两臂积极有力地摆动，且幅度也较大，步频较快。随着跑速的加快，上体逐渐抬起，步长也逐渐加大。起跑后加速跑的距离一般约为 20 m～25 m，而后即进入途中跑阶段。如图 5-3 所示。

图 5-3

（三）途中跑

途中跑是全程跑的主要部分，也是全程跑中距离最长、速度最快的一部分。途中跑能否一直发挥和保持较高的速度，是决定全程跑成绩的关键。

途中跑时，头、上体保持正直或稍前倾，摆动腿大腿高抬、屈膝积极前摆，带动同侧髋向前；然后大腿积极下压，小腿自然前伸，以前脚掌向后扒地着地、略有缓冲；当身体移过着地点时，即开始后蹬，后蹬时，快速有力蹬伸膝、踝关节，推动身体向前；两臂屈肘、以肩为轴、协调前后摆动。如图 5-4 所示。

图 5-4

（四）终点跑

终点跑一般是指全程跑最后 15 m～20 m 的距离。此时体力下降，在保持途中跑技术和速度的基础上，应有意识加大上体的前倾，加强摆臂，尽量保持最快的速度冲过终点。

（五）如何提高短跑速度

1. 训练手段

（1）高速大幅度摆动腿前后摆动练习，要求在快速摆动中完成合理的折叠技术，摆动腿大小腿折叠得越紧，半径越小，摆速越快。

（2）加快脚掌着地速度练习，要求尽可能地缩短腾空时间。

（3）快速摆臂、摆腿练习，要求腿臂动作协调进行。

2. 训练方法

（1）20 m～40 m行进间快跑练习。

（2）4×（25～50）m接力跑，加速跑，追赶跑练习。

（3）下坡跑练习。30 m～60 m，（3～4）次×（2～3）组。

（4）顺风跑练习。30 m～60 m，（3～4）次×（2～3）组。

（5）短距离变速跑100 m～150 m（30 m快跑＋20 m惯性跑＋30 m快跑＋20 m惯性跑），3次×（2～3）组。

（6）胶带牵引跑30 m～60 m，（4～5）次×（2～3）组。

（7）反复跑30 m～60 m，（4～5）次×（2～3）组。

（六）跑的专门练习

（1）小步跑。上体正直肩放松，两臂前后自然摆动。髋、膝、踝关节放松，迈步使膝向前摆出，髋稍有转动。当摆腿的膝向前摆动的同时，另一腿的大腿积极下压，足前掌扒地式着地，着地时膝关节伸直，足跟提起，踝关节有弹性。

（2）高抬腿跑。上体正直或稍前倾，两臂前后摆动。大腿积极向前上摆至水平，并稍稍带动同侧髋向前，大小腿尽量折叠，脚跟接近臀部。在抬腿的同时，另一腿的大腿积极下压，直腿足前掌着地，重心要提起，用踝关节缓冲。

（3）后蹬跑。上体正直或稍前倾，两臂自然摆动。摆动腿积极向前上方摆出，同侧髋带动大腿充分前送。在摆腿的同时，另一侧大腿积极下压，足前掌着地，膝、踝关节缓冲，迅速转入后蹬。后蹬时摆腿送髋动作在先，膝踝蹬伸在后，腾空阶段重心向前性好，腾空时要放松，两腿交替频率要快。

（4）后踢小腿跑。上体正直或稍前倾，两臂前后自然摆动。足前掌着地，离地时足前掌用力扒地，离地后小腿顺势向后踢与大腿折叠，膝关节放松，足跟接近臀部。

（5）折叠腿跑。上体正直或稍前倾，两臂前后摆动。后蹬结束立即向前上方抬大腿和收小腿，膝关节放松，大小腿充分折叠，边折叠边向前摆动。在摆动腿折叠前摆的同时，另一腿的大腿积极下压，足前掌着地，膝关节缓冲。

（6）小车轮跑。前三点要领同折叠腿跑。加大大腿的幅度，当大腿摆到一定程度时，小腿随惯性向前摆出，随着大腿积极下压，小腿主动做扒地式的动作，用足前掌扒地式着地。

（7）大车轮跑。要点同高抬腿跑。摆动大腿抬到水平，小腿随惯性向上方摆出，然后随着摆动大腿的积极下压，小腿积极向下刨扒，着地时膝关节可以稍有弯曲，上体可以稍有后仰，特别是做的距离比较长时，用踝关节缓冲，有扒地动作。

二、接力跑

接力跑是由几个人组成接力队，每人跑完一定的距离，用接力棒或接力带进行传递，相互配合跑完全程的集体径赛项目。

（一）传接棒方法

（1）上挑式。接棒人的手臂自然向后伸出，手臂与躯干成40°～50°，掌心向后，拇指与其他4指自然张开，虎口朝下。传棒人将棒向前上方送入接棒人的手中，如图5-5所示。这种传棒方法的优点是：接棒人向后下方伸手臂的动作比较自然，传棒人传棒动作也比较自然，容易掌握。其缺点是：接棒后，手已握在接力棒的中部，如不换手再传给下一棒时，则只能握住接力棒的前部，容易造成掉棒和影响快速前进。

（2）下压式。在传棒时，手臂不要太高，而是用手腕动作将棒向前下方推送入接棒队员手中。传棒人可以用手腕动作来调整传棒动作的准确性。在做此动作时，接棒人的手臂向后伸出，手臂与躯干约成50°～60°，手腕内旋，掌心向上，拇指与其他4指自然张开，虎口朝后，传棒人将棒的前端由上向下传给接棒人手中，如图5-6所示。下压式传接棒技术的优点是：每一棒次的接棒都能握住棒的一端，便于持棒快跑。其缺点是：接棒时，接棒人的手臂比较紧张，不够自然。

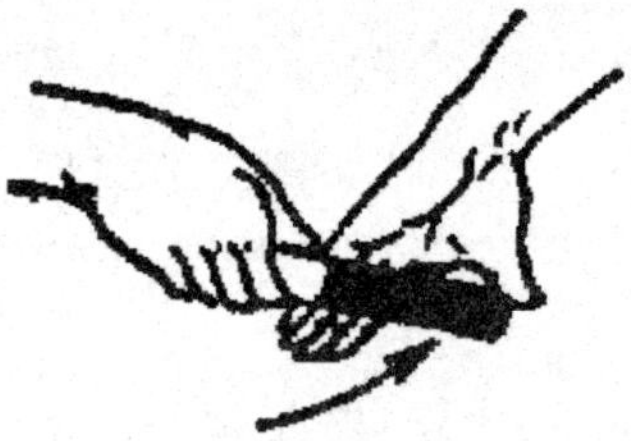

图5-5

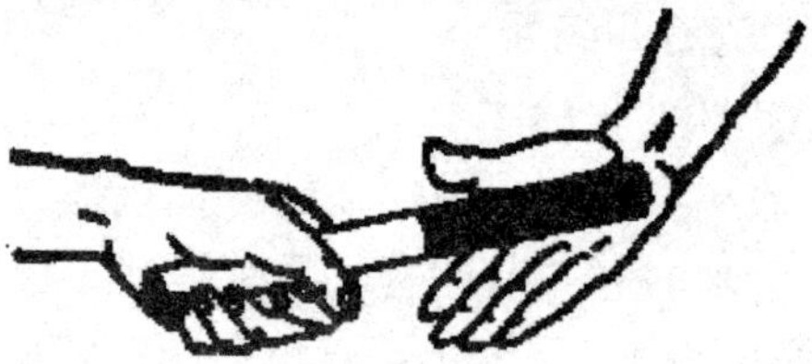

图5-6

（二）各棒队员的配合

4×100 m接力跑在安排各棒队员时，必须考虑发挥每个人的特长。一般第1棒应安排起跑好、善于跑弯道的运动员；第2棒应是速度快、专项耐力好，善于传、接棒的运动员；第3棒除应具备第2棒的长处外，还要善于跑弯道；通常把全队成绩最好、冲刺能力最强的运动员放在第4棒。4×400 m接力跑，由于400 m后程的跑速明显地降低，传接棒的技术比较简单。各棒之间的配合以第1棒和第4棒的安排为主。一般将速度较快的运动员放在第1棒，争取获得领先地位；第4棒安排速度耐力好，意志品质较顽强的运动员，一旦前3棒落后，可奋起直追，一拼到底。

三、中长距离跑

中长跑运动是一项需要速度和耐力的综合性项目。一般把800 m～10 000 m统称为中长跑项目。需要人体能在较长时间内，保持较高速度跑步。

（一）呼吸

呼吸必须有一定的频率和深度，还必须与跑的节奏相配合，一般采用两步两吸，两步两呼。呼吸时采用用口进行呼吸的方法。随着速度的加快和疲劳的出现，呼吸的频率有所增快。

（二）起跑

采用站立式起跑，各就位时，运动员从集合线走到起跑线处，两脚前后开立，将有力的腿放在前面，前脚尖紧靠起跑线后沿，后脚距前脚1脚距离左右，两脚的左右距离自然开立，上体前倾，两膝弯曲，两臂一前一后，身体重心主要落在前脚上，保持稳定姿势，集中注意力听枪声。

（三）训练方法

（1）持续跑的方法。要求在60%～85%左右的强度匀速跑完2 km～3 km。

（2）重复跑的方法。在规定时间内完成，间歇5 min。采用重复跑练习，选择的段落应短于专项距离，如2×800 m。

（3）间歇跑的方法。间歇跑与持续跑、重复跑的区别在于训练的休息时间。间歇跑的休息时间短，体力不能充分恢复。例如，6×200 m跑，要求每200 m在一定时间内完成，两次跑之间慢跑200 m作为间歇。

第三节　跳跃

一、跳高

跳高是由有节奏的助跑、单脚起跳、腾空过杆与落地等动作组成，以其最后成功地越过横杆上缘的高度计算成绩并以此判定名次。常见的跳高姿势有跨越式、俯卧式和背越式3种。本节重点介绍背越式跳高。背越式跳高采用的是弧线助跑，距离长，速度快，动作自然。

1. 助跑（如图5-7所示）

（1）走步法丈量助跑距离。

（2）用先跑直线后跑弧线的方法。

（3）弧线段助跑加速积极、动作放松。

（4）弧线段助跑身体向圆心方向倾斜，步幅开阔，节奏快。

（5）直、弧段助跑衔接流畅，向横杆“进攻”。

2. 起跳（如图5-8所示）

（1）迈步放脚，身体保持向心倾斜。

（2）起跳脚向助跑切线方向落放。

（3）紧腰挺髋、以全脚掌快速滚动落地。

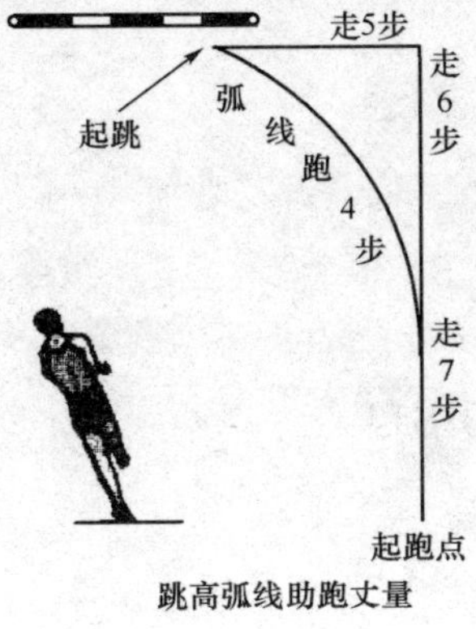

图5-7

图5-8

（4）缓冲。在摆动腿前摆配合下，起跳腿屈膝、屈踝、稍屈髋，伸肌拉长，准备蹬伸动作。

（5）蹬伸起跳。摆动腿和两臂同时前上摆，伸展起跳腿的髋、膝、踝关节。

（6）身体由向里倾斜转为正直。

（7）起跳结束时，拔腰提肩、摆动腿大腿抬平并稍向里，起跳腿充分伸展、脚跟内转，用脚尖蹬离地面，身体半背向横杆。

3. 腾空过杆（如图 5-9 所示）

（1）身体背向横杆。

（2）抬头，肩下潜、展腹挺髋、两腿分开、膝放松，小腿自然下垂，身体成背弓形。

（3）上体过杆后，低头、收腹屈髋、落腰，使臀部过杆。

（4）最后伸膝上举小腿过杆。

（5）过杆时臂部配合动作：置于体侧或自然平伸张开，或从头上伸出向杆后下潜。

4. 落垫缓冲（如图 5-10 所示）

以肩、背落海绵包缓冲。

图 5-9

图 5-10

5. 锻炼方法

（1）沿直径为 15 m 的圆圈做加速跑。

（2）直线助跑转弧线助跑练习。

（3）迈步助跑跑向起跳点。

（4）助跑 2～3 步的起跳练习。

（5）弧线助跑起跳练习。

（6）走步法丈量步点。

（7）全程助跑练习。

（8）全程助跑起跳练习。

（9）杆上动作练习，原地站立后倒背弓形倒向海绵包。

（10）短助跑过杆练习。

（11）加长助跑步数的过杆练习。

（12）蹬地跃起后倒练习。

（13）垫上做“桥”。

（14）跳“高包”练习。

（15）发展弹跳能力的练习，单脚跳、分腿跳、全蹲跳、助跑后起跳用手、头、肩触悬挂物。

二、跳远

跳远由助跑、起跳、腾空和落地 4 部分组成，它们之间相互联系，不可分割。快速、准确地助跑是获得优异跳远成绩的前提。如何利用助跑速度，正确地完成起跳，创造合理的腾起角度和尽可能大的腾起初速度，是跳远技术的关键。

（一）助跑

助跑的任务是获得最大的水平速度并为准确踏板起跳创造条件。为了获得较高的助跑速度，必须有相应的助跑距离，而助跑距离（步数）的确定与运动员短跑能力密切相关。助跑距离的长短还要受运动员助跑方法和步长大小，以及跑道、风向与身体状况的影响。要学会适应各种条件并具备随机应变的能力，以保证在任何情况下都能正确地进行助跑起跳。加大起跳前倒数第 2 步的步长，缩短起跳前倒数第 1 步的步长是顺利进入起跳前的一个关键环节。

（二）起跳

起跳的任务就是在保持助跑速度的前提下，获得尽可能大的腾起初速度和适宜的腾起角度。在起跳时，起跳腿几乎是伸直上板（腾起关节角度 170°），当稍稍屈膝后，充分蹬伸，此时，上体保持正直，摆动腿快速向前摆出，接近水平。缓冲时，膝关节弯曲角度要适宜，一般约为 135°～145°。此时，上体要保持正直，使身体重心处于相对较高的位置。

（三）空中动作

空中动作的任务是减缓由于起跳所产生的身体向前的旋转力，有限度地利用身体重心抛物线轨迹，为合理落地做好准备，如图 5-11 所示。

图 5-11

为维持身体平衡，起跳腾空后，摆动腿下放、伸髋与稍稍顺势前移的起跳腿靠拢。在腾空最高点时，身体充分伸展，形成挺胸展髋的姿势，两臂上举或后摆，然后收腹举腿，双腿前伸，完成落地动作。

挺身式空中动作的优点在于：落地前能充分地拉长躯干前面的肌肉群，有利于完成收腹举腿和落地伸腿动作。在腾空后，由于摆动腿不需要在体前久留，有利于身体伸展维持身体的平衡。但空中动作的形式与用力特点与起跳动作的衔接不太紧密。

（四）落地

落地的任务是选择合理的落地技术，充分利用身体重心腾起的远度，创造尽可能远的跳跃距离，防止伤害事故的发生。落地的方法有折叠式和滑坐式两种。

（1）折叠式落地法。运动员在腾空阶段经过最高点后，开始将两腿向上、向前伸出，上体向下折叠，两臂从上面向前并在落地前向后快摆。使用蹲踞式和挺身式动作的运动员多采用这种方法。

（2）滑坐式落地法。在腾空最高点就开始做折叠动作。及早做折叠动作，不影响和改变腾空路线，到最后把腿及骨盆前移，上体稍后仰，落地时好像坐着，故称滑坐式。

（五）跳远教学的步骤与方法

1. 助跑技术

（1）练习 30 m～80 m 不同段落的加速跑，培养学生跑的速度感和放松技巧。

（2）练习 20 m～30 m 行进间计时跑，速度控制在最高速度的 80%～90%，反复体会快速跑时的肌肉感觉。

（3）练习 15 m～20 m 固定助跑步数的高频率行进间跑，逐渐提高跑的频率（计时或不计时）和助跑的准确性。

（4）进行设立标志物的助跑练习。

2. 起跳与助跑相结合的练习

（1）原地模仿起跳。原地模仿起跳时的摆臂、摆腿和起跳腿的蹬伸动作，注意体会起跳时起跳腿的着地蹬伸和臂与腿的摆动路线和用力顺序，理解和掌握跳远起跳中的蹬伸与摆动技术。

（2）上步起跳。

①预备姿势。摆动腿伸直在体前约 30 cm 处用全脚掌支撑，起跳腿在后用前脚掌撑地，两臂相应屈肘于体侧。由摆动腿积极支持，起跳腿向前迈出做放腿起跳，以体会摆动腿积极前摆和起跳腿快速着地蹬伸的完整起跳动作，强化起跳过程中各主要环节的配合与神经通道的沟通。

②练习要求。摆动腿要积极蹬伸，快速摆动。起跳腿迅速前摆，积极下压，小腿和脚向下“扒地”，并迅速转入蹬伸，两臂协调配合。

（3）连续 3 步助跑起跳。连续进行每跑 3 步做一次起跳，以强化助跑与起跳相结合的技术和建立正确的起跳动力定型，提高快速起跳的技能。

3. 空中动作练习

学习挺身式跳远的手段与方法一般有：

（1）原地模仿空中挺身动作。原地模仿起跳腾空步后，接着完成摆动腿下放、两臂绕摆与挺身的动作，以学习和强化挺身式跳远空中动作的用力顺序和动作路线。要求上下肢要协调配合，摆动腿下放与挺胸展髋和双臂下放绕环同步进行，髋部充分伸展，用摆动腿支撑成反弓形。此时头可略向后仰，目视前上方。最后用双臂向上向前绕摆，与起跳腿的前摆上踢相向运动，到手脚相触为止。最后的动作应用摆动腿蹬离地面，两腿同时迅速前摆并向前上举腿，同时收腹，上体略前倾，双臂加速向前上绕摆，在两脚落地前瞬间用力向后甩摆，跳入沙坑或海绵垫上。

（2）助跑腾空下放摆动腿练习。助跑 3～4 步起跳以学习和强化挺身式跳远的空中技术，空中完成放腿挺髋展体动作。

练习要求：助跑起跳成腾空步后迅速下放摆动腿，挺胸展体，双脚落地。

（3）起跳触吊球练习。4～6 步助跑起跳，保持腾空步，用手触吊球后开始放腿，使身体在空中伸展，以强化空中展体动作的运动条件反射，发展快速起跳能力，改进起跳技术。

练习要求：4～6 步助跑，快速完成起跳与腾空步，接着摆动腿向后下方摆动，挺胸展髋，两腿自然下放在空中，上体保持正直，双脚落地。吊球的高度和远度以腾起至最高点时手触到为宜。练习时必须严格遵循助跑起跳的技术规格要求，尽量向前上方跳出，切勿只贪图高度而破坏正常的助跑起跳技术。

三、三级跳远

三级跳远是指比赛时，运动员助跑后应连续作 3 次不同形式的跳跃，第 1 跳为单足跳，用起跳腿落地；第 2 跳为跨步跳，用摆动腿落地；第 3 跳为跳跃，必须双脚落入沙坑。

三级跳远训练方法和手段如下。

1. 快速力量练习手段

壶铃蹲跳、杠铃蹲跳、杠铃弓步跳、负重沙背心单脚跳栏架、负重沙背心双脚跳栏架、负重沙背心跳跳箱、负重沙背心跳深坑、负重沙背心跨步跳、负重沙背心单足跳、负重沙背心双脚跳台阶、负重沙背心单脚跳台、负重沙背心在沙坑中做各种跳跃练习。

2. 快速跳跃练习方法

助跑五级跨步跳、助跑五级单足跳、助跑十级跨步跳、助跑十级单足跳、50 m～60 m 计时跨步跳、50 m～60 m 计时单足跳、50 m～60 m 计时两单一跨。

第四节　投掷

一、推铅球

（一）原地推铅球

握球手的手指自然分开，把球放在食指、中指和无名指的指根上，大拇指和小指支撑在球的两侧，以防止球滑动和便于控制出球的方向。掌心不触球。

握好球后，身体左侧对投掷方向，两脚左右开立比肩稍宽，左脚尖指向斜前方并与右脚弓在一直线上；右膝弯曲，上体向右倾斜扭转，重心落在右腿上；左臂微屈于胸前，使球的垂直线离开右脚外侧，以加长用力距离和拉紧左侧肌肉。

推球时，右脚迅速用力蹬地，脚跟提起，右膝内转，右髋前送，使上体向左侧抬起，朝着投掷方向转动。当身体左侧接近于地面垂直一刹那，以左肩为轴，右腿迅速伸直，身体转向投掷方向，挺胸、抬头，右肩用力向前送，右臂迅速伸直将球向前上方约 40°～42° 推出。球离手时手腕要用力，并用手指拨球。在推球的同时，左腿用力向上蹬直，以增加铅球向前和向上的力量。球出手后，右腿迅速与左脚交换，左腿后举，降低身体重心，缓冲向前的力量，以维持身体的平衡。

（二）背向滑步推铅球技术

以右手推球为例，如图 5-12 所示。

图 5-12

1. 握持铅球

（1）握球方法。五指自然分开，把铅球放在食指、中指和无名指的指根上，拇指和小指扶在球体两侧，手腕背屈。

（2）持球方法。握持好铅球后，将铅球放在肩上锁骨窝处，贴紧颈部，食指、中指和无名指处在球体的后面，拇指处在锁骨窝的上面与球体的下面，小指处在球体的前上方，掌心向前，右臂屈肘。

2. 滑步前的预备姿势

滑步前的预备姿势分为高姿势和低姿势两种。

（1）高姿势。持好球后，背对投掷方向，站在投掷圈内靠近后沿处，两脚前后站立，右脚指向投掷相反方向并靠近投掷圈后部的内沿。左脚位于右脚后约 20 cm～30 cm 处，用前脚掌或脚尖着地。体重放在自然伸直的右腿上，左臂位于体前平举或上举，持球臂的肘略低于肩，目视投掷相反方向。

（2）低姿势。持好球后，背对投掷方向，站在投掷圈内靠近后沿处，两脚前后站立，右脚尖指向投掷相反方向并靠近投掷圈后部的内沿。左脚位于右脚后 50 cm～60 cm 处，以前脚掌或脚尖着地。两腿弯曲，体重基本上落在右腿上，上体前俯，左臂自然下垂，目视前下方。

3. 预摆与准备滑步

做好预备姿势后，眼看前下方，肩部稍右转，上体前俯，使躯干接近水平位置。左腿向后上方抬起，右腿微屈，使体重均匀地分布在整个右脚掌上。运动员完成预摆动作并维持好身体平衡后，紧接着低头、扣左肩、含胸收腹、前俯上体，右腿屈膝下蹲，左腿左膝回收至靠近右腿处。随着屈腿团身动作，准备向投掷方向平移臀部，完成准备滑步动作。

4. 滑步动作

在完成准备滑步动作后，当臀部向投掷方向开始平移、身体重心移离支撑点时，左腿向抵趾板方向有力摆伸；与此同时，左膝和左脚稍向外转动，右腿积极有力地向投掷方向蹬伸。躯干仍保持很好的前倾姿势，左臂向投掷方向的后下方伸出，低头，眼看投掷方向的后下方。当右腿蹬直、右脚跟或右脚掌即将离地时，两大腿的分腿角约为 125°，躯干与大腿夹角约为 80°。紧接着向投掷方向收拉右腿和右脚，以右脚掌着地于投掷圈中心附近，右脚尖方向与投掷方向约成 120°；右腿弯曲，右膝方向同右脚方向，体重落在弯曲的右腿上；左腿稍弯曲，左脚很低但尚未着地；左髋稍外转，腹部微收，肩部稍右转；稍低的头部仍然尽力目视投掷的相反方向，完成滑步动作。

5. 过渡阶段动作

完成滑步动作后，从右脚着地至左脚着地为过渡阶段。右脚以前脚掌着地，右脚顺势内扣；左脚低而快地以前脚掌内侧贴紧抵趾板内下沿处压插着地；左脚尖与右脚跟在一条直线上，左膝微屈适度用力支撑。投掷者仍微收腹，稍含胸，肩部开始右转；左臂前臂内旋，扣紧左肩并稍向前运动，但仍指向投掷方向的后下方，两眼则仍目视投掷方向的后下方。此时，身体左侧肌群适度拉紧，肩、髋扭紧右腿压紧，整个身体为形成一个良好的后继“侧弓形”姿势打下了坚实的基础。

6. 最后用力动作

完成过渡动作后，左脚一着地即开始了最后用力动作。投掷者首先右腿用力蹬转，右脚随之前滑；左腿支撑住，加速髋部向前转送动作；上体仍保持左脚着地时的姿势，左臂前臂内旋经体前向前稍向上方运动；头部与躯干保持一致，目视投掷反方向的稍右侧方向；随即继续蹬转右腿，髋部前转并牵拉肩部上起并稍前转。由于身体重心前移，用力支撑的左腿开始被迫压弯，内旋的左臂继续向投掷方向的前上方向运动，带动原扣紧的左肩逐渐打开，并向前上方运动，左肩高于右肩，头与躯干在一条直线上，目视投掷方向的右侧稍后方。身体形成用力前蓄势待发的良好的“侧弓形”用力姿势。接着右腿继续蹬转，微屈的左腿用力支撑，髋部转推到正对投掷方向，并继续牵拉肩部向前上方运动，继而也转至正对投掷方向。此时，左肩仍稍高于向上运动的右肩，然后内旋向前运动的左臂，并稍向下运动，头稍后仰，目视投掷方向的前上方，这一瞬间身体形成一个“反弓形”姿势。紧接着两腿爆发式向上蹬伸、顶髋、拔腰、挺胸，左臂急剧下压，大臂贴紧躯干，固定左臂；同时迅速向前上方推伸右臂，头后仰，在球即将离手时，甩腕、拨指，使铅球沿着适宜的出手角度向投掷方向飞出。球出手瞬间，两腿要充分蹬直到脚尖，右手指拨球后指向右外侧，完成最后用力动作。

7. 铅球出手后维持身体平衡动作

铅球离手后为了避免犯规，以获得有效的运动成绩，投掷者左、右腿应及时换步，并降低身体重心，维持身体平衡。在铅球落地和人体稳定后，运动员再从投掷圈的后半圈走出。

二、掷铁饼

掷铁饼的技术动作分为握法、预备姿势和预摆、旋转，以及最后用力和维持身体平衡 4 个技术环节。

（一）握法

5 指自然分开，拇指和手掌平靠铁饼，其余 4 指的最末指节扣住铁饼边沿，铁饼的重心在食指和中指之间，手腕微屈，铁饼的上沿靠在前臂上，持饼臂自然下垂于体侧。

（二）预备姿势和预摆

1. 预备姿势

背对投掷方向，两脚左右开立约一肩半，站于圈内靠后沿处的投掷中线两侧。两脚平行开立或左脚稍后，持饼臂自然下垂于体侧，眼平视。

2. 预摆

预摆是为了获得预先速度，为旋转创造有利条件。目前常见的预摆有两种：左上右后摆饼法和身体前后摆饼法。

（1）左上右后摆饼法。开始时，持饼臂在体侧前后自然摆动，当铁饼摆到体后时，重心靠近右腿。接着以躯干带动持饼臂向左上方摆起；当铁饼摆到左上方时，左手在下托饼，重心靠近左腿，上体稍左转。回摆时，躯干带动持饼臂将铁饼摆到身体右后方，身体向右扭紧，重心处于右腿上，上体稍前倾，左臂自然微屈于胸前，眼平视，头随上体的转动而转动。

（2）身体前后摆饼法。开始时，持饼臂在体侧前后自然摆动，当铁饼摆向体前左方时，手掌逐渐向上翻转，右肩稍前倾，重心靠近左腿。铁饼回摆到体后时，手掌逐渐翻转向下，重心由左向右移动，上体向右后方充分转动，使身体扭转拉紧。这种方法动作放松，幅度大，目前大多数优秀选手都采用这种方法。

（三）旋转

预摆结束后，弯曲的右腿蹬地，上体向左转动，同时左膝外展，重心由右脚向边屈边转的左腿移动。接着两腿积极转动，并以左脚前脚掌为轴向投掷方向转动，身体向投掷方向倾斜，投掷臂在身后放松牵引铁饼。当左膝、左肩和头即将转向投掷方向时，右膝自然弯曲，以大腿发力带动整个腿绕左腿向投掷方向转扣（右脚离地不能过高），这时左髋低于右髋，身体成左侧单腿支撑旋转，接着以左脚蹬地的力量推动身体向投掷圈的中心移动，右腿、右髋继续转扣。当左脚蹬离地面，右腿带动右髋快速内转下压，左腿屈膝迅速向右腿靠拢，左肩内扣，上体收腹稍前倾。接着，左脚积极后摆，以脚掌的内侧着地，落在投掷圈中线左侧圆圈前沿稍后的地方，身体处于最大限度的扭转拉紧状态，铁饼远远留在右后方，左臂自然微屈于胸前，为最后用力做好准备。

（四）最后用力和维持身体平衡

当左脚着地时，右脚继续蹬转，使右髋积极向投掷方向转动和前送。接着，头向投掷方向转动，左臂微屈于胸前，胸部开始向前挺出，重心逐渐移向左腿。当重心移向左腿时，右腿继续蹬伸用力，以爆发式的快速用力向前挺胸挥饼。与此同时，左腿迅速用力蹬伸，左肩制动，成左侧支撑，使身体右侧迅速向前转动，将全身的力量集中在铁饼上，当铁饼挥至右肩同高并稍前时，用小指到食指依次用力拨饼出手，使铁饼顺时针方向转动向前飞行。铁饼出手后，应及时交换两腿，身体顺惯性左转，同时降低身体重心，维持身体平衡。

三、掷标枪

掷标枪的技术动作分为握枪和持枪、助跑、最后用力和缓冲 3 个技术环节。

（一）握枪和持枪

（1）握枪。标枪斜放于掌心，拇指和中指握在标枪缠绳把手末端第一圈的上沿，食指自然弯曲斜握在枪杆上，无名指和小指自然地握在缠绳把手上。

（2）持枪。采用肩上持枪，持枪手与前额同高，枪尖稍低于枪尾或枪的纵轴平行于地面。目前大多数运动员都采用这一方法。

（二）助跑

助跑的目的是在最后用力前获得预先速度，并在助跑中做好引枪动作，为最后用力创造条件。助跑的距离一般为 25 m～35 m 之间。

（1）预跑阶段。从第一标志线到第二标志线为预跑段，大约 16 m～20 m。跑双数步约 8～12 步。预跑时动作自然，上体微前倾，逐渐加速，用前脚掌着地，持枪臂随跑的节奏自然前后摆动，从容地进入投掷步。

（2）投掷步阶段。从第二标志线到起掷弧线为助跑的第二阶段。投掷步一般采用 5 步，也有采用 6 步或 7 步的。

投掷步的第 1 步是：左脚踏上第二标志线，右脚积极向前迈步，脚掌落地部位稍偏右。右肩向右转动并开始向后引枪，左肩向标枪靠近，左臂在胸前自然摆动。眼前视。

投掷步的第 2 步是：当右脚落地，左脚离地前迈时，髋轴向右转动，右肩继续向右转动并完成引枪动作。上体转成侧对投掷方向，左脚掌落地后，与投掷方向成较大的角度，左臂摆至身体左侧，上体正直，眼前视。

投掷步的第 3 步（交叉步）：投掷步第 2 步左脚落地时，右腿自然弯曲，大腿带动小腿积极向前迈步，左腿猛蹬伸，使右大腿加速前迈，成交叉步，左臂自然摆至胸前，投掷臂伸直充分后引，右脚尖与投掷方向成 45°左右，躯干与右腿成一条直线。

投掷步的第 4 步：从助跑过渡到最后用力的衔接步。交叉步结束前，左腿积极迈第 4 步，用脚掌内侧落地。

（三）最后用力和缓冲

（1）最后用力。投掷步第 4 步落地后，右腿积极蹬地转髋，肩轴向投掷方向转动，投掷臂上臂向上转动，带动前臂和手腕向上翻转。当上体转到正对投掷方向时，投掷臂翻到肩上，左肩内转，成“满弓”姿势。然后，上臂带动前臂向前做爆发式的“鞭打”动作，使标枪向前飞出。在标枪离手的一刹那，甩腕指使标枪沿纵轴顺时针方向转动。

（2）缓冲。标枪出手后，运动员随着向前的惯性继续向前运动，为了防止犯规，应及时向前跨一至两步，身体稍向左转，并降低身体重心，维持平衡。

第五节　田径项目规则简介

田径有“体育运动之母”的称谓，包括跳跃、投掷、竞走、跑和全能 5 个部分。跳跃和投掷项目统称为田赛，竞走和跑的项目统称为径赛，而由跑、跳跃、投掷这三部分项目组成的项目称为全能运动，如男子 10 项全能和女子 7 项全能。

田赛：“田”指广阔的空地。田赛项目包括男、女的跳高、跳远、三级跳远、撑竿跳高、铅球、铁饼、标枪和链球。

径赛：“径”指跑道和道路，是在田径场的跑道上或场外规定的道路上进行不同距离的竞走和各种形式赛跑的统称。一般按规定的距离比赛，并以运动员所跑（走）出的时间快慢来决定名次。长距离跑项目通常采用集体出发的形式，一次计时评定出名次。短距离和中距离跑、跨栏跑、接力跑则因参赛者较多而采用分组淘汰制，经过预赛、复赛、半决赛后，选出前 8 名进行最后决赛。

径赛项目包括男、女的 100 m、200 m、400 m、800 m、1 500 m、5 000 m、10 000 m、3 000 m 障碍、400 m 栏、4×100 m 接力、4×400 m 接力、马拉松跑、20 km 竞走，以及男子 110 m 栏、50 km 竞走和女子 100 m 栏。

男子十项全能运动：这是奥运会田径比赛的男子项目，运动员需在两天之内完成 10 项比赛，第 1 天的项目为 100 m、跳远、铅球、跳高和 400 m 跑，第二天进行 110 m 栏、铁饼、撑竿跳高、标枪和 1 500 m 跑。

女子七项全能运动：这是奥运会田径比赛的女子项目，要求运动员在两天之内完成 7 项比赛，第一天的项目是 100 m 栏、跳高、铅球和 200 m，第二天要完成的是跳远、标枪和 800 m 跑。

一、田赛项目规则

田赛项目的比赛通常先分两组进行及格赛，凡通过及格赛标准的选手直接进入决赛。远度项目决赛前 3 轮比赛的顺序由抽签决定；决赛前 3 轮比赛结束后，按成绩取前 8 名运动员进行最后 3 轮比赛，第 4、5 轮比赛排序按前 3 轮比赛成绩的倒序排列，第 6 轮比赛排序则按前 5 轮成绩的倒序排列，成绩最好的在最后。

在远度和高度项目的比赛中，除犯规外，运动员每次试跳或已跳过的成绩都为有效成绩。但在投掷比赛中，除犯规以外，运动员只有将投出的器械完全落在落地区内才算有效，丈量成绩时，从距离投掷区最近的落点算起。其中，标枪必须是枪尖首先触地成绩才有效。

远度比赛结束后以运动员最好的一次试跳（投）成绩作为最后成绩，判定最后名次。如成绩相等，远度比赛按第 2 好成绩确定名次，如果还是相同，涉及第 1 名的运动员需继续比赛，直到决出名次；第 1 名以外的名次，则可以并列。

高度比赛如果出现最好成绩相等，需按以下规定解决：①出现在成绩相等的高度上，试跳次数较少者名次列前；②如成绩继续相同，以试跳失败次数比较少者名次在前；③如成绩仍然相同，当涉及第 1 名时再进行决定名次的比赛，其余名次并列。

二、全能项目

全能项目的比赛需按各项顺序进行，比赛规则与单项基本相同，但也有一些小差别。例如，在单项赛跑项目中，第 2 次及之后抢跑的运动员都要被罚出比赛，但全能比赛是个人两次抢跑犯规后才被处罚。

此外，新的世界纪录和奥运会纪录要求比赛时风速不能超过 2 m/s，全能比赛则不能超过 4 m/s。在跳远和投掷项目中，每个运动员只能试跳（投）3 次。在跳高单项比赛中的每轮比赛后，横杆升高不得少于 2 cm，而全能跳高比赛中始终升高 3 cm；撑竿跳高单项比赛每次至少升高 5 cm，而全能比赛中始终升高至少 10 cm。

全能比赛按所有项目的总积分排定名次。如果总分相等，则以得分较高的单项数量多者名次在前。如果再相等，则以任何一个单项得分高者为胜。如果再次出现相同，则以第 2 得分高的单项分数较高者排名在前，并以此类推。

三、径赛项目

在径赛项目中，所有项目参赛者的名次都取决于身体躯干（不包括头、颈、臂、腿、手和足）抵达终点线后沿垂直面为止时的顺序。比赛中要比较 1/1 000 s 的成绩，成绩好的进入下一轮。如果成绩相同，则都应进入下一轮。决赛中如果第一名成绩相同，裁判长有权决定是否重赛，若无条件重赛。则并列第一；若其他名次成绩相同，按并列处理。

在国际赛事中，所有 400 m 或以下距离的径赛项目必须采取蹲踞式起跑。400 m 以上（不含 400 m）的径赛项目均采取站立式起跑。对第 1 次起跑犯规的运动员必须给予警告（出示黄牌），之后，无论哪位选手再起跑犯规都将被取消比赛资格（出示红牌）。

在分道跑和部分分道跑的径赛项目中，参赛者越出跑道并获得实际利益或者冲撞、阻碍其他参赛者，也将被取消资格。如果参赛者是被推出、挤出指定的跑道，而且并未获得实际利益，也未影响他人，则不被取消参赛资格。同样，任何参赛者在直道中越出其跑道或在弯道中越出其跑道的外侧，只要没有得益或阻碍他人，都不算犯规。

4 × 100 m 接力跑是分道进行的，接棒者可在接力区前 10 m 起跑。在接力区内，运动员必须在 20 m 的接力区内完成交接棒。

跨栏跑运动员必须在自己的跑道内完成比赛，当跨越栏架时，如果他（她）的腿或足从低于栏架顶的水平线跨越，或跨越并非自己赛道上的栏架，都将被取消资格。若裁判员认为参赛者故意以手或足撞倒栏架，均取消其资格。

在 100 m 跑、200 m 跑和 100 m 跨栏、110 m 跨栏比赛中，如果顺风超过 2 m/s，所创成绩都不能成为新纪录。

奥运会的公路赛包括男、女马拉松跑以及男、女 20 km 竞走和男子 50 km 竞走。在这些比赛的途中，每 5 km 处都设有提供水和其他饮料的饮料站。

竞走比赛是田径比赛中最复杂的赛事，它有两个核心规则：①竞走运动员必须始终保持至少一只脚与地面接触；②运动员的前腿从着地的一瞬间起直到垂直位置，必须始终伸直，膝关节不能弯曲。

第六章　球类运动

第一节　篮球运动

一、篮球概述

篮球运动始创于1891年，是美国马萨诸塞州斯普林菲尔德市基督教青年会训练学校体育教师詹姆斯·奈史密斯博士发明的。起初，詹姆斯·奈史密斯先生从当地儿童喜欢用球投向桃子筐的游戏中得到启发，将两只桃篮分别钉在健身房内看台的栏杆上，桃篮上沿距离地面3.05 m，用足球向篮投掷。投球入篮得1分，按得分多少决定胜负。每次投球进篮后，要爬梯子将球取出再重新开始比赛。以后逐步将竹篮改为活底的铁篮，再改为铁圈下面挂网。人们称这种游戏为“奈史密斯球”或“筐球”，后定名为“篮球”。

1904年，在第3届奥林匹克运动会上第一次进行了篮球表演赛。1908年，美国制定了统一的篮球规则。这样，篮球运动逐渐成为一项世界性运动项目。

篮球运动以其集体性、对抗性、多变性、竞技性及观赏性等特点，体现出了强大的生命力和吸引力，随着比赛规则的逐渐完善，这项运动的技战术水平不断得到新的发展和提高，吸引了越来越多的人关注和参与。

篮球运动正朝着高、快、狠、全、准的方向发展。即向着高空优势、高速度、高对抗、高超技巧、快速灵活、全面、准确的方向发展。

二、篮球基本技术

（一）移动

移动是队员在比赛中，为了改变位置、方向、速度和争取高度、空间所采用的各种脚步动作方法的总称。

1. 基本站立姿势

如图6-1所示，两脚前后或左右开立，距离约与肩同宽，两腿微屈，身体重心落在两脚之间，略收腹含胸，屈肘，两手放于体侧前方。防守时站立姿势稍有不同，两脚开立略比肩宽，屈膝降低重心，含胸，两臂张开。

要点：屈膝、降低重心、抬头、目光注视全场。

图6-1

2. 起动

从基本站立姿势开始，向前起动时以后脚、向侧移动时以异侧脚的前脚掌短促有力地蹬地，同时上体迅速前倾或侧转向跑的方向移动重心，手臂协调地摆动，充分利用蹬地的反作用力，迅速向跑的方向迈出。

要点：移重心、猛蹬地、快跨步、快频率。

3. 跑

（1）变速跑。在跑动中加速时，上体微前倾，用前脚掌短促有力地蹬地，步频加快，同时用力摆臂。减速时，步幅适当增大，上体直起，用前脚掌用力抵地来减缓向前的冲力，从而降低跑速。

要点：加速时，上体前倾，步频加快，蹬跨有力；减速时，上体稍直起，步幅加大，控制速度。

（2）变向跑。从右向左变向时，最后一步用右脚掌内侧用力蹬地，同时脚尖稍内扣，迅速屈膝，腰部随之左转，上体向左前倾移，移重心，左脚向左前方跨出，然后加速前进。

要点：变向时，前脚掌内侧用力蹬地，另一脚迅速变向，迈出第一步。

（3）侧身跑。在跑动时，头部和上体转向侧面或有球的一侧，脚尖朝着跑动方向。跑动时，要保持身体平衡，双手自然放在腰侧位置，密切注意观察场上的情况。

要点：上体自然侧转，脚尖朝前。

启动和跑的练习方法：

（1）基本站立姿势（面向、背向、侧向），听或看信号做起动跑的练习。

（2）在各种情况和状态下（蹲着、坐地、原地各种跑动中，原地向上、向侧跳起时，滑步中，急停以后），听或看信号向不同方向做启动跑的练习。

（3）自己或同伴抛球，球离手后启动快跑接球，不让球落地，把球接住。

（4）利用篮球场的圈、线做侧身跑和对角折线跑。

（5）两人一组做侧身跑。

4. 急停

急停是指队员在快速移动中突然制动的一种方法。

（1）跨步急停。如图 6-2 所示，急停时先向前跨出一大步，用脚跟先着地并迅速过渡到全脚抵住地面，降低重心，身体稍后仰。第二步落地的同时，两膝深屈并内扣，身体稍侧转，两脚尖自然转向前方向，前脚掌内侧用力抵住地面制动向前的冲力，上体稍后仰，两臂屈肘自然张开，然后上体迅速自然前倾帮助控制身体平衡。

要点：第一步要用脚步外侧着地，膝微屈。第二步落地时用前脚掌内侧蹬地制动前冲速度，屈膝降低重心，腰胯用力。

（2）跳步急停。如图 6-3 所示，跑动中用单脚或双脚起跳，使双脚稍微腾空。上体稍后仰，两脚平行或前后落地形成进攻基本站立姿势。

图 6-2

图 6-3

要点：落地时动作要轻，身体在空中稍向任一方向自然侧转，以缓和前冲速度，落地后迅速降低重心，保持身体平衡。

急停的练习方法：

（1）保持基本站立姿势，慢跑两三步接着做跨步急停和跳步急停。

（2）以稍快节奏跑三五步，接着做跨步急停和跳步急停。

（3）快跑中听或看信号做跨步急停。

5. 滑步

滑步是防守移动的一种主要方法。

（1）侧滑步。如图 6-4 所示，两脚平行站立，两膝弯曲较深，上体略向前倾，两臂侧伸。向左侧滑步时，左脚向左迈出同时，右脚蹬地滑动，向左脚靠近，两脚保持一定距离，左脚继续跨出。

要点：侧滑步时，要保持屈膝低重心的姿势，身体不要上下起伏，两腿不要交叉，重心保持在两脚之间，两眼注视对手。

图 6-4

（2）前滑步。两脚前后站立，向前滑步时，前脚向前迈出一步，着地的同时，后脚紧随着向前滑动，保持前后开立姿势，注意屈膝降低重心。

要点：前滑步时，保持屈膝降低重心，身体不要上下起伏，前脚同侧臂前伸，另一臂侧向张开。

（3）后滑步。后滑步动作方法与侧滑步相同，只是向后滑步移动。

（4）后撤步。后撤步是前脚向后撤步的一种方法。用前脚的前脚掌内侧蹬地，同时腰部用力向后转动，后脚碾蹬地面，前脚快速后撤，紧接滑步调整防守位置。

要点：前脚蹬地后撤要快，后脚碾地扭腰转髋要猛，后撤角度不宜过大，身体不要起伏。

滑步和后撤步的练习方法：

（1）听和看手势做向左、向右、向前、向后滑步。

（2）向前滑步变后撤步接侧滑步。

（二）传接球技术

传、接球是在篮球比赛中进攻队员之间有目的地支配球和转移球的方法。

1. 持球手法

（1）双手持球方法。如图 6-5 所示，双手手指自然分开，拇指相对成“八”字形，用指根及以上部位持球两侧的后下方，掌心空出，两臂屈肘，自然下垂，置球于胸腹之间。

（2）单手持球方法。手指自然分开，用手掌外沿和指根及以上部位托球，掌心空出。

2. 双手胸前传球

如图6-6所示，双手持球于胸腹之间，两肘自然弯曲于体侧，身体成基本站立姿势。传球时后脚蹬地发力，身体重心前移，两臂前伸，两手腕随之旋内，拇指下压，食、中指用力拨球并将球传出，球出手后，两手略外翻，食指指向传球方向，球出手后向后旋转。

要点：持球动作正确，用力协调连贯，食、中指拨球。

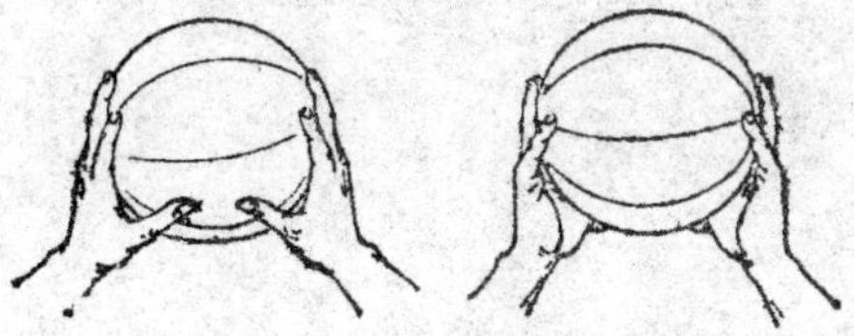

1　2

图6-5

1　2　3

图6-6

3. 单手肩上传球

如图6-7所示，双手持球于胸前，两脚左右开立，右手传球时，左脚向传球方向跨出半步，右手靠左手指拨送球的力量将球引至右肩侧上方，右肩关节引臂展开，肘关节自然弯曲，手腕稍后屈，持球的后下方，左肩对着传球方向，重心落至右脚上。传球时，右脚蹬地发力同时转体带动上臂，手腕前屈，食、中、无名指用力拨球将球传出。

要点：自下而上发力，蹬地、转肩、挥臂、屈腕动作连贯。

图6-7

4. 双手接球

如图6-8所示，两眼注视来球，两臂迎球伸出，双手手指自然张开，虎口打开，两拇指成八字形，其他手指向前上方伸出，双手成一个半球形。当手指触球时，双手将球握住，两臂顺势屈肘后引缓冲来球力量，两手持球于胸腹之间，成基本站立姿势。

要点：伸臂迎球，在手接触球时屈臂后引缓冲，持球于胸腹之间，动作连贯一致。

传接球的练习方法：

（1）两人一组，原地徒手做各种模仿传接球练习。一人做动作，一人纠正。

（2）两人一组对面站立，做各种传球练习，也可对墙进行练习，并用各种方法接反弹回来的球。

（3）间隔距离根据需要由近至远。

（4）原地跨步或跳起接不同方向的传球。

图 6-8

（三）投篮技术

投篮是持球队员将球投入篮圈所采用的各种动作方法的总称。

1. 单手肩上投篮

如图6-9所示，以右手投篮为例，右手五指自然分开，掌心空出，用指根及以上部位持球，大拇指与小拇指控制球体，左手扶在球的左侧，右臂屈肘，肘关节自然下垂，置球于右肩前上方，目视球篮。两脚左右或前后开立，两膝微屈，重心落在两脚掌上。投篮时，下肢蹬地发力，右臂向前上方抬肘伸臂，手腕前屈，食、中指用力拨球，通过指端将球柔和地投出。球出手的瞬间，身体随投篮动作向上伸展，脚跟微提起。

要点：上下肢协调用力，抬肘伸臂充分，用手腕前屈和手指柔和地拨球将球投出，中、食指控制方向，球向后旋转。

图 6-9

2. 原地双手胸前投篮

如图6-10所示，双手持球于胸前，肘关节自然下垂，两脚前后或左右开立，两膝微屈，重心落在两脚之间，目视篮圈上的瞄准点。投篮时，随着脚蹬地两臂向前上方伸出，同时两腕内旋，拇指下压，手腕前屈，食、中指用力拨球，通过指端将球投出，球出手后，两手心自然向下向外翻，脚跟提起，身体随投篮出手方向自然伸展，球出手后向后旋转。

要点：自然屈肘下垂，投篮时两臂用力均衡，前臂内旋，手指拨球用力与下肢动作要协调一致。

图 6-10

3. 行进间单手低手投篮

如图 6-11 所示，以右手投篮为例，右脚向前跨一大步的同时接球，接球后第二步要继续加快速度，向前上方跳起，腾空时间要短。右手将球引至右肩侧前上方，持球手五指自然分开，掌心向上，托球下部。投篮时，借助身体上升的惯性，手臂向前上方伸展，用屈腕、挑指的动作使球由食、中指端向前柔和地投出。出手后掌心向上对篮，球向前旋转。

要点：腾空时身体向上方充分伸展，保持托球稳定性，腕、指上挑动作要协调、柔和。

图 6-11

4. 运球急停跳起投篮

在快速运球中，采用一步或两步急停接球，两膝微屈，重心快速移动至两脚之间并迅速蹬地向上起跳，同时双手举球做瞄篮动作，当身体接近最高点时，右臂向前上方伸展，手腕前屈，食、中指拨球，通过指端将球投出，球出手后，向后旋转。

要点：跳步或跨步接球急停时要面对球篮，急停与起跳动作衔接连贯，起跳突然，快速有力，空中保持身体平衡。

投篮的练习方法：

（1）对墙或两人相对做投篮动作练习。一人做动作，一人纠正。

（2）定点、定时、定次数地投篮。

（3）多点移动接球投篮。

（4）结合运球和传接球的行进间单手低手投篮。

（5）在有防守的情况下，练习运球急停跳起投篮。

（四）运球技术

持球队员在原地或移动时，用单手连续拍击球，并借助地面反弹起来的球继续在原地或移动中拍球推进的技术称为运球。

1. 高运球

两脚前后开立，两膝微屈，上体稍前倾，目视前方。运球手臂自然弯曲，以肘关节为轴，用手拍按球的后侧上方，球的落点在身体侧前方，球的反弹高度在腰、胸之间。

要点：手拍按球的部位合理，手脚配合协调。

2. 低运球

两腿深屈，降低重心，上体前倾，用上体和腿保护球。同时，手短促地拍按球，球的反弹高度要在膝关节以下，以便控制球和摆脱防守继续运球。行进间低运球拍球的部位要在球的后上方或后侧方。

要点：重心降低，上体前倾，拍按球短促有力。

3. 运球急停急起

运球急停时，利用跨步急停动作，用手拍按球的前上方，变为暂时原地运球，用非运球手臂、身体和腿保护球；急起时，身体重心迅速前移，后脚用力蹬地跨出，同时用手拍按球的后上方，推球前进。

要点：重心转移快，脚蹬、抵地要有力，拍按球部位要正确，手、脚、身体协调一致。

4. 运球转身

如图 6-12 所示，以右手运球为例，变向时左脚前跨一步为中枢脚，右手拍按球右侧前方，随着后转身动作，将球拉向身体的后侧方，然后换左手运球，从对手的右侧突破后加速前进。

要点：最后一次运球要用力，转身迅速，重心不要起伏，按拍球的部位正确，转、蹬、转、拍等动作协调连贯。

图 6-12

5. 背后运球

如图 6-13 所示，以右手运球为例，变向时，用右手将球控制到身后，拍按球的右侧上方，使球拍至左脚的侧前方，并立即换左手运球，右脚迅速向左前方跨出，用左手运球突破对手。

要点：拍球的方法正确，变化迅速，跨步及时，重心及时跟上。

图 6-13

运球的练习方法：

（1）原地做高、低运球，左右手交替进行。

（2）原地体前或胯下左右手变向运球。

（3）原地做体侧前后推拉运球。

（4）原地背后变向换手运球或运球转身。

（5）结合急起急停技术练习各种运球技术。

（五）持球突破技术

持球突破是控制球队员以脚步动作与运球技术等相结合，快速超越对手直接切入篮下得分的重要手段。一般可分为交叉步持球突破和同侧步持球突破两种。

1. 交叉步持球突破

如图 6-14 所示，以右脚做中枢脚为例。突破时，左脚向左前方跨出半步，做向左突破的假动作，当对手重心向右移动时，左脚前脚掌内侧迅速蹬地，向对手左侧跨出一大步，同时上体右转探肩，贴近对手；球移至右手，向左脚右斜前方推放球，右脚迅速蹬地跨步，加速超越对手。

要点：假动作要逼真，后蹬有力，起动迅速突然，动作连贯。

图 6-14

2. 同侧步持球突破

如图 6-15 所示，以左脚做中枢脚为例。突破时，左脚内侧蹬地，右脚迅速向对手左侧方跨出一大步，同时向右侧转体探肩，重心前移，球移至右手并推放球于右脚斜前方，左脚迅速跨步抢位，加速超越对手。

要点：起动突然，跨步、推放球的动作快速连贯，中枢脚离地前球要离手。

图 6-15

持球突破的练习方法：

（1）原地徒手做持球突破的各种脚步动作的模仿练习。

（2）每人一球，利用假动作做交叉步、同侧步突破的脚步动作练习，主要体会假动作、蹬跨、转体、探肩、推放球、加速几个技术环节的衔接和连贯动作。

（3）行进间自抛自接，接球后做交叉步、同侧步突破练习。

（4）原地持球突破练习。每人一球，面对球篮，位于 45°处成一纵队，做原地交叉步和同侧步持球突破后运球上篮。投篮后自抢篮板球运球至队尾。

（六）防守技术

防守技术是队员在防守时，为了阻挠和破坏对手的进攻，达到夺球反攻的目的所采取的各种专门动作与方法的总称。

1. 防守无球队员

防守无球队员的位置，应与球和对手保持一定的距离和角度，站位在对手与球篮之间偏向有球一侧。防守时根据球和人的移动方向，合理运用步伐，随时调整防守位置。

要点：要抢占“人球兼顾”的有利位置，防守时要做到内紧外松，近球紧远球松，松紧结合。防止对手摆脱空切，随时准备协防补防。

2. 防守有球队员

防守有球队员时，应站在进攻队员与球篮之间，根据对手离球篮的距离和进攻队员的技术特点调整防守位置。

要点：要及时抢占对手与球篮之间有利的防守位置，并根据防守队员的技术特点，采用平步或斜步防守步伐。

（七）抢球、打球、断球技术

抢球、打球、断球是防守中具有攻击性的技术，它是积极防御思想在防守过程中的体现，是积极防守的基础。

1. 抢球

当进攻队员刚持球时，防守者趁其保护球不当，利用拧、拉和身体扭转力量出其不意地将球夺过来。

要点：判断准确，出手快，动作有力。

2. 打球

动作要领如图 6-16、图 6-17 所示。

要点：打球时动作要小而快，判断要准确，手臂撤离要快，尽可能立掌打球。

图 6-16

图 6-17

3. 断球

动作要领如图 6-18 所示。

要点：掌握断球时机，蹬地有力，动作快速、突然。

图 6-18

（八）抢篮板球技术

比赛中双方队员在空中争抢投篮未中而从篮板或篮圈反弹出的球，统称为抢篮板球。抢篮板球技术又分为抢进攻篮板球和抢防守篮板球。

1. 抢占位置

要设法抢占在对手与球篮之间的有利位置。

要点：判断准确，移动及时，抢位得当。

2. 起跳动作

要点：起跳迅速，配合协调，时机掌握得好。

3. 抢球动作

要点：准确判断球的高度，合理运用单手、双手抢或点拨球技术。抢到球时，要迅速持球到有利位置，并加以保护或采用下一个进攻动作。

三、篮球基本战术

篮球战术是篮球比赛中队员所运用的攻守方法的总称，是队员个人技术合理应用和队员之间相互协调配合的组织形式。

（一）基础配合

基础配合是两三人之间有目的、有组织、协调行动的方法，它包括进攻与防守两部分，是组成全队战术的基础。

1. 进攻战术的基础配合

（1）传切配合。如图 6-19 所示，⑤传球给④后，立即摆脱对手❺切入篮下，接④的回传球投篮。

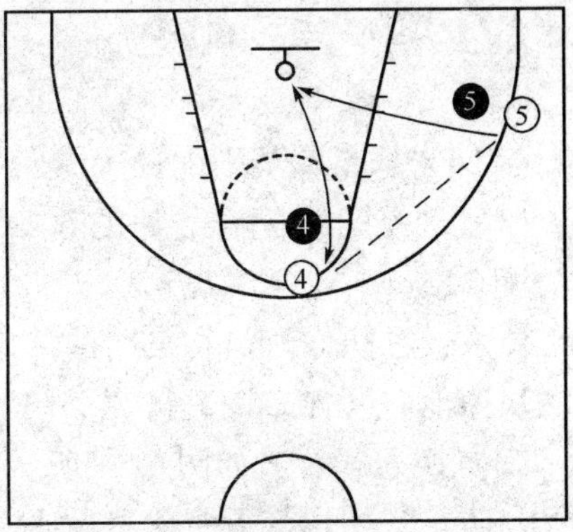

图 6-19

要点：传球队员要注意用假动作吸引对手，切入队员掌握好切入的时机。

（2）掩护配合。如图 6-20 所示，以给持球队员做掩护为例。⑤传给④的同时，⑥跑到❺的侧面做掩护，⑤传球后先做切入假动作，然后利用同伴的掩护摆脱防守，切入篮下，接④的传球投篮。⑥掩护后及时移动到有利的位置去接球或转身跟进抢篮板球。

要点：掩护队员行动要隐蔽快速，被掩护队员要注意用假动作吸引对手，当同伴到达掩护位置时，摆脱对手动作要快速、突然。

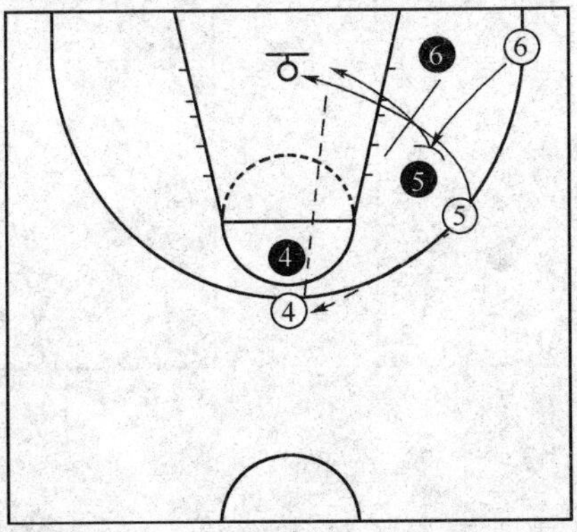

图 6-20

（3）策应配合。如图 6-21 所示，⑤传给④后，利用假动作摆脱防守，上提到外策位置接④的传球做策应，④传球后摆脱防守，然后接球投篮或突破上篮。

要点：策应者抢位要及时到位，传球者要迅速将球传给策应者。

（4）突破分球。如图 6-22 所示，⑤从防守者的左侧突破，❼协防，封堵⑤的篮下突破的路线，此时⑦及时跑到有利的进攻位置，接⑤的传球投篮。

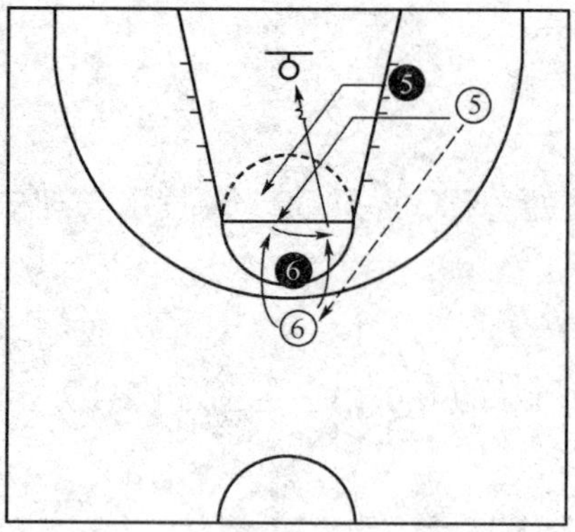

图 6-21

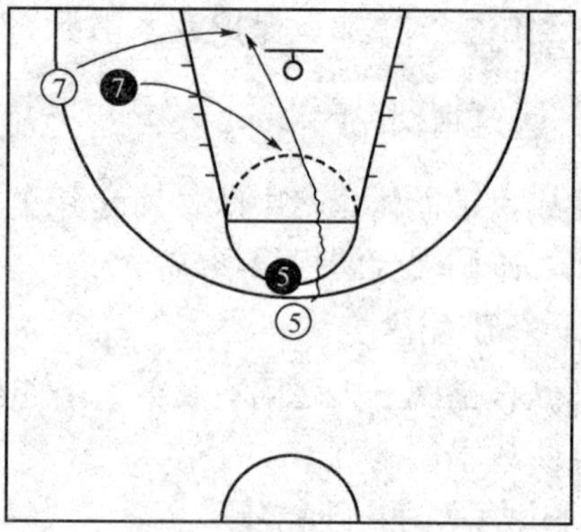

图 6-22

2. 防守战术的基础配合

（1）“关门”配合。如图 6-23 所示，当④从正面突破时，❹与❽，❹与❺进行“关门”配合。

要点：在防守队员积极堵截持球队员的突破路线的同时，靠近突破一侧的防守队员要及时快速地向同伴靠拢进行“关门”配合。

（2）换人配合。如图 6-24 所示，当❻被突破后，❼应迅速补防⑥，❺应放弃⑤，撤到篮下，防止⑦切入篮下要球、投篮。

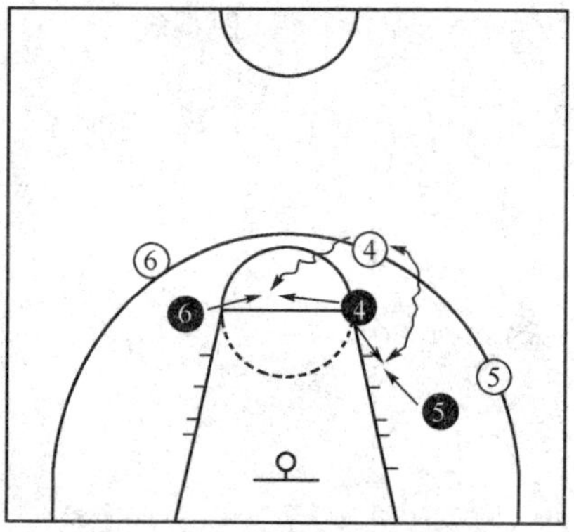

图 6-23

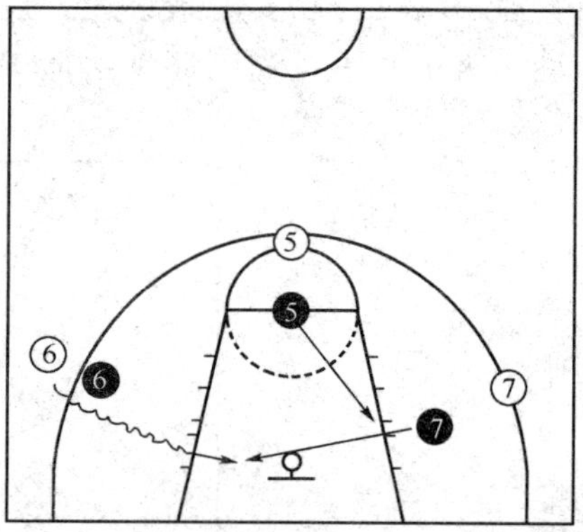

图 6-24

要点：防守掩护者的队员要主动发出换人信号，双方准备换防。两防守队员要到位、及时换防。

（3）穿过配合。如图 6-25 所示，⑤传球给⑥的同时，④给⑤做掩护，❺后撤从④和❹中间穿过，继续防守⑤，❹要主动后撤，以便让❺顺利通过。

要点：防守掩护的队员要及时提醒同伴，并主动让路，穿过队员要迅速穿过，并立即调整防守位置的距离。

（4）挤过配合。如图 6-26 所示，④传球给⑤后跑去给⑥做掩护，❹发现后要及时地提醒同伴❻，❻在④临近的瞬间迅速抢在④之前继续防守⑥。

要点：挤过时要贴近进攻者，上前侧抢步的动作要及时，要主动说话联络。

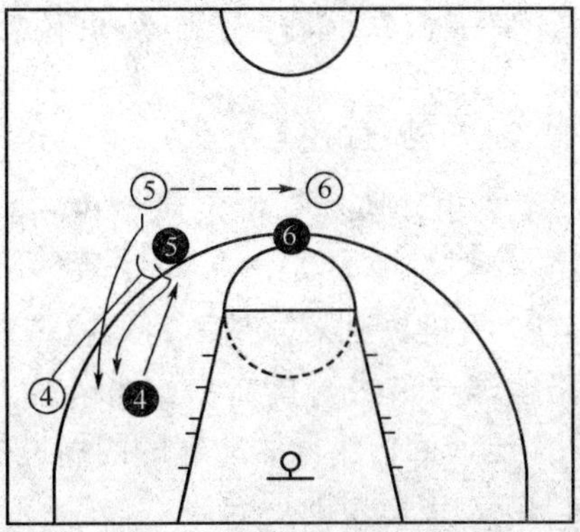

图 6-25

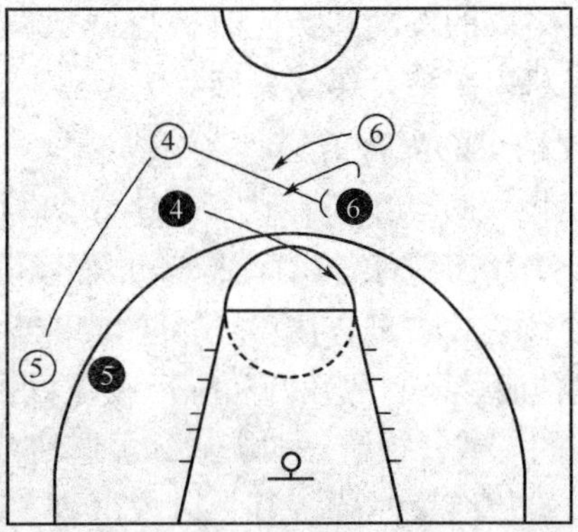

图 6-26

（二）快攻战术

快攻是由防守转入进攻时，以最快的速度、最短的时间，在对方尚未部署好防守之前，创造人数上和位置上的优势，是果断而合理地进行攻击的一种快速的进攻战术。

1. 长传快攻

如图 6-27 所示，⑤抢到后场篮板球后，首先应观察全场情况，掌握发动快下的时机，⑥和⑧及时快下，超越防守。⑤根据情况，长传球给⑥或⑧进行投篮。④、⑤、⑦应随后跟进。

2. 传球与运球结合的快攻

短传快攻由发动与接应、推进、结束 3 个阶段组成。

如图 6-28 所示，④抢到篮板球后，将球传给机动接应的⑤，⑤又把球传给⑥从中路运球推进，⑦和⑧沿边线快下，争取以多打少进行投篮，④和⑤应迅速跟进。

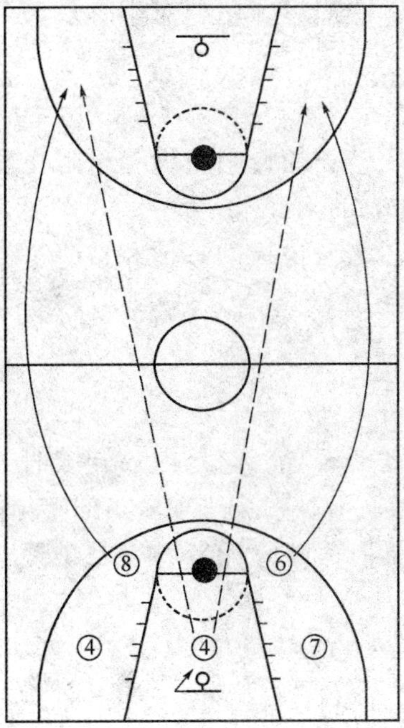

图 6-27

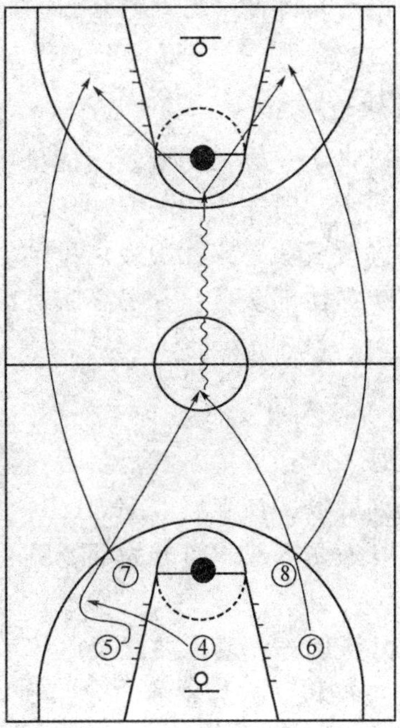

图 6-28

要点：快攻的发动和接应时，持球队员的意识要强，获球后要先远后近传好一传。快攻中要以传球为主结合运球突破。

3. 快攻结束的配合方法

（1）快攻二攻一配合技巧。如图 6-29 所示，在⑦和⑧快攻推进形成二攻一时，吸引❹上前防守，⑦立即把球传给向篮下切入的⑧投篮。

（2）快攻三攻二配合技巧。如图 6-30 所示，当 3 人推进到对方篮下，形成三攻二，防守队员平行站位时，⑥首先从两防守队员之间的中路运球突破进行投篮，如遇堵截，立即传球给无人防守的⑦或⑧投篮。如⑦或⑧再遇堵截，则应迅速回传给摆脱防守的同伴进行投篮。

要点：快攻结束时要敢打，以攻击为主吸引防守，传球及时、合理。

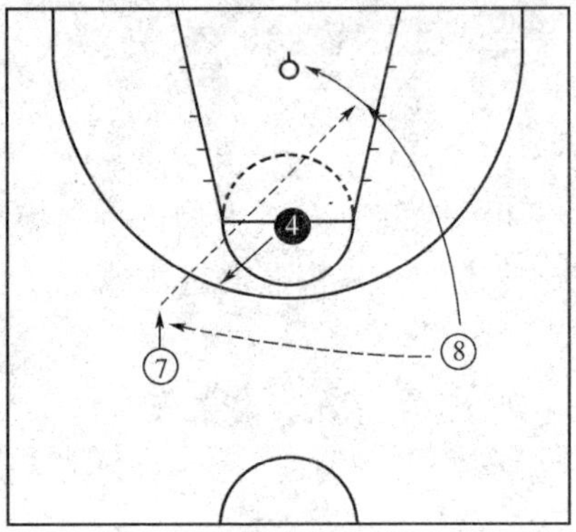

图 6-29

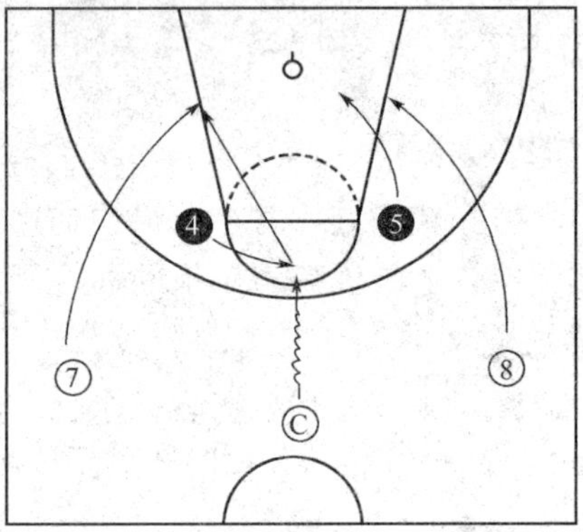

图 6-30

4. 个人运球突破快攻

这是指个人抢断球或抢获篮板球后，抓住战机，快速运球超越对手直攻篮下得分的快攻形式。

5. 防守快攻

防守快攻是防守战术的重要组成部分，是在由攻转守的瞬间组织起来阻止和破坏对方快攻的防守战术。防守快攻需要注意以下几点：

①提高进攻成功率；②积极拼抢前场篮板球；③堵截快攻的一传和接应；④控制对手的推进；⑤防守快下队员；⑥提高队员以少防多的能力。

（三）全队战术配合

1. 半场人盯人防守

半场人盯人防守战术，就是要各自防住自己防守的对象，它是由攻转守时，全队有组织地迅速退到后场，在半场范围内，每个防守队员负责盯住一个进攻队员的整体防守战术。

半场人盯人防守战术可分为半场缩小（松动）人盯人防守和半场扩大（紧逼）人盯人防守两种。

半场人盯人防守的基本要求：

（1）要贯彻以防人为主的防守原则。

（2）对无球队员要错位防守，做到人、球、区兼顾。

（3）队员要有充沛的体力和良好的意志品质，比赛中正确观察、判断场上的攻守情况。

（4）防守分工时，通常以跳球时的站位分工，要强调防守的整体性。

2. 全场紧逼人盯人防守

全场紧逼人盯人防守战术是由攻转守时每个队员立即看守住邻近的对手，并在全场范围内紧紧盯住对手，以个人积极的防守和全队的协同配合破坏对方进攻，达到转守为攻的目的的一种攻击性和破坏性很强的防御战术。

全场紧逼人盯人防守的基本要求：

（1）统一思想，统一行动，积极主动，加强协作。

（2）迅速就近找人，抢占有利的防守位置，紧逼自己的对手，及时协防。

（3）防守无球队员时，以控制对手接球为主，当同伴被突破时，要果断地进行堵截和补防。

（4）防守有球队员时，不让对方突破，若被对方突破，也要尽量做到堵中放边，迫使对手沿边线运球并在边角停球，制造夹击机会。

（5）要设法诱使对手长传或高吊球，制造抢断球机会。

3. 区域联防

区域联防是由攻转守时，防守队员迅速退回后场，每一个队员分工负责、协同配合防守一定的区域，随着球的转移而积极地调整自己的位置，形成一定的阵型，把每一个防区的同伴有机地结合在一起组成的全队防守战术。

区域联防的站位阵型：有“2—1—2”阵型，“2—3”阵型，“3—2”阵型，“1—3—1”阵型等。

区域联防的基本要求：

（1）由攻转守时，封一传，堵接应，争取时间迅速退回后场，站好区域联防阵型。

（2）根据区域联防的特点和队员的特长，合理地分配防区。把移动速度快的队员放在外线防守，把身材高大、补防能力强、善抢篮板球的队员分配在内线防守。

（3）防守持球队员时执行盯人防守的原则，积极干扰和破坏对方的投篮、传球、运球和突破。

（4）对无球区域的防守也要贯彻以防人为主，球、区兼顾的要求，当徒手队员通过进入自己的防区时，要先卡位，堵防第一接球点，自己的防守区交给同伴防守。

（5）防守中，随时准备协助同伴进行“关门”“夹击”“补防”等配合，特别是对篮下攻击能力较强的内线队员，必须进行围守。

（6）根据对方的进攻变化，随时准备调整防守阵型。

四、篮球规则简介

（一）篮球竞赛主要规则

1. 场地

比赛场地应是一块平坦、坚实且无障碍物的场所。其尺寸是长 28 m，宽 15 m，从界线的内沿丈量。天花板或最低障碍物的高度至少 7 m。

2. 队员人数和号码

每队一般由 12 名队员组成。上场比赛为 5 人。队员号码为 4 号 ~ 15 号。

3. 比赛时间

比赛应由4节组成，每节10 min。在第1节和第2节（第1个半时）之间，第3节和第4节（第2个半时）之间以及每一决胜期之前应有2 min的比赛休息期间。上下半时之间的比赛休息期间应为15 min。每一个决胜期为5 min。

在第1个半时的任何时间，每队可准予2次暂停；在第2个半时的任何时间可准予3次暂停；每一决胜期的任何时间可准予1次暂停。每次暂停为1 min。

4. 违例

违例是指违反规则。罚则为将球判给对方队员在最靠近发生违例的地点掷球入界，正好在篮板后面的地点除外。主要的违例情况有：使球出界、两次运球、带球走、脚踢球、球回后场、干扰球、3 s、5 s、8 s、24 s违例等。

5. 犯规

犯规是对规则的违犯，含有与对方队员的非法身体接触或违反体育道德的举止，主要分为侵人犯规与技术犯规。

（1）侵人犯规。侵人犯规是队员与对方队员的接触犯规，无论球是活球还是死球。

罚则：对非投篮队员犯规，由对方在就近的边、端线外掷界外球恢复比赛；对正在做投篮动作的队员犯规，如中篮，则得分有效，再给投篮者1次罚球；如不中，则判给投篮队员2次或3次罚球。

全场比赛中，每个队员允许4次犯规，第5次犯规将被判罚出场。全队每节犯规累计4次之后，第5次犯规开始执行2次罚球。

（2）技术犯规。技术犯规是包含（但不限于）行为性质的队员非接触犯规。教练员、助理教练员、替补队员或随队人员违反规则精神，任何故意的或一再不合作，与裁判员等交流中没有礼貌或触犯他们的犯规。

罚则：队员技术犯规，对他登记一次技术犯规，记入全队犯规次数。教练员、助理教练员、替补队员或随队人员技术犯规，对教练员登记一次技术犯规，但不记入全队次数。判对方队员2次罚球后在记录台对面的中线延长部分掷球入界。

（二）3人篮球比赛规则

（1）场地。为半个标准的篮球场地（14 m×15 m）或按照半场比例适当缩小（长度减少1 m，宽度减少2 m），地面坚实、平整。

（2）球篮。距地面3.05 m的球篮提供给男女成年组和男子初中（含初中）以上青年组，距地面2.8 m的球篮提供给男子小学组、女子初中和小学组。

（3）运动员人数。比赛双方可报名4～5人，上场队员为3人。

（4）比赛时间。初赛、复赛不分上下半时，全场比赛时间为10 min（组织者可根据参赛队数多少修订时间为12 min或15 min）。比赛进行到5 min和9 min时，记录员各宣布一次时间。如果只有10 min比赛时间，则双方队都不得暂停（遇有队员受伤，裁判员有权暂停比赛1 min）。如比赛安排为12 min或15 min，则分别允许请求一次或两次暂停，每次暂停时间为30 s。决赛分上下两个半时，每半时8 min，上半时与下半时之间休息3 min。比赛中除在罚球、暂停、球员受伤及比赛结束等情况下停止计时表外，其余情况均不停表。

（5）比赛开始。双方以掷硬币的形式决定发球权，然后在发球区掷界外球开始比赛。

（6）决赛阶段。上半时获发球权的队下半时不再获发球权，由对方队在发球区掷界外球开始比赛。

（7）发球区。中圈中的不在比赛场地的半圆区叫作发球区，发球区的地面（包括线）算界外。

（8）发球。在发球区掷界外球算做发球。

（9）攻守转换。每次投篮命中后，都由对方发球；所有交换发球权的情况（如违例、界外球及投篮命中后），均为死球，在发球区掷界外球继续比赛。所有不交换发球权的情况（如不执行罚球的犯规），则在就近的三分线外发球。在这种情况下，发球前，必须由裁判员递交球。

（10）守方队员断球或抢到篮板球后，必须将球运（传）出三分线外（持球队员必须双脚踏在三分线外）才可以组织进攻，否则判进攻违例。争球时，在罚球圈跳球，任何一方得球都必须将球运（传）出三分线（持球队虽必须双脚踏在三分线外），才可以组织进攻，否则判进攻违例。跳球中的意外投中无效，重新跳球。

（11）24 s 违例规则改为 20 s。

（12）犯规。比赛中，每个队员允许 3 次犯规，第 4 次犯规罚出场；任何队员出现被判取消比赛资格的犯规，则取消该队比赛资格。

（13）每个队累计犯规达 5 次后，该队的第 6 次以后的侵人犯规由对方执行 2 次罚球。前 5 次犯规中，凡对正在做投篮动作的队员犯规：如投中，记录得分、对方个人和全队犯规次数，不追加罚球，由守方发球继续比赛；如投篮不中，则判给攻方被侵犯的队员 1 次罚球，如罚中得 1 分，并由攻方继续掷界外球，如罚不中，仍由攻方掷界外球。

（14）替换。只能在比赛计时钟停止的情况下替换，被换下的队员不能再被替换上场（场上队员不足 3 人时除外）。

（15）得分相等和决胜期。比赛时间终了，以得分多者为胜方。初赛及复赛阶段，比赛时间终了，如得分相等，执行一对一依次罚球，只要出现某队领先 1 分即为胜方，比赛结束。

（16）在决赛阶段，比赛时间终了，如得分相等，则增加 3 min 决胜期，发球权仍以掷硬币的形式决定。如果决胜期得分仍相等，执行一对一依次罚球，只要出现某队领先 1 分即为胜方，比赛结束。

（17）队长。比赛中，队长是场上的唯一发言人。

第二节　排球运动

一、排球概述

排球运动起源于美国，是 1895 年家住美国马萨诸塞州的霍利奥克城的一位叫威廉 · 摩根的青年发明的。当时，网球、篮球很盛行。摩根先生认为篮球运动太激烈，而网球运动量又太小，他想寻求一种运动量适中、又富于趣味性、男女老少都能参加的室内娱乐性项目，便发明了排球运动。

排球1905年传入中国。在1964年东京举行的第18届奥运会上，首次进行了排球比赛。排球从开始仅仅是少数人的一种游戏、娱乐的手段，发展到今天已成为遍及世界五大洲、为广大群众所喜闻乐见的体育运动项目之一。

最早的排球比赛，场上每队16人，站成4排，每排4人，因此称为排球。它具有激烈的对抗性、技术的全面性、严密的集体性、高度的技巧性和攻防技术的两重性等。经常参加排球运动，不仅能提高人们的力量、灵敏、弹跳、反应等身体素质和运动能力，而且还能培养机智、果断、沉着、冷静等心理品质和集体主义精神。

二、排球基本技术

排球技术是运动员在排球规则允许的条件下所运用的各种合理击球动作。它是排球运动和组织各种战术的基础。排球运动包括准备姿势和移动、发球、垫球、传球、扣球、拦网6大基本技术。

（一）准备姿势和移动

准备姿势和移动是排球运动中发球、垫球、传球、扣球和拦网等各项技术的前提。

1. 准备姿势

如图6-31所示，两脚左右开立比肩稍宽，一脚在前，另一脚稍在后或两脚站在一条线上，两脚尖内收，脚跟提起，着力点在前脚掌的内侧。大小腿弯曲成100°～110°，两膝内收，上体自然前倾，重心靠前，两肩的垂直面超过膝部。两臂自然放松，肘关节弯曲并下垂，两手置于腹前。整个身体姿势要降低，全身肌肉应适当放松，两脚保持微动状态，两眼注意来球动向，随时准备移动到合理的击球位置。

图6-31

2. 移动

移动是为了迅速接近来球，争取好合理的击球位置。

（1）启动。是移动的开始和发力动作。移动的关键在于启动的速度。以向左启起动为例，首先做好正确的准备姿势，迅速抬起左腿，身体稍向左侧转动并倾斜，右脚用力蹬地，使整个身体快速地向左启起动。

（2）移动步法。启动后的移动要根据临场技术和战术的需要，采用不同的步法。例如，①并步和滑步。并步是当身体距离来球一步左右时采用的。如向左移动，首先右脚或双脚同时蹬地，左脚先向左侧方向跨出一步，右脚迅速并上成击球前的准备姿势。连续并步称为滑步。②交叉步。是当身体距离来球3步左右时采用的。如向左移动，身体稍向左侧转动，右脚先从左脚前面向左交叉跨出一步，然后左脚再向左跨出一大步，同时左脚尖内扣，使身体转向来球方向，保持击球前的准备姿势。向右移动时，动作相同，方向相反。③跨步。跨步是当来球较低、距离身体1 m左右时采用的。可向前、左、右及侧前方向跨步。采用跨步移动时，一脚用力蹬地，另一脚向来球方向跨出一大步，同时膝部弯曲，上体前倾，身体重心下降并移至跨出腿上。④后退步。后退步是当来球在身体背后，来不及迅速转身时采用的步法。移动时，身体重心适当降低并朝前，两脚迅速交替向后退步，上体不要后仰。

（二）发球

发球是排球运动的一项重要的基本技术。它是比赛的开始，也是排球比赛的重要进攻手段。有威力、攻击性强的发球，不但可以直接得分，起着先发制人的作用，而且还可以破坏对方组织进攻战术，减轻本方防守压力，为防守反攻提供有利条件。发球技术种类较多，一般包括：正面下手发球、侧面下手发球、正面上手发球、正面上手飘球、勾手飘球等。

1. 正面下手发球

如图 6-32 所示，发球队员面对球网站立，两脚前后开立，左前右后，两膝稍弯曲，上体前倾，左手持球于腹前下方，右手自然下垂。摆动左臂并用左手将球平稳抛起在腹前右侧，使球离手高度为 30 cm 左右。在抛球的同时，右脚蹬地，右臂伸直从身体右侧后下方向前摆动，在体前右侧以全掌或掌根击球的后下方。击球后，迅速进场比赛。

图 6-32

2. 侧面下手发球

如图 6-33 所示，发球队员左肩对着球网站立，两腿左右开立与肩同宽。两膝稍弯曲，上体略前倾，左手持球于腹前。左手将球平稳抛至腹前离身体约一臂距离，使球离手高度为 30 cm 左右，同时右脚蹬地，身体向左转体带动右臂伸直向体前上方挥动，在腹前以全掌或掌根击球的右下部。击球后，迅速进场比赛。

图 6-33

3. 正面上手发球

如图 6-34 所示，发球队员面对球网，两脚前后自然开立，左前右后，左手持球在腹前。抬起左臂并用左手将球平稳抛至右肩前上方离身体水平距离为 30 cm 左右，高度为 1 m 左右，同时，右臂屈肘抬起并后引，肘关节约与肩部齐平，手掌自然张开，呈勺形，击球时，两腿蹬地，上体迅速向左转动，迅速收腹，带动手臂向右肩上方加速挥动，以全手掌击球的后中下部。击球时，手臂要充分伸直，手掌和手腕要迅速做推压动作，使球向前呈上旋飞行。击球后，迅速进场比赛。

图 6-34

4. 正面上手飘球

如图 6-35 所示，与正面上手发球相同。抬起左臂并用左手将球平稳抛至右肩前上方稍靠前，离身体水平距离为半臂左右，抛至相同于击球点的高度，同时，右臂屈肘抬起并后引，肘部略高于肩，两眼注视球，当球上升至最高点时，收小腹带动手臂快速挥动，以掌根坚硬平面击球的后中下部，使作用力通过球体重心。击球时，五指并拢，掌心向前，手腕紧张并后仰，用力快速、突然、短促，击球后可作突停或下拖动作。击球后，迅速进场比赛。

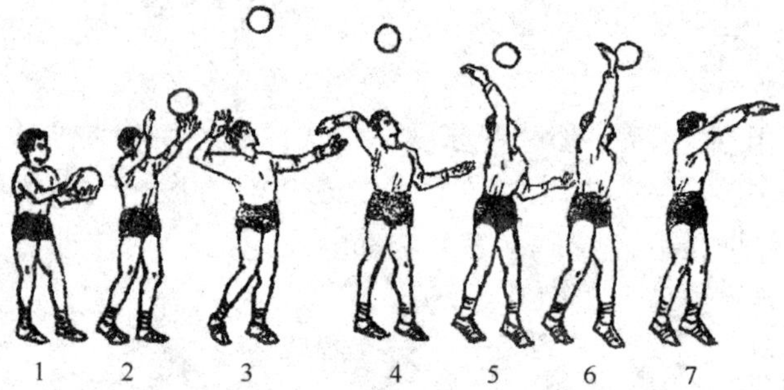

图 6-35

发球的练习方法：

（1）徒手做抛球的练习。要求平稳地向上抛球，使抛出的球不旋转，高度固定。

（2）徒手练习模仿发球动作。

（3）对墙定点发球。在墙上画一圆圈，将球发到圆圈内。

（4）两人一组对发。要求体会整个动作过程。

（5）在端线后发球，要求把球发向指定区域。发球后迅速进场。

（三）垫球

垫球是接发球、接扣球和接拦回球的主要手段，是组织进攻战术的基础。

正面双手垫球是最基本的垫球方法。如图 6-36 所示，判断来球方向和落点，迅速移动到位，对正来球，身体成半蹲准备姿势。如图 6-37 所示，两手手指和前半手掌上下重叠，掌根紧靠，两拇指朝前平行，前臂外翻靠拢，两臂伸直，手腕下压，使两前臂内侧形成垫击平面。当来球离腹前一臂之距时，两臂夹紧伸直，迅速插入球下，用前臂腕关节以上10 cm左右桡骨内侧平面击球后下部，垫球时，两脚向前上方蹬地并抬臂，同时压腕顶肘，身体重心随着击球方向作前移。

图 6-36

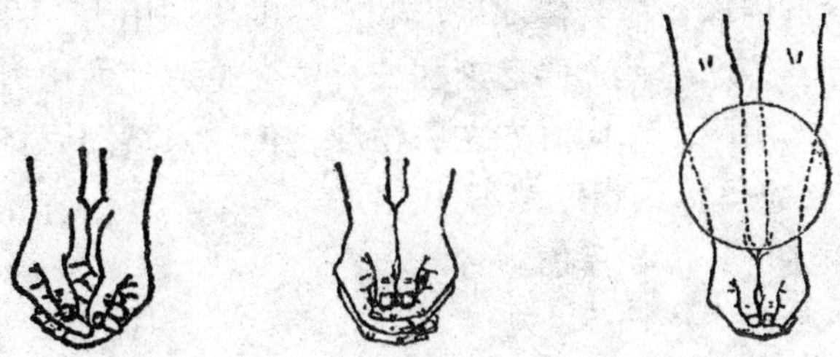

图 6-37

垫球时，根据来球力量、速度和垫击的距离，掌握好手臂迎击球的用力和缓冲动作及手臂与地面的角度。

垫球的练习方法：

（1）原地做徒手模仿垫球动作练习。

（2）自己垫球，体会抬臂动作。

（3）两人对垫。

（4）两人一组，一人发球，一人垫球，距离由近至远。

（5）两人相距 5 m ~ 6 m，一人扣球，一人垫球。

（6）三人防全场的练习。教练员向不同位置抛、扣、吊球，队员快速移动将球防起，也可以结合起来组织反攻。

（四）传球

传球是组织进攻战术的基础，用于衔接防守和进攻。传球是用手指和手腕的动作去击球。手指、手腕灵活，感觉能力强，两手的手指控制的面积大，因此，传球准确性较高。传球技术种类较多，主要有正面双手传球、背传、跳传、侧传、单手传等。

正面双手传球是最基本的传球方法。如图 6-38 所示，两脚左右开立，与肩同宽。两膝微屈，身体稍前倾，两臂屈肘抬起，肘部下垂，击球点应在额前上方约一球距离处。如图 6-39 所示，传球时，两手指自然张开，拇指尖相对成近似“一”字形，手腕后仰围成半球形，以拇指的指腹或内侧，食指全部和中指的二、三指节触及球，随来球用力，无名指和小指触及球的两侧协助控制传球方向。击球后，两手自然前递并立即做下一个准备动作。

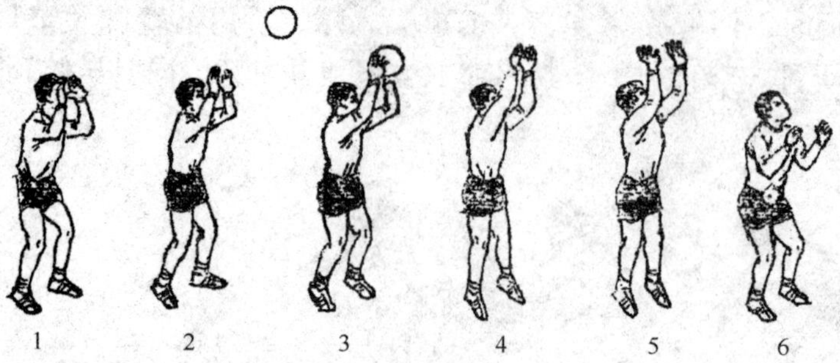

图 6-38

图 6-39

传球的练习方法：

（1）原地做徒手模仿传球技术，体会动作过程。

（2）一人一球，做自传球，体会传球手形和身体的协调用力。

（3）两人一组对传。传球的距离要逐渐加长，体会腿蹬地的用力动作。

（4）两人一组，一人用两个球向对方左右抛球，传球人移动后将球传给抛球人。

（5）“传准”练习。将球传到指定范围。

（6）接抛、发、扣球，一传、二传结合练习。

（7）结合本队战术练习传各种球。

（五）扣球

扣球是攻击性最强、最有效的进攻手段。扣球是在二传配合的基础上完成进攻战术的最后关键一环。扣球技术一般分为正面扣球、调整扣球和扣快球等。

正面扣球是扣球技术中一种重要的方法。正面扣球技术由准备姿势、判断和助跑、起跳、空中击球、落地等环节组成。

如图 6-40 所示，两脚自然开立，两膝稍屈，上体自然前倾，两臂自然下垂后稍屈置于体侧，两眼密切注视并判断来球。助跑时（有一步、两步、三步、多步等），最后一步跨出一大步，同时两臂迅速向体侧后下方划弧摆动，右脚以脚后跟先着地，迅速过渡到全脚掌落地，左脚迅速并上，落在右脚的前面，在两脚迅速用力蹬地的同时，两臂由体侧后迅速向体前上方摆动，并迅速展腹，带动整个身体垂直腾空而起，右臂随之抬起、后引，肘部自然弯曲略高于肩。如图 6-41 所示，挥臂时，以迅速向左转体和收腹、收胸的动作带动手臂挥动，以快速甩鞭动作向右肩前上方挥击，在右肩前上方一臂处击球。击球时，以全手掌包住球，手臂充分伸直，击球的后中上部或后中部，手腕迅速下甩，同时主动屈指向前推压，使球向前下方加速上旋。击球后，力争两脚同时落地。落地时，应以前脚掌先着地再过渡到全脚掌着地，同时顺势收腹、屈膝，以缓冲下落的力量，并立即做好下一个准备动作。

图 6-40

图 6-41

扣球的练习方法：

（1）徒手挥臂练习。体会挥臂动作。

（2）徒手模仿两步助跑起跳扣球动作。体会扣球动作。

（3）对墙连续扣球。体会挥臂和甩腕动作。

（4）网上扣固定球。体会网上扣球的击球点和手形。

（5）在网前自抛自扣过网。

（6）在网前 4 号、3 号、2 号位扣传球。

（7）结合比赛练习扣球。

（六）拦网

拦网是防守的第一道防线，也是得分的重要手段。随着扣球技术向着力量、高度、速度、巧变等方面发展，拦网更加显示出它的重要性。拦网由准备姿势、移动、起跳、空中拦击和落地 5 个相互衔接的部分组成的。

如图 6-42 所示，队员面对球网，两脚左右开立约与肩同宽，距中线约 40 cm。两膝弯曲，上体稍前倾，两臂在胸前自然屈肘，掌心向前，两眼注意来球。当判断对方从某个位置扣球进攻时，相应区域的队员应立即迅速移动到位，重心下降，起跳时两脚迅速用力蹬地，两臂在体侧划小弧用力向体前上方摆，带动身体垂直向上跳，稍微收腹以控制身体平衡和延长腾空时间。如图 6-43 所示，在起跳过程中判断好拦击点，两手从额部前上方迅速伸出，充分伸直手臂，两手自然张开成勺形，在对方扣球击球一瞬间，两手伸向对方上空尽量接近球。当两手触及球时，手掌和手腕要突然紧张，手腕迅速用力下压捂住球。如在 2 号、4 号位拦网，外侧手掌要内转，防止打手出界。落地时身体应稍收腹，以两脚前掌先着地，屈膝缓冲下落的力量，落地后要迅速做好下一个准备动作或接应来球。

1　　2

图 6-42

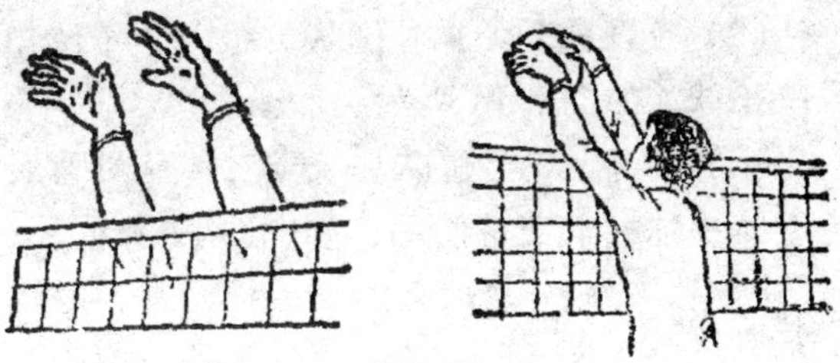

图 6-43

拦网的练习方法：

（1）降低球网原地做徒手伸臂拦网动作练习。

（2）两人一组，一人将球举在网上，另一人原地做拦网动作，体会拦网手形。

（3）两人一组，隔网站立，一人扣球，一人拦网。

（4）对方在2号、4号位连续扣不同弧线、距离、速度的球，本方拦网队员连续移动拦网。

（5）结合对方不同进攻战术配合，本方组成双人或三人拦网。

三、排球基本战术

排球战术包括个人战术和集体战术两大类。集体战术包括进攻战术和防守战术。

（一）进攻战术

进攻战术是指接对方来球后，全队所组成的有目的、有组织的配合。

1. “中一二”进攻战术

3号位队员作二传，将球传给4号、2号位队员进攻的组织形式。

（1）集中与拉开相结合。二传可传集中球，也可传拉开球，如图6-44所示。

（2）近体快球掩护。2号位队员在3号位二传队员体前或身后佯扣快球掩护，4号位队员在4号位进行强攻，如图6-45所示。

（3）交叉换位。4号位队员跑向二传队员体前或身后扣快球，2号位队员绕过4号位队员在4号位进攻，如图6-46所示。

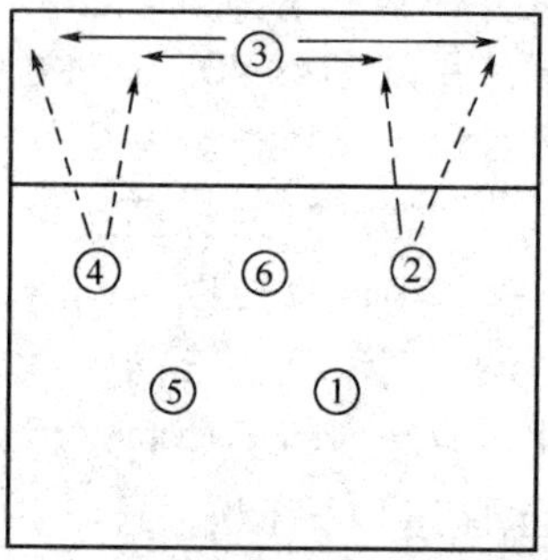

图 6-44

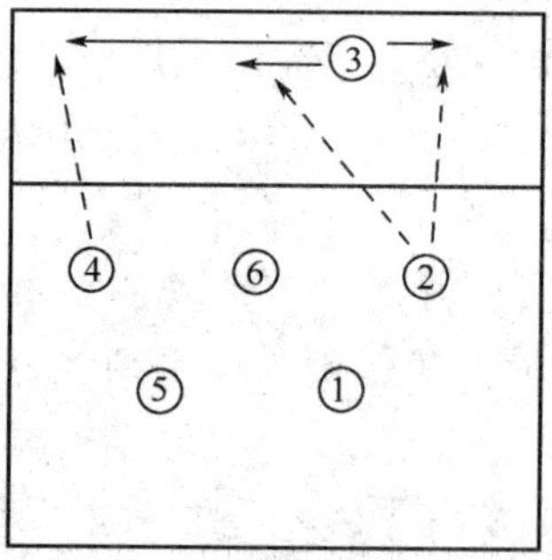

图 6-45

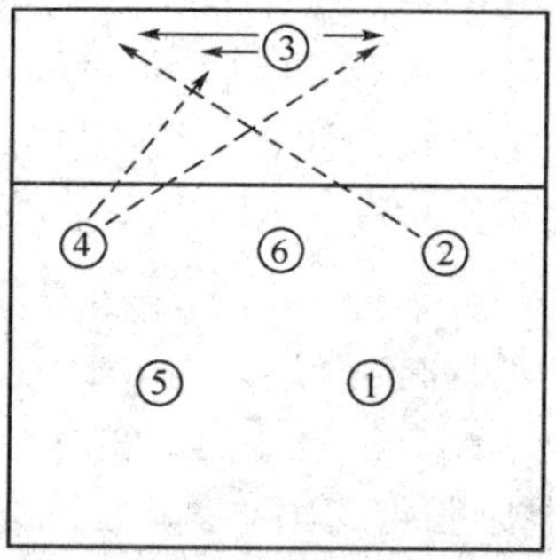

图 6-46

2. “边一二”进攻战术

2号位队员作二传，将球传给3号、4号位队员进攻的组织形式。

（1）快球拉开进攻。3号位队员扣快球，4号位队员拉开强攻，如图6-47所示。

（2）交叉进攻。4号位队员跑向3号位扣快球，3号位队员从4号位队员身后交叉到4号位扣球，如图6-48所示。

（3）围绕。3号位队员绕到二传队员背后扣球，4号位队员在4号位进攻。可结合3号位近体快球战术交替使用，如图6-49所示。

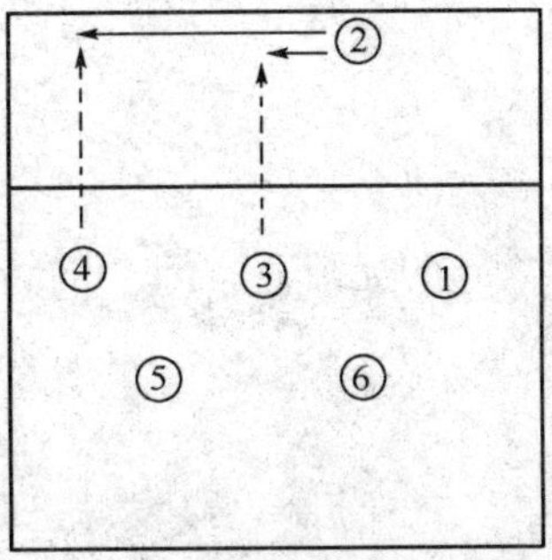

图 6-47

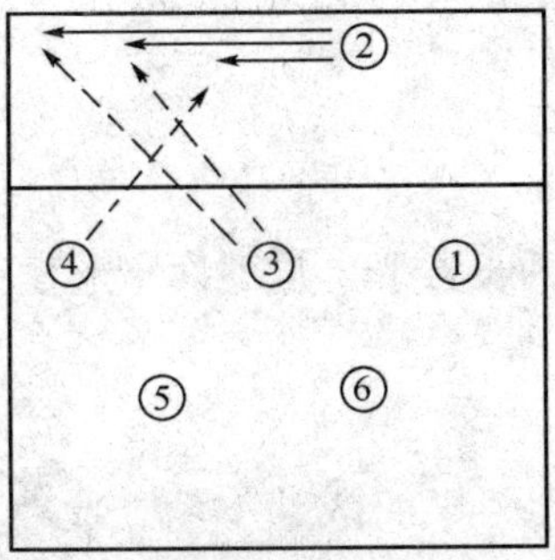

图 6-48

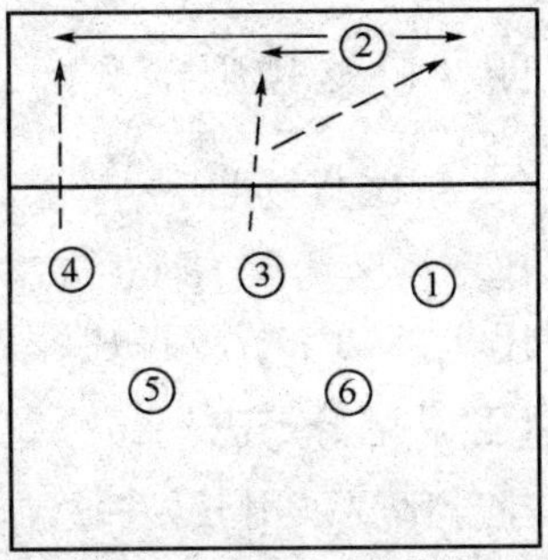

图 6-49

（二）防守战术

当对方进攻威力较大，进攻路线变化较多时，多采用双人拦网下的防守阵型。它是接扣球防守中最主要的战术阵型。双人拦网下的防守阵型有以下两种。

1. “心跟进”防守阵型

如图 6-50、图 6-51、图 6-52 所示，固定由 6 号位队员跟进防吊球及前区球，前排不拦网队员后撤，防小斜线球，1、5 号位队员要随着对方进攻点不同而适时、正确取位。

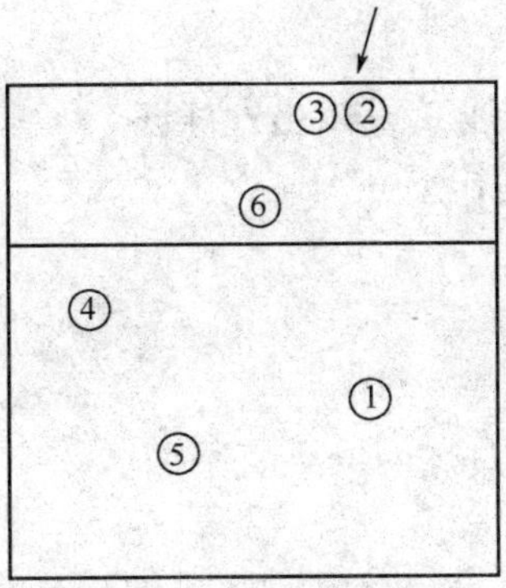

图 6-50

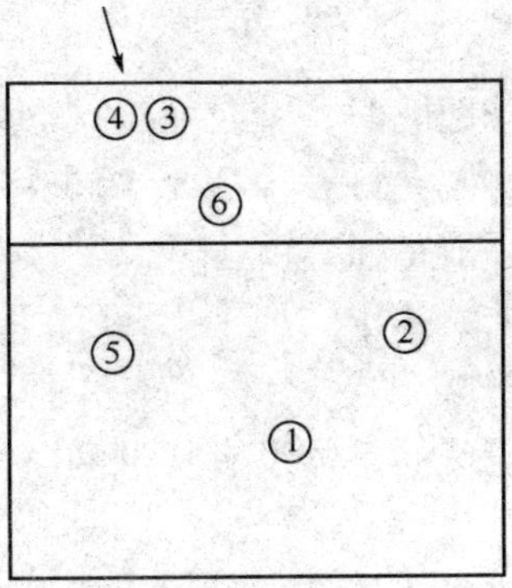

图 6-51

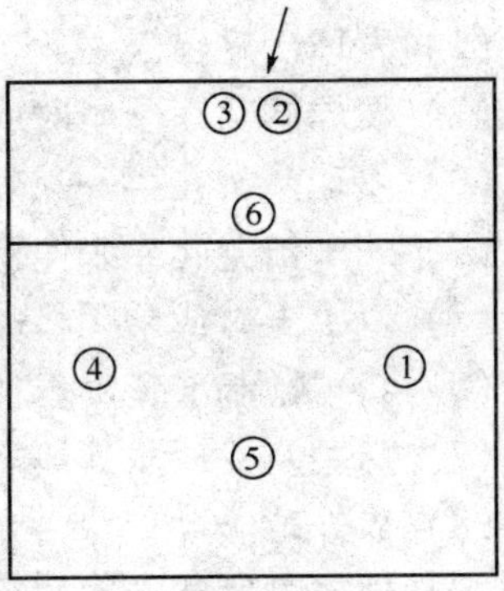

图 6-52

2. “边跟进”防守阵型

如图 6-53、图 6-54 所示，由 1 号位或 5 号位队员跟进防吊球及前区球，前排不拦网队员后撤防守，后排 3 名队员要形成面对进攻点的弧形防守区。

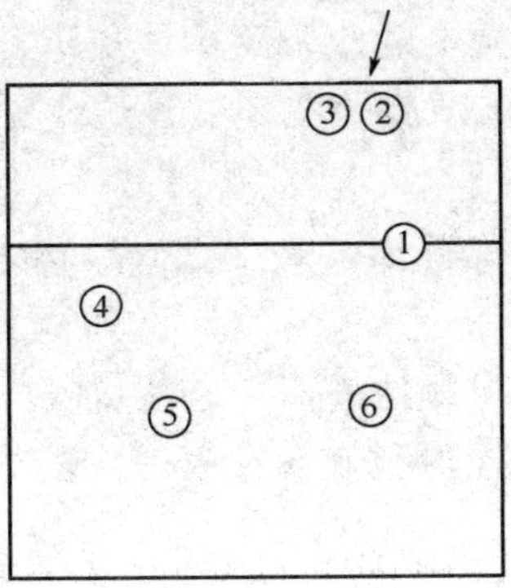

图 6-53

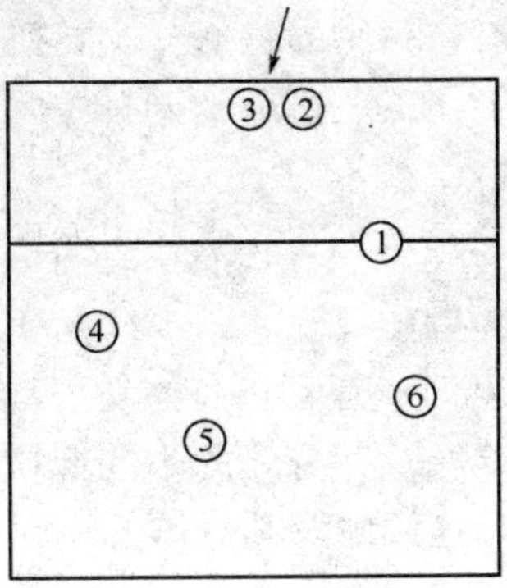

图 6-54

四、排球规则简介

（一）比赛场地

比赛场区为长 18 m、宽 9 m 的长方形，从地面量起至少有 7 m 的无障碍空间。网高为：男子比赛 2. 43 m，女子比赛 2. 24 m。

（二）记分方法

排球比赛采用五局三胜制，胜 3 局的队胜 1 场。比赛采用每球得分制，接发球队胜 1 球得 1 分，同时获得发球权，队员按顺时针方向轮转一个位置。前四局比赛先得 25 分并同时领先对手 2 分的队胜一局。当比分为 24：24 时，比赛继续进行至某队领先 2 分为止。决胜局（第五局），先得 15 分并同时领先对手 2 分的队获胜。

（三）规则

每队由 12 名队员组成，两队各派 6 名队员在由球网分开的场地上进行比赛。比赛由发球开始，发球队员击球使其从网上飞至对方场区，每队可击球 3 次（拦网触球除外），将球击回对方场区，直至球落地、出界或某一队不能合法地将球击回对方场区。

1. 发球违例

（1）发球次序错误。

（2）发球队员在击球时或击球起跳时，踏及场区（包括端线）或超出发球区。

（3）发球队员在第一裁判员鸣哨允许发球后 8s 内未将球击出。

（4）球未被抛起或未使持球手清楚撤离就击球。

（5）双手击球或单手将球抛出、推出。

（6）将球抛起准备发球却未击球。

（7）球触及发球队其他队员或球的整体没有从过网区内通过球网的垂直平面。

（8）界外球。

（9）球越过发球掩护的个人或集体（在发球时，某一队员或两名以上队员密集站位或挥臂跳跃、移动遮挡接发球队员，且发出去的球从他或他们上空飞过，则构成个人或集体发球掩护犯规）。

2. 位置错误

发球队员击球时，场上其他队员未完全站在本场区内；场上队员未按规定站位，即每一名前排队员至少有一只脚的一部分比同列后排队员的双脚距中线更近，每一名左边（右边）队员至少有一只脚的一部分比同排中间队员的双脚距左（右）边线更近。

3. 持球与连击

（1）持球。排球运动员在比赛中，身体任何部分均可触球，但球必须被击出，不得接住或抛出，否则即为持球犯规。

（2）连击。比赛时，运动员身体任何部分均可触球，但一名队员（拦网队员除外）连续击球两次或球连续触及其身体的不同部位即为连击犯规。在第一次击球时，允许队员在同一击球动作中，球连续触及其身体的不同部位。

4. 四次击球

一个队连续触球四次（拦网除外）为四次击球犯规。

5. 过网击球

在对方队员进行进攻性击球前或击球时，触及对方场区上空的球体或对方队员。

6. 触网

在比赛进行中，场上队员身体的任何部位触及球网（包括标志杆外的球网）。但由于球被击入球网或刮风而造成球网触及队员不算违例。

7. 后排违例

后排队员在前场区内或踏及进攻线（或其延长线），将整体高于球网上沿的球击过球网垂直面为后排进攻违例；后排队员个人或参与集体拦网时其他前排队员触及球，均为后排拦网违例。

8. 过中线

比赛进行中，队员整只脚踏过中线或身体的其他任何部位越过中线触及对方场区地面。

第三节　足球运动

一、足球概述

足球运动是一项主要以脚完成技术动作，两队互相对抗，以攻入对方球门多少判定胜负的球类运动。足球运动是世界上最受人们喜爱、开展最广泛、影响最大的体育运动项目，被誉为“世界第一运动”。

足球运动是一项古老的体育活动，源远流长。众多的资料表明，古代足球源自于中国。我国古代足球称为“蹴鞠”或“蹋鞠”。现代足球起源地在英国。到 19 世纪初，足球运动在当时欧洲及拉美一些国家特别是在英国已经相当盛行。

1848 年，第一个文字形式的足球规则——《剑桥规则》诞生。1863 年，在伦敦成立了世界上第一个足球运动组织——英格兰足球协会，并统一了规则，现代足球运动正式确立。1904 年，英国、法国、荷兰、比利时、西班牙、瑞典和瑞士 7 个国家的足球协会在法国巴黎成立了国际足球联合会，并推选法国人盖兰为第一任国际足联主席。现在已有 200 多个国家和地区加入这一组织。在 1900 年举办的第二届奥运会上，足球就被列为正式比赛项目。目前规模最大、水平最高、最激动人心的是每 4 年一届的世界杯足球比赛。

二、足球基本技术

足球技术是运动员在比赛中运用身体的合理部位所完成的动作方法的总称。

（一）踢球

踢球是指运动员有目的地用脚的相应部位将球击向目标的动作方法。

1. 脚内侧踢球

如图 6-55 所示，踢球时，直线助跑，支撑脚踏在球的侧后方，踢球脚内侧与出球方向约成 90°，脚尖勾起，小腿加速摆动，脚掌与地面平行，用脚弓内侧击球的中部。

图 6-55

2. 脚背正面踢球

如图 6-56 所示，直线助跑，最后一步较大，支撑脚的脚尖正对出球方向，踢球脚脚趾扣紧，以脚背正面击球后中部，踢高球时击后下部。

3. 脚背内侧踢球

如图 6-57、图 6-58 所示，斜线助跑，踢球腿以髂关节为轴摆动，小腿加速前摆，脚背绷直，以脚背内侧踢球的后中部或后中下部。

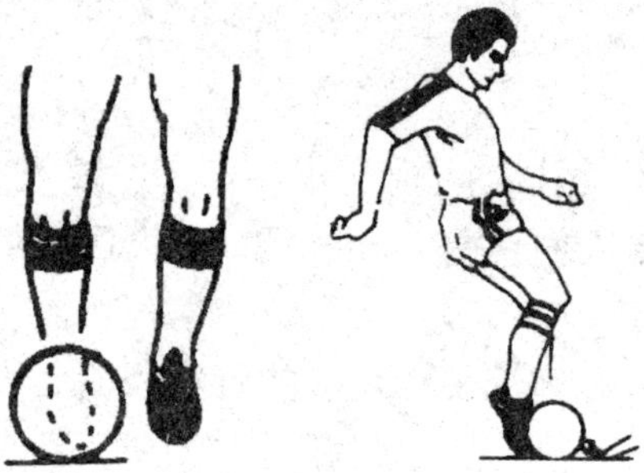

图 6-56

图 6-57

4. 脚背外侧踢球

如图 6-59 所示，与脚背正面踢球方法基本相同，脚面绷直用脚背外侧踢球的后中部。

图 6-58

图 6-59

踢球的练习方法：

（1）做各种踢球动作的模仿练习。

（2）两人一组一球，一人踩球，另一人踢固定球，体会踢球动作的整个过程。

（3）面对球门或墙，用各种脚法做踢静止球的踢准练习。

（4）对墙踢球，弹回后立即迎上去用各种脚法直接踢出，并注意准度。

（二）停球

停球是指运动员有目的地运用身体的有效部位，将运行中的球控制在所需位置上的动作方法。

1. 脚内侧停球

如图 6-60 所示，支撑脚的膝关节微屈，停球腿屈膝外展前迎，脚内侧对准来球，当脚与球接触的刹那，迅速后撤缓冲，把球停在所需位置上。可应用于停地滚球、反弹球及空中球。

2. 脚底停球

如图 6-61 所示，支撑脚微屈，停球脚脚尖正对来球，上翘，踝关节放松，用脚前掌轻轻下压球的中上部。停反弹球时，停球脚前掌对准球的反弹路线。

图 6-60

图 6-61

3. 胸部停球

如图 6-62 所示，面对来球，收下颌，两臂自然张开，两脚前后或左右开立，重心落在两脚之间，两膝微屈，上体稍后仰，挺胸迎球，当球与胸部触球刹那缓冲来球，使球弹起落于体前。停平直球收胸，停下落球挺胸。

停球练习方法：

（1）做停球动作的模仿练习。

（2）对墙踢球，然后迎上去停反弹回来的球。

（3）两人一组，一人抛球，另一人停球。

（4）两人一组，相距 20 m 左右，互相踢不同高度的球，对方练习各种停球技术。

图 6-62

（三）运球及运球过人

运球是运动员在跑动中为控制球而用脚部进行的推拨球动作。采用运球方法超越防守队员时称为运球过人。

1. 运球

（1）脚内侧运球。支撑脚在球的侧前落位，膝微屈，上体稍向前倾侧向球，随重心前移，运球脚屈膝外转，用脚内侧部推运球。

（2）脚背正面运球。自然跑动，步幅稍小，上体略向前倾，两臂协调摆动，运球腿屈膝提起前摆，脚背绷紧，脚趾下压，在着地前用脚背面推拨前进。

（3）脚背内侧运球。自然跑动，步幅稍小，上体略向前倾并向球侧稍转，两臂协调摆动，运球腿屈膝提起，脚尖外转，前摆用脚背内侧部向侧前推拨。

（4）脚背外侧运球。直线运球时，自然跑动，步幅偏小，上体稍向前倾，两臂协调摆动，运球腿屈膝提起前摆，脚趾稍内转斜下指；曲线运球时，触球作用力方向应偏离球心，使球呈弧线运行；变向运球时，应注意根据变向角度的大小，调整支撑脚的位置和触球部位及运球脚用力方向，保证蹬摆用力与推拨触球能协调一致。

运球的练习方法：

（1）原地或运动中，两脚内侧交替推拨球练习。

（2）走或慢跑中用单脚或双脚交替运球，体会推拨球的动作方法。

（3）运球绕过插在地上的若干根标志杆或摆放的障碍物。

（4）两人一组，一人运球，另一人做消极防守，突破后射门。

2. 运球过人

（1）强行突破。依靠速度优势，以突然快速的推球和爆发性的起动、加速超越防守队员的动作方法。

（2）假动作突破。运用各种虚晃动作迷惑对手，使其因判断失误而导致出现防守漏洞并乘机突破的动作方法。

（3）变向突破。运用娴熟的脚部动作，不断改变球路和重心方向，使对手重心跟不上而出现防守错位并乘机突破的动作方法。

（4）变速突破。通过速度的突变，影响对手的速度节奏，从而出现利于突破的时间差并乘机突破的动作方法。

（5）人球分过突破。从其一侧或胯下向前推球，并从另一侧超越对手控球的动作方法。

运球过人的练习方法：

（1）运球过障碍练习。

（2）两人一组，一人练习运球突破技术，另一人消极防守。

（3）一对一运球突破对抗练习。

（四）头顶球

头顶球是指运动员有目的地用额部将球击向预定目标的动作方法。

1. 原地前额正面顶球

如图 6-63 所示，身体正对来球，两脚前后站立，两膝关节微屈，两臂自然张开，上体稍后倾，注视来球。顶球时，后脚用力蹬地，同时迅速向前摆体，颈部紧张，快速甩头，用前额正面顶球的后中部。

2. 原地前额侧面顶球

如图 6-64 所示，两脚前后开立，上体和头部稍向后回旋侧屈，重心放在后脚上，注视来球。顶球时，后脚用力蹬地，同时上体迅速向出球方向扭摆，劲部紧张，快速甩头，用前额侧面顶球的后中部。

图 6-63

图 6-64

头顶球的练习方法：

（1）做顶球的模仿练习，体会动作要领。

（2）顶固定球。两人一组，一人持球于头部高度，一人做顶固定球的练习。

（3）自抛自顶练习。

（4）两人一组，一人抛球，一人顶球射门。

（五）抢截球

抢截球是指防守队员有目的地运用身体的某一部位，将对手控制下或传递中的球夺过来、踢出去、破坏掉的技术动作方法。

图 6-65

1. 正面抢球

如图 6-65 所示，在逼近控球队员时，防守队员应控制好身体重心，两膝弯曲，上体略前倾，并注意观察对手的脚下动作，在对手触球的刹那，上体支撑脚前跨将球控制住。如双方对脚触球，则应顺势向上做提拉动作，将球从对方脚背上带出。

2. 侧面抢球

当与运球队员成平行位时，重心略降，身体向对手倾靠，手臂贴紧，在对手近侧脚离地刹那，用肩肘以上部位猛然发力冲撞对手的相应部位，使其重心失控，乘机伸脚将球控制在脚下。

3. 侧后抢球

如图 6-66 所示，在对手越过防守者来不及用其他方法抢球时，通常采用倒地铲球的方法完成。

图 6-66

抢截球的练习方法：

（1）做各种抢截球的模仿练习，体会动作要领。

（2）对固定球做跨步抢球和倒地铲球练习。

（3）两人一组，在慢跑中做冲撞练习，掌握抢截球时机。

（4）两人一组，一人直线运球，另一人做各种抢截球练习。

（六）掷界外球

掷界外球是运动员在比赛中，在场外把球远、准、快地掷向同伴，给本队创造良好的进攻机会。

1. 原地掷界外球

如图 6-67 所示，身体面对出球方向，上体后仰成背弓，两脚前后或左右开立，重心在后脚，两手持球屈肘置球于头后。掷球时，后脚用力蹬地，依次通过收腹、挥臂、甩腕将球掷入场内。两脚均不得离地，但允许踏在线上。

图 6-67

2. 助跑掷界外球

双手持球于胸前，在助跑迈出最后一步时，上体成背弓，同时将球举至头后，掷球时的动作与原地掷界外球动作相同。

掷界外球的练习方法：

（1）原地模仿练习。体会动作要领和协调用力。

（2）对墙做不同距离的掷球练习，提高准确度。

（3）两人一组，一掷一停练习。

三、足球基本战术

足球战术是指在足球比赛中，为了战胜对手，根据主客观情况所采取的个人行动和集体配合的方法。可分为进攻战术和防守战术两大系统，其中又包括个人战术、局部战术和整体战术。

（一）比赛阵型

比赛阵型是指比赛时队员的位置排列、攻守力量搭配和职责分工的形式。目前，在足球比赛中普遍采用的阵型与战术打法主要有“四四二”（即 4 个后卫、4 个前卫、2 个前锋）、“四三三”（即 4 个后卫、3 个前卫、3 个前锋）阵型。

（二）各位置队员的职责

1. 守门员

主要职责是守住球门，随时观察场上变化和预见可能出现的情况，选择位置，封堵射门角度和随时提醒同伴调整好防守位置，起到指挥作用。

2. 边后卫

在对方控球时，应盯住边路地区的对手，并监视对手与其他队员的配合，时刻观察场上变化，随球的位置及出现在自己防区对手的活动来选位，并站在内线，要比对手更靠近自己的球门。

3. 中后卫

处在整个防守线的后面，并根据对方的控球位置而移动，随时弥补漏洞和抢断对方传入后卫身后的球，盯住对方突然插入门前的队员，并组织和指挥全队的防守。

4. 前卫

在锋线队员和卫线队员之间，球场中间地区，控制中场，起到锋、卫间的桥梁和枢纽作用。攻守兼备，防守时，盯住对方的前卫，阻击对方中场进攻的组织者；进攻时，迅速把球传给威胁对方的同伴和接应前锋队员，并与锋线队员配合突破对方防线。边路出现空当时，边前卫应插入边区，起到边锋作用。

5. 中锋

接应中、后场同伴的传球或前插或左右扯动，制造传球空当并应迅速通过与同伴传球配合或运球突破对方防线，搅乱和突破对方防线，创造射门机会。当边路传中时，中锋应迅速插入门前抢点射门。

6. 前锋

进攻时，可向边上拉开接应卫线传球、切入空当、底下传中或包抄射门。防守时，紧盯防守自己的边后卫，不让其自由助攻，协助本方边后卫防守对方边锋。

（三）进攻战术

1. 个人进攻战术

个人进攻战术是队员在比赛中，为了战胜对手，完成整体进攻任务而采取的个人行动。个人进攻战术包括摆脱与跑位、运球突破等。

（1）摆脱与跑位。摆脱与跑位是指比赛中队员在无球情况下，通过突然起动、变速跑、突然变向跑等有意识地跑动摆脱对手，为自己或同伴创造进攻机会的行动。

（2）运球过人。运球过人是指进攻队员在运控球时越过对方防守的行动。在没有传球配合的可能或运球过人后能有更好的传球战机或射门机会时，应大胆运用运球突破。

2. 局部进攻战术

局部进攻战术是指进攻中两个或几个队员之间的配合方法。局部进攻战术的基本配合形式有交叉掩护配合、传切配合和“二过一”配合。

(1) 交叉掩护配合。交叉掩护配合是指在局部地区两名队员在运球交叉换位时，以自己的身体掩护同伴越过一名防守队员的配合方法。

(2) 传切配合。传切配合是指控球队员将球传给切入的进攻队员的配合方法。可分为一传一切和长传切入两种形式。

(3) “二过一”配合。“二过一”配合是指在局部地区两名进攻队员通过两次连续传球配合越过一名防守队员的配合方法。如横传直插斜传二过一、横传斜插直传二过一等。

3. 整体进攻战术

整体进攻战术是指为了完成进攻战术任务所采用的全局性的进攻配合方法。

(1) 边路进攻。边路进攻是指在对方半场两侧地区发动的进攻。边路进攻主要通过边锋或跑到边路的队员运球突破或通过配合，突破对方防线，达到传中的目的。

(2) 中路进攻。中路进攻是指在对方半场中部发展与结束的进攻。主要通过中锋和内切的边锋或插上的前卫之间的配合或个人运球过人等方法突破对方防线，达到进攻目的。

4. 防守战术

(1) 个人防守战术。选位与盯人：防守队员的选位原则上是站在对手与本方球门中心所构成的一条直线上，根据场区及球所处的位置决定与对手的距离。盯人指防守者本身所处的位置能限制、看守对手的活动，达到及时封堵对手接球或传球路线。

(2) 局部防守配合。保护与补位：防守队员补同伴在防守中出现的漏洞。是防守队员间相互协助的集体防守战术。补位时应注意：临近的两个防守队员互相补位；防守队员间不要站成平行线。

(3) 全局防守战术。这是指全队所采取的防守战术。按形式分为盯人防守、区域防守和混合防守。混合防守是目前世界各国所采用的一种防守战术，它集中了盯人防守和区域防守两者的优点，从而在防守中能够根据场上情况进行逼抢、盯人和补位，以达到稳固防守的目的。

四、足球规则简介

1. 比赛场地

比赛场地应为长方形，其长度为90 m ~120 m，宽度为45 m ~90 m。国际比赛的场地长度为100 m ~110 m，宽度为64 m ~75 m。在任何情况下，长度必须超过宽度。

2. 队员

(1) 一场比赛应有两队参加，每队上场队员不得多于11名，其中必须有1名为守门员。任何一队少于7名队员时，该场比赛不能进行。

(2) 每场比赛最多可以使用3名替补队员。可当队员因伤或其他原因需要替换，在比赛处于死球时进行替换。

3. 比赛时间与比赛开始

(1) 正式比赛分为上、下两个半场，每半场45 min，中场休息10 min。

(2) 比赛结果成平局后若仍须决出胜负，则要加时30 min，在加时赛前休息10 min，并重新选择场地，上下半时各15 min，中间交换场地不休息。延时期间，先进球的一方获胜，比赛结束。如仍是平局，互射点球决出胜负。

（3）比赛开始前，应用投币方式选定开球或场地，先挑的一方应有开球或场地的选择权。比赛由攻方队员在中圈开球，球向对方半场滚动 1 周开始计时。

（4）开球不得直接射门得分。

4. 死球

（1）球在地面或空中全部越过端线或边线时。

（2）当裁判员令比赛停止时，比赛成死球。

5. 进球

一旦球的整体从球门柱间及横木下越过球门线，而且球员此前未违反竞赛规则，即为进球得分。

6. 越位

当进攻队员在触球刹那，同队队员在守方半场内，所站位置处在球的前面和端线之间，且守方不足两人时则为越位。接球门球、角球、掷界外球时不判越位。

7. 犯规与不正当行为

（1）判罚直接任意球的行为。①踢、绊、摔对方队员。②跳向对方冲撞和蹬踏。③猛烈或带危险性地冲撞对方队员。④除对方正在阻挡外，从背后冲撞对方队员。⑤打或企图打对方队员，或向对方队员吐唾沫。⑥用手、臂或肘拉扯、推拦对方。⑦用手或臂有意触球（守门员在本方罚球区内除外）。⑧守方在本方罚球区内犯规，被判直接任意球，由对方罚点球。

（2）判罚间接任意球的行为。①守门员在本方罚球区内违例（守门员用手接同伴从罚球区外的回传球，守门员有意延误时间）。②队员动作和踢球方有伤及对方队员的危险时。③队员不去控制球，而故意阻挡对方队员接近球。

（3）给予警告或出示黄牌的行为。①队员擅自进离场。②队员屡次违反规则。③用语言和行动对裁判的判罚表示不满。④有不正当行为（故意影响比赛进行或故意用手接球破坏对方进攻等）。

（4）出示红牌并被罚出场外的行为。①有恶劣行为或严重、有意犯规。②连续违反规则，不服判决。③有侮辱裁判言行，经警告不改。

第四节　乒乓球运动

一、乒乓球概述

乒乓球运动是一种世界流行的球类体育项目，是由两名或两对选手，用球拍在球台中隔一网的两端轮流击球的一项室内运动。

乒乓球运动起源于 19 世纪后期的英格兰，最初只是一种活动性游戏，像打网球一样在桌上打，故称之为“桌上网球”。因为击球时发出“乒乓”声，故又称“乒乓球”。乒乓球运动是我国较为普及的体育项目，深受广大群众的喜爱。

乒乓球运动的一个显著特点是速度快、变化多。经常参加乒乓球活动，可以全面改善神经系统、运动系统和心血管系统的机能，发展灵敏性和协调性，提高动作速度和身体活动能力，增强体质。同时，还有助于培养勇猛顽强、机智果断等优良品质。

二、乒乓球基本技术

（一）握拍法

乒乓球握拍方法主要有直握法和横握法两种。

1. 直握法

如图 6-68 所示，拇指第一指节和食指第二指节扣拍柄，两指间距离适中。其他 3 指自然弯曲，中指贴于拍背面，无名指与小指连叠靠在中指后面。

特点：出手快，正手攻球快速有力，攻斜、直线球时，拍面变化不大，对手不易判断。但受身体阻碍较难掌握反手攻球，难于起重板；攻削交替时手法变化大，影响击球速度和准确性；防守时照顾面积较小。

图 6-68

2. 横握法

如图 6-69 所示，虎口贴拍，食指在拍前，拇指在拍后。正手攻球时，食指稍向上移动；反手攻球时，拇指稍向上移动。

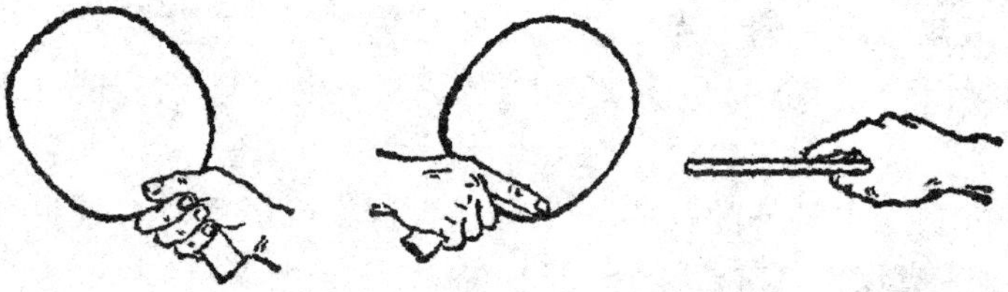

图 6-69

特点：正反手攻球力量大，攻削球时握法变化小，反手攻球容易发力也便于拉弧圈；但正反手交替击球时，需变换击球拍面，攻斜、直线球时调节拍形的幅度大，易被对方识破。

（二）站位和基本姿势

1. 站位

与个人的打法特点和不同类型的打法相适应。

（1）左推右攻打法的基本站位，在近台中间偏左。

（2）两面攻打法的基本站位，在近台中间。

（3）以弧圈球打法为主的基本站位，在中台偏左的位置。

（4）横拍攻削结合打法的基本站位，在中台附近。

（5）以削球打法为主的基本站位，在中台附近。

2. 基本姿势

如图 6-70 所示，两脚左右开立，略比肩宽，两膝微屈并稍内扣，上体略前倾，持拍手臂自然弯曲，置于身体体侧，手腕放松，球拍稍高于台面。

图 6-70

（三）基本步法

步法移动是乒乓球运动的重要基础，是正常发挥乒乓球技术的有效保障。

（1）单步。以一只脚为轴，另一只脚向前、后、左、右不同方向移动，身体重心随之跟上，以取得合理的击球位置。

（2）跨步。一脚蹬地，另一脚向移动方向跨一大步，蹬地脚随后跟上半步或一小步，身体重心即移到跨步脚上。

（3）并步。一脚先向另一脚并半步或一小步，另一脚在并步脚落地后随即向来球方向移动一步。

（4）跳步。以来球异侧脚用力蹬地，两脚同时离地向来球方向跳动。

（5）交叉步。以靠近来球方向的脚蹬地，异侧脚在体前交叉，向来球方向跨出一大步，身体随之向来球方向转动，同侧脚跟着向来球方向再迈一步。

（四）发球技术

发球是乒乓球比赛中一项很重要的技术，形式多样，种类很多。下面以右手持拍为例来讲解。

（1）正手发不转球。如图 6-71 所示，向右后上方引拍，持拍手腕略外展和伸，击球时，球拍从右后上方向左前方挥动，轻触球中部。

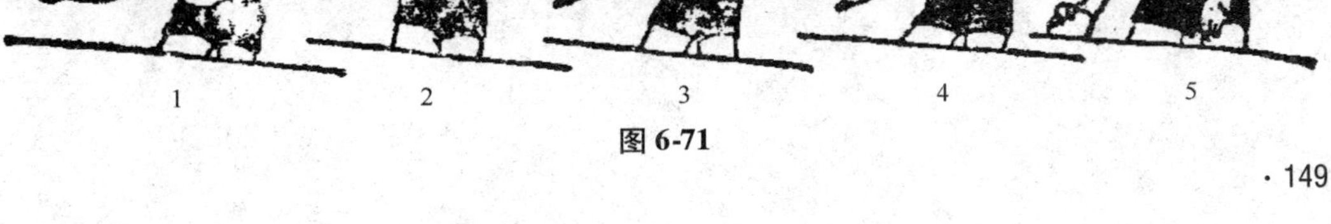

图 6-71

（2）正手发上旋球。如图 6-72 所示，向右后上方引拍，击球时，球拍向左前方挥拍，击球中部向中上部摩擦。

图 6-72

（3）正手发左侧上（下）旋球。如图 6-73 所示，向右上方引拍，击球时，球拍向左下方挥拍，击球中部并向左上方摩擦。发左侧下旋球时，击球中下部并向左侧下方摩擦。（正手发左侧下旋球如图 6-74 所示）

图 6-73

图 6-74

（4）反手发下旋加转球。如图 6-75 所示，向腹前上方引拍，右臂稍作内旋，使拍面角度略向后仰。击球时，从身体后上方向前下方挥动，击球中下部。

1　　2　　3　　4

图 6-75

（5）反手发上旋急球。如图 6-76、图 6-77 所示，向左后方引拍，击球时，向右前方横摆球拍，击球中上部。

1　　2　　3　　4

图 6-76

5　　4　　3　　2　　1

图 6-77

（6）反手发右侧上（下）旋球。如图 6-78 所示，左后方引拍，右臂稍内旋，击球时，向右上方挥动球拍，击球中部向右侧上方摩擦。发右侧下旋球时，击球中下部并向右侧下方摩擦。(反手发右侧下旋球如图 6-79 所示)

1　　2　　3　　4　　5

图 6-78

图 6-79

（五）推挡球技术

推挡球技术是推球和挡球技术的总称，是直拍快攻打法的基本技术之一。

（1）挡球。当来球从台面弹起，还未达到最高点前，上臂即带动前臂向前迎球，在球的上升中期，借来球的反弹力用前臂和手腕发力迅速向前推压，击球的中上部。

（2）快推。引拍后，球刚弹起，即用前臂、手腕向前迎击球中部或中部稍后，食指用力压拍将球击出。

（3）加力推。引拍后，当球弹起至上升后中高点期，前臂用力向前推击，中指顶住球拍，手腕由后向前发力，重心随之向前移动。

（4）减力挡。手臂外旋，拍面稍前倾，手臂稍向前迎击，当来球跳至上升期，击球中上部，击球的一瞬间，手臂和手腕向后收，以缓冲球的反弹力。

推挡球的练习方法：

（1）徒手推挡模仿练习，体会技术动作。

（2）两人对推练习（斜线和直线）。

（3）一人攻球一人推挡练习，做挡球、快推、加力推和减力挡练习。

（六）攻球技术

攻球是比赛中争取主动和得分制胜的重要技术。

1. 正手攻球

手臂自然弯曲并内旋使拍面稍前倾，引拍至身体右侧后方。上臂带动前臂快速向左前方挥动，在来球升至高点时击球中上部。

（1）正手拉球。如图 6-80、图 6-81 所示，击球时，前臂下沉，将球拍引至身体右侧下方，当球至最高点开始下降时，上臂带动前臂加速向左前上方提拉挥动，手臂同时做外展。若来球下旋强，拍面稍后仰，击球中上部；若来球下旋弱，拍面接近垂直，击球中部。

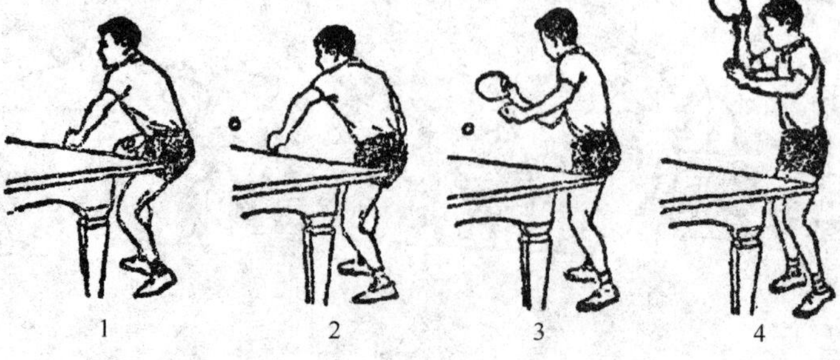

图 6-80

图 6-81

（2）正手扣杀。如图 6-82、图 6-83 所示，当球弹起到高点时，向后挥臂，将触球时，前臂加速用力向左前下方挥击，拍型稍前倾击球中上部，球拍触球的刹那，腰、髋向左前下方挥动，重心由后脚移动至前脚。

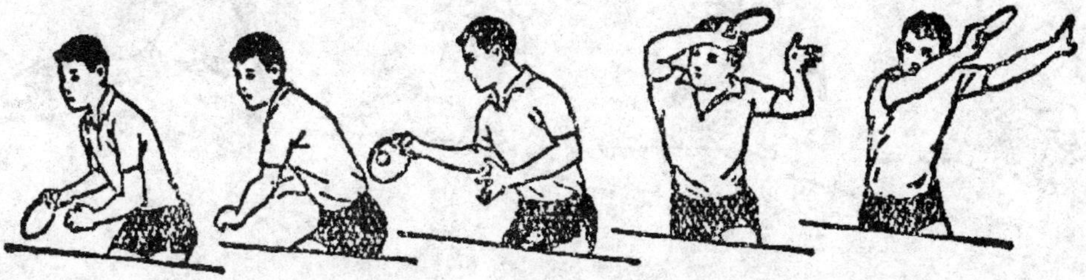

图 6-82

图 6-83

2. 反手攻球

（1）反手快攻。右脚稍前，持拍手臂自然弯曲并外旋使球拍稍前倾，上臂、肘关节自然靠近身体，将球拍引到腹前偏左位置。当球至上升期，前臂加速向右前上方挥动，手腕同时外旋，击球中上部。

（2）反手快拨。右脚稍前，前臂自然弯曲并外旋使拍面前倾，手腕内收，将球拍引至腹前偏左位置，当球至上升期，以肘关节内收，拍面稍前倾，击球中上部，前臂加速并外旋，带动手腕借来球的反弹力向右前方挥动，将球拨回。

攻球的练习方法：

（1）持拍模仿正、反手攻球练习。

（2）垂直放球下落后进行攻球练习。

（3）两人一组，一人发球，一人攻球。

（4）两人一组，一人推挡，一人攻球。

（5）两人一组，对攻练习。

（七）搓球技术

搓球是近台还击下旋球的一种基本技术，具有回球路线较短，缺乏前进力，多在台内进行的特点。为了适应比赛需要，常通过快搓、慢搓，搓转与不转球等变化，为进攻创造有利条件。

如图 6-84、图 6-85 所示，以右手持拍反手搓球为例，拍稍后仰引至胸腹偏左的位置，向左前下方迎球挥拍，击球中下部。

图 6-84

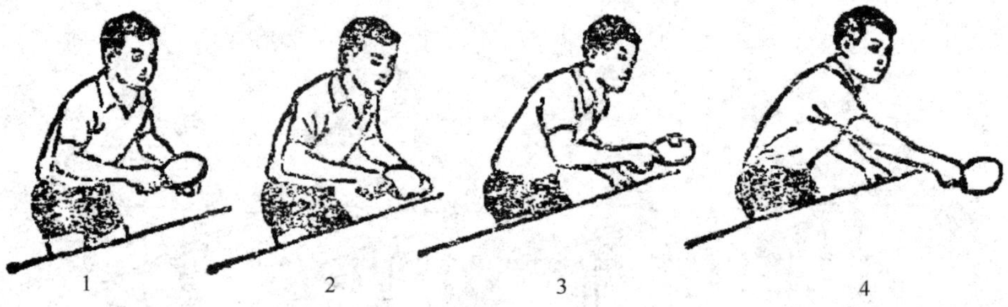

图 6-85

搓球的练习方法：

（1）做正、反手的搓球模仿练习。

（2）自抛球落台后搓球练习。

（3）两人一组，发下旋球，双方正、反手对搓球。

（八）削球技术

削球是攻削相结合打法的一项防御性技术，它具有击球时间晚、球速慢、命中率高、旋转和变化多的特点，可以控制对方，给对方造成失误，为自己创造进攻机会。

1. 正手削球

以右手持拍为例，向身体右上方引拍，拍面稍后仰，向左前下方迎球挥拍，击球中下部。

2. 反手削球

以右手持拍为例，向身体左上方引拍，拍面稍后仰，向右前下方迎球挥拍，击球中下部。

削球的练习方法：

（1）正、反手削球的模仿练习，体会用力顺序和击球时机。

（2）自抛球做正、反手削球练习。

（3）两人一组，一人发球或攻球，一人削球。

三、乒乓球基本战术

（一）发球抢攻战术

发球抢攻是力争主动、先发制人的一种重要战术。发球战术运用的效果主要取决于发球的质量和第三板进攻的能力。

（二）接发球战术

接发球战术是为了破坏发球者的抢攻意图或者为他制造障碍，减弱了对方抢攻的质量，脱离被控制状态，变被动为主动。

（三）搓攻战术

搓攻战术是快攻类打法对付攻球和削球打法的辅助战术之一，利用搓球旋转的变化和落点的变化为抢攻创造机会，也是削球型打法争取主动的主要战术之一。

（四）对攻战术

对攻战术是进攻型打法在相持阶段常用的一项重要战术。快攻型打法主要依靠反手推挡或反手攻球和正手攻球或正手拉弧圈球技术，充分发挥快速多变的特点来调动对方。

（五）拉攻战术

拉攻战术是进攻型打法对付削球的主要战术。为了发挥拉攻的战术效果，首先要具备连续拉攻的能力，并有线路、落点、旋转、轻重等变化，其次要有拉中突击和连续扣杀的能力。

四、乒乓球比赛规则简介

（一）比赛胜负

每场比赛由单数局组成，可采用五局三胜制或七局四胜制。每局先得 11 分的一方为胜方，10 平后，先多得 2 分的一方为胜方。

（二）选择方位和发球权

每场比赛开始前，由双方运动员用抽签的方法选择方位和发球、接发球。中签者如选择先发球或先接发球，对方则选择方位；中签者如选择方位，对方则选择先发球或先接发球。

（三）合法发球

发球时，球应放在不执球拍手的平掌上，球和球拍均应高于球台水平面；发球员只能用手向上抛球，不得使球旋转，应将球从手掌向上直抛，至少抛到离不执拍手手掌上方

16 cm处；当球从抛起的最高点降落时，发球员才能击球，并使球首先触及发球员台区，然后直接越过或绕过球网，触及接球员台区。在双打中，球应首先触及发球员的右半区，然后直接越过或绕过球网，触及接球员的右半区；发球时，运动员或其同伴跺脚将失 1 分。

（四）合法还击

在合法发球或合法还击以后，运动员必须击球，使球直接越过或绕过球网，然后触及对方台区。如果球在越过或绕过球网时触网或网柱，应看做直接越过。

（五）休息和场外指导

在一场比赛中，局与局之间休息不得超过 2 min。

在规则规定的休息时间或经裁判长批准的暂停时间内，运动员可接受场外任何人的指导；但在外界球进入比赛场地、决胜局交换方位、宣布开始实行轮换发球法、擦汗等其他间歇时间内，不得接受场外指导。

如果队长（教练员）或其他人在未经批准的时间内进行场外指导，影响比赛，裁判员应进行劝阻和警告。

第五节　羽毛球运动

一、羽毛球概述

现代羽毛球运动诞生于英国。1873 年，英国公爵鲍弗特在格拉斯哥郡伯明顿镇的庄园里进行了一次羽毛球游戏表演。从此，羽毛球运动便逐渐开展起来，“伯明顿”即成了羽毛球的名字。

1934 年，成立国际羽毛球联合会，总部设在伦敦。1978 年，世界羽毛球联合会于中国香港地区成立。1981 年，国际羽毛球联合会和世界羽毛球联合会正式合并，在 1992 年巴塞罗那奥运会上被列为正式比赛项目。目前，国际重大羽毛球比赛有汤姆斯杯、尤伯杯、世界羽毛球锦标赛、苏迪曼杯、世界杯羽毛球赛、全英羽毛球锦标赛、国际系列大奖赛、奥运会羽毛球比赛。1982 年，中国队首次参加汤姆斯杯赛就荣获冠军。同年，中国队首次参加全英锦标赛，获得了女子单打冠亚军和双打冠军。

羽毛球运动器材设备简便，场地较小。运动量可大可小，不同性别、年龄和身体状况的人都可以从事这项活动。经常参加羽毛球活动不但能够提高身体素质，还可以锻炼和培养机智、勇敢、顽强等心理素质。

二、羽毛球基本技术

（一）握拍法

1. 正手握拍法

握拍时，先用左手拿住拍颈，使拍面与地面垂直，再张开右手使手掌下部靠在拍柄底托处，虎口对准拍柄的内侧小棱边，然后小指、无名指和中指并拢握住拍柄，小指与无名指在拍柄的末端应稍紧，负责不使球拍脱手，食指与中指稍微分开，用食指和拇指轻松地环扣住拍柄。如图 6-86 所示。

2. 反手握拍法

在正手握拍法的基础上，拍柄稍向外转，食指收回，拇指第 2 指节顶在拍柄内侧的宽面上，其余 4 指并拢握住拍柄，手心与拍柄之间应有一个明显的空洞。如图 6-87 所示。

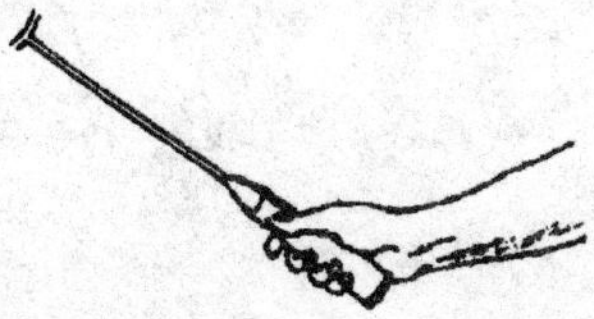

图 6-86

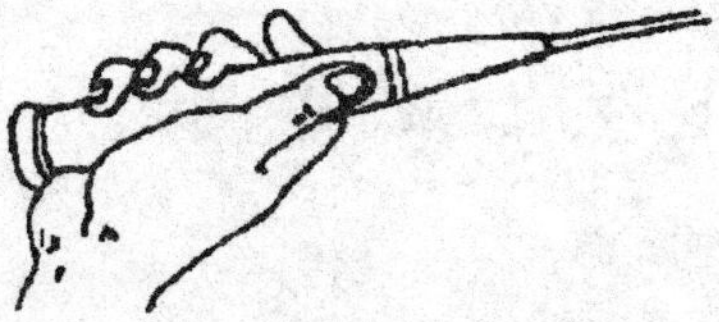

图 6-87

（二）发球

发球是羽毛球的一项重要基本技术。发球质量的优劣，会直接影响比赛的主动或被动。

1. 发球的基本姿势

（1）正手发球。左脚在前（脚尖对网），右脚在后（脚尖斜向侧方），两脚距离与肩同宽，上身自然伸直，身体重心放在右脚上，成左肩斜对球网之势。右手握拍向右后方举起，肘部稍屈。左手夹持羽毛球的中间部位，举在身前，两眼注视对方准备接球的动向。

（2）反手发球。右脚在前，左手在后，上身自然伸直，重心放在右脚上，面对球网。左手捏住羽毛置于腹前腰下。右手反手握拍，肘部略抬起使拍框下垂于左腰侧。两眼注视对方准备接球的动向。

2. 发球

（1）发高远球。左手撒手放球，紧接着以转体和上臂的挥动带动前臂，球拍与球快要接触前，前臂挥动速度加快，并带动手腕向前上方闪动，造成击球瞬间的爆发力，在拍面后仰的情况下，将球在右前下方向前上方击出。如图 6-88 所示。

（2）发平高球。其方法与正手发高远球的方法基本一致。由于平高球飞行弧线比高远球低，所以，挥拍击球时多运用前臂带动手腕发力。球与球拍接触时，球拍后仰的程度比发高远球时小，拍面略微向前推送击球。

（3）发平快球。其挥拍的前一段动作与发高远球相似。在击球前的瞬间，应在前臂的快速带动下，靠手腕和手指突然向前发力将球击出。击球时，拍面稍微后仰，在不“过腰”、“过手”的限度内，尽量提高击球点。

（4）发网前球。①正手发网前球。如图 6-89 所示，主要靠前臂和手腕带动挥拍，挥拍的加速不明显，击球的力量较小，拍触球时，握拍仍然较放松，利用手腕和手指的力量从右向左横切推送，使球贴网而过，正好落在前发球线附近的发球区内。②反手发网前球。如图 6-90 所示，前臂带动手腕使球拍从左下方向右前上方作半弧形挥动。在拍将要击到球之前，左手自然撒手放球，用球拍对球作横切推送动作，使球贴网而过，正好落在前发球线附近的发球区内。

图 6-88

图 6-89

图 6-90

发球的练习方法：

（1）做持拍发球模仿练习。

（2）两人隔网做各种发球练习，互相纠正错误动作。

（3）提高发球准确性，反复做同一种发球练习。

（三）击球技术

一般来说击球可分为击高远球、扣杀球、平快球、吊球，以及接扣、发球等。

1. 击高远球

左脚在前，右脚在后，身体侧对球网。击球时，上臂后仰，肘关节上举至高于肩部的位置，引拍于头后，手腕后伸外展，随后右脚蹬地，转体，腰腹协调用力，以肩为轴，上臂带动小臂快速向前上方闪动手腕，在手臂自然伸直的最高点击球。如图 6-91 所示。

图 6-91

2. 扣杀球

可以在原地或起跳后进行。准备姿势和动作过程与击高远球相似。发力前身体较为后仰，特别是起跳扣杀球。击球时，手臂以最大的速度挥摆，最后通过手腕的高速闪动产生强大的向前下方的爆发力，手臂几乎是伸直的。杀球点在右肩前上方稍前一些的位置（比击高远球略前一点）。拍面角度要比击高远球时小。如图 6-92 所示。

图 6-92

3. 吊球

击球力量小，击到球以前的刹那间，应突然减慢挥拍速度，以手指控制使拍面适当前倾，作放松手腕、屈腕动作，用球拍劈切羽毛球完成吊球。

4. 抽球

（1）正手抽球。当对方击来右后场低球时，用正手握拍法，右臂屈肘举拍于右肩上方，在右脚跨步着地的同时，主要靠前臂带动腕部作“抽鞭笞”的闪动挥拍动作，将球抽向对方。如图 6-93 所示。

图 6-93

（2）反手抽球。当对方击来左后场低球时，最后一步以右脚向球下落的方向跨出，右臂屈肘举拍于左肩上方。击球时，上臂带动前臂作向后的半圆形挥拍动作，在手臂接近伸直时，手腕用力向后方闪动挥拍击球。如图 6-94 所示。

图 6-94

击球的练习方法：

（1）按各种击球动作要领，反复作持拍的模仿练习。

（2）两人隔网原地或跑动中相互作各种攻球击球练习。

（四）移动步法

羽毛球的步法有上网步法、后退步法和两侧移动步法。

（1）上网步法。根据来球的远近，可采用二步、三步或一步上网击球，最后一步要求与持拍手同侧脚在前，身体重心落在前脚。

（2）后退步法。后退时先迈右脚，最后一步右脚在后，重心在右脚上。

（3）两侧移动步法。为接对方击向身体左右两侧的球所采用的移动步法。向右侧移动时，左脚掌内侧用力蹬地，右脚同时向右侧转跨步，向左侧移动时则反之。

移动步法的练习方法：

（1）先分解练习，再作完整动作练习。

（2）听口令作各种步法练习。

（3）结合多球练习，练习各种移动步法。

三、羽毛球基本战术

羽毛球战术是指运动员在比赛中为了表现高超的竞技水平和战胜对手，而采取的计谋和行动。

（一）单打战术

（1）发球战术。主要有发网前球抢攻、发平高球抢攻、发平快球抢攻等战术。

（2）接发球战术。接网前球时，可用平高球、高远球、放网前球还击。接平高球时，可用平推球、平高球还击；接高球时，可用平高球、吊球、扣杀技术还击。

（3）进攻战术。采用平、吊、杀结合的战术，击平球可以压制对手，从中获得主动；吊球可以拉开对手，找到对手的空档；扣杀是主动进攻，要长短、轻重结合起来运用。

（4）防守战术。主要是通过合理运用各种技术，破坏对手的进攻路线和进攻战术，从而达到调动对手，使自己处于主动地位的目的。

（二）双打战术

（1）发球战术。用自己最稳定的发球技术发球，破坏对手的接发球，封堵对手的还击路线。

（2）接发球战术。用自己最擅长的接发球技术进行接发球，以回击对方底线来控制对手的进攻，通过线路的变化掌握场上的主动权。

（3）进攻战术。主要有压前场、前半场打点、后攻前封、攻底线等战术。

（4）防守战术。主要有底线结合抽、挡回击对方空当技术；挡网逼近控制网上战术；反抽跟进对攻战术。

四、羽毛球规则简介

（一）比赛项目

羽毛球运动的比赛项目包括男子单打、女子单打、男子双打、女子双打、混合双打、男子团体和女子团体。

（二）比赛场地和器材

球场应是一个方形场地。长 13.40 m，单打场地宽度为 5.18 m，双打场地宽度为 6.10 m。网柱从球场地面起，网柱高 1.55 m。网柱必须稳固，同地面垂直，并使球网保持紧拉状态。网柱应置在双打场地的边线上。球网上下宽 0.76 m。球场中央网高 1.524 m，双打场地边线处网高 1.55 m。

（三）比赛的计分方法及规则

1. 得分制

羽毛球比赛的计分方法如下：

（1）每场比赛采取三局两胜制。

（2）率先得到 21 分的一方赢得当局比赛。

（3）如果双方比分打成 20：20，获胜一方需超过对手 2 分才算取胜。

（4）如果双方比分打成 29：29，则率先得到第 30 分的一方取胜。

（5）首局获胜一方在接下来的一局比赛中率先发球。

（6）当一方在比赛中得到 11 分后，双方队员将休息 1 min。

（7）两局比赛之间的休息时间为 2 min。

2. 单打

（1）有关发球区和接发球区的规则：①发球员的分数为 0 或双数时，双方运动员均应在各自的右发球区发球或接发球。②发球员的分数为单数时，双方运动员均应在各自的左发球区发球或接发球。③球发出后，由发球员和接发球员交替对击直至成死球。

（2）有关得分和发球的规则。接发球员违例或因球触及接发球员场区内的地面而成死球时，发球员得 1 分。随后，发球员再从另一发球区发球。发球员违例或因球触及发球员场区内的地面而成死球时，接发球员得 1 分，同时发球员失去发球权，而接发球员成了发球员。

3. 双打

（1）有关发球和接发球场地的计分方法及规则：①一局比赛开始和获得发球权的一方得分为 0 或双数时，都应从右发球区发球。②当发球员一方得分数为单数时，从左发球区发球。③双打配对中的另一名运动员将采用相反的方法。④发球员和接发球员都必须站在斜对角发球区内发球和接发球。⑤只能由接发球员接发出的球，如果接发球员的同伴触及球或接球即为违例，发球方得 1 分。⑥发球必须从两个发球区交替发出，部分规则除外。⑦接发球方站在各自发球区不变，直到他们发球得 1 分后才交换发球区。

（2）有关场上顺序和位置的规则：①自发球被回击后，由发球方的任何一人击球，然后由接发球方的任何一人击球，如此往返直至成死球。②自发球被回击后，运动员可以从网的各自一方任何位置击球。

（3）得分。双打比赛的得分规则如下：①接发球方违例或因球触及接发球方场区内的地面而成死球，发球方得 1 分，原发球员交换场区继续发球。②发球方违例或因球触及发球方场区内的地面而成死球，接发球方得 1 分，发球方失去发球权，而接发球方成为发球方。

（4）有关发球权的规则：①首先发球的运动员，必须在右发球区发球。②到首先接发球运动员的同伴，发球方必须交换到左场区发球。③到首先发球方的运动员，站的发球区必须与本方得分相符（同发球和接发球场地）。④到首先接发球方的运动员，站的发球区必须与本方得分相符（同发球和接发球场地）。

4. 其他规则

羽毛球落在边界线上为界内。发球过程中球触网，如果落在发球区，此球有效。除发球外，球过网后挂在网上或停在网顶，应重新发球。发球员在接发球员未做好准备时发球，应重新发球。

第六节　网球运动

一、网球概述

网球是一项优美而激烈的运动，与高尔夫球、保龄球、桌球并称为世界四大绅士运动。现代网球运动一般包括室内网球和室外网球两种形式。

网球运动起源于法国，早在 12－13 世纪，法国的传教士常常在教堂的回廊里，用手掌击打一种类似小球的物体，以此来调剂刻板的教堂生活。14 世纪中叶，法国的一位诗人把这种球类游戏介绍到法国宫廷中，当时玩这种游戏，场地中间架起一条绳子为界，利用两手作球拍，把球从绳上丢来丢去，今天“网球（tennis）”一语即来源于此。

1875 年，英国板球俱乐部修订了网球比赛规则后，于 1877 年 7 月举办了第 1 届温布尔登草地网球锦标赛后，将场地定为 23.77m × 8.23m，1884 年，英国伦敦玛丽勒本板球俱乐部把球网中央的高度定为 91.4 cm。至此，现代网球正式形成，很快在欧美盛行起来，成为一项深受欢迎的球类运动。

二、网球基本技术

（一）握拍法

网球拍柄各部位术语，如图 6-95 所示。

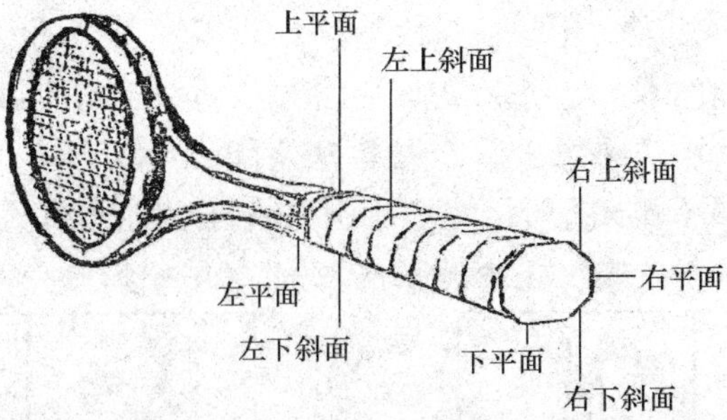

图 6-95

1. 东方式握拍法

（1）正手握拍法。如图 6-96 所示，左手先握住拍颈，使拍子与地面垂直，手握拍柄好像与人握手，故亦称“握手式”握拍法。右手掌根与拍柄右上斜面贴紧，拇指垫握住拍柄的左垂直面，食指微离中指，食指下关节压住拍柄右垂直面。由此拇指与食指成“V”形，对准拍柄的右上斜面和左上斜面的上端中间。

（2）反手握拍法。如图 6-97 所示，正拍握法把手向左转动 1/4 圆周（即把拍子向右转动），使拇指与食指成“V”形，对准拍柄左上斜面与左垂直面的中间条线。用手掌根压住拍柄的左上斜面，拇指贴在左垂直面上，食指下关节压在右上斜面上。

2. 大陆式握拍法

（1）正手握拍法。如图 6-98 所示，手掌“V”型虎口正对拍柄的左上斜面，大拇指扣压住左平面，食指关节握住拍柄的上平面边缘和右上斜面的位置。

（2）反手握拍法。如图 6-99 所示，手掌“V”型的位置与大陆式正手握法相同，不同之处在于拇指放松一些，而非紧扣压拍柄。

图 6-96　　图 6-97　　图 6-98　　图 6-99

3. 西方式握拍法

（1）正手握拍法。如图 6-100 所示，手掌心朝下，手掌的大部分放在拍柄的底部，手掌根贴在拍柄的右下斜面上，拇指压在拍柄的上部手面，食指的下关节握住拍柄的右下斜面。拇指与食指的“V”形对准握柄的右垂直面。握拍的形状好似“一把抓”。

（2）反手握拍法。如图 6-101 所示，在西方式正拍握拍的基础上，把球拍上下颠倒过来，用同一拍面击球或手腕顺时针转，使拇指与食指的“V”形对准拍柄的左垂直面，食指下关节压住拍柄的上部手面，手掌根贴在左上斜面。

4. 双手握拍法

（1）正手握拍法。如图 6-102 所示，通常以“东方式”正手握拍为主体，另一只手作为辅助，介于“大陆式”和“东方式”反拍握法之间。

（2）反手握拍法。如图 6-103 所示，右手握法介于“东方式”和“大陆式”反手握法之间，辅助的左手使用“东方式”正手握拍法。

图 6-100

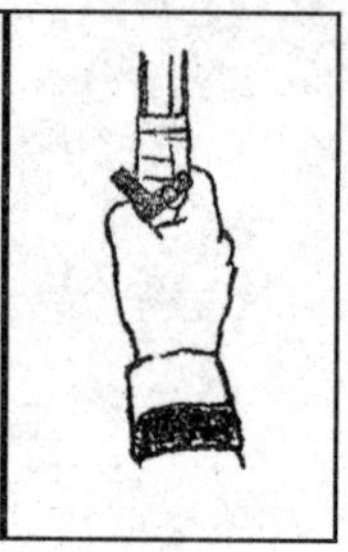

图 6-101

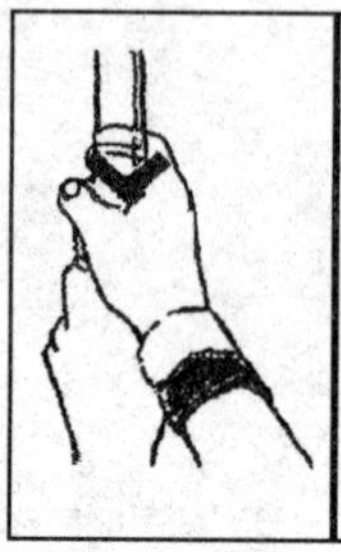

图 6-102

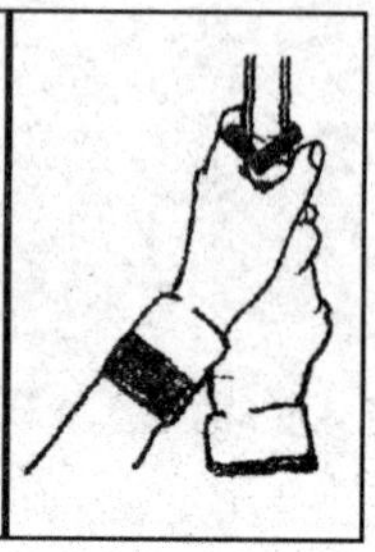

图 6-103

（二）步法

（1）正手击球的步法。由准备姿势开始，向右转 90°，同时转体转肩，右脚向右前方跨出，与端线约 45°，使左肩对网。

（2）反手击球的步法。准备姿势，以左脚为轴，左转 90°，同时转体转肩，右脚向左前方跨出，使右肩对网。转体转肩幅度可大一些，使右肩胛骨对网。

（3）滑步。向前移动蹬出右脚的同时，向前跨出左脚，连续向前，即形成前滑步步法；向后移动时，左脚后蹬的同时向后迈出右脚，连续形成后滑步步法。

（4）左右交叉步。向右移动时右转体，左脚先向右前方跨出，交叉于右脚外侧前方，再跨出右脚，继续跨出左脚于右脚外侧，反复向右交叉移动，为右交叉步；向左移动，方法与向右移动相同，方向相反，为左交叉步。

（三）正、反手击球

1. 正手击球（如图 6-104 所示）

图 6-104

（1）准备姿势。面对球网，双脚向前自然分开与肩同宽，双膝微屈，身体略向前倾，重心落在双脚的前脚掌上，右手握拍，左手轻托拍颈，双肘微屈，球拍舒适地放在身前，拍面垂直于拍头指向对方，两眼注视对方来球。

（2）后摆引球。当来球时，转动双脚，左脚跟抬起并向右前方上步，右脚向右转 90°与底线平行，同时转肩转髋带动右手向后摆动引拍，引拍时肘部弯曲、自然下垂，拍头低于膝盖，左手伸向前方，保持身体平衡。

（3）击球。从后摆进而向前挥动时紧握球拍，手腕后伸、固定，用力蹬脚，转动身体和挥拍，正拍的击球点在身体的右侧前方不超过腰的高度，击球时的挥拍速度要快，球打在拍面的中心，击球挥拍时的拍头自上而下，小臂加速挥动使球稍带上旋。

（4）随挥。球触拍后，应使拍面平行于网的时间尽量长些，挥拍沿着球飞行的方向前送，身体也随着转向球网，挥拍动作在左肩上方结束。

2. 反手击球（如图 6-105 所示）

图 6-105

（1）准备姿势。与正手击球的准备姿势相同。当判断对方来球朝自己的反拍方向飞来时，轻握拍颈的左手应该迅速帮助右手握拍变换为反手握拍法。

（2）后摆引球。向左肩转髋带动右手向左后方摆动，左脚向左转 90°与底线平行，同时右脚向左前方上步，左肩对网，手腕绷紧、后伸，双肩夹紧，右手拇指靠近左腿的上部。肘关节自然弯曲、下垂。单手反拍时，左手可轻托拍颈，伴随着向左转的协调动作；双手反拍挥臂，需要更充分的转体动作。

（3）击球。紧握球拍，手腕固定，转动双肩、躯干和臀部，挥拍向球，反拍的击球点应在身体的左侧前方，击球时球拍与右脚应在一条直线上。击球瞬间，拍头的挥动最快，对准来球把球打正，肘部应伸直，球拍与手齐平。

（4）随挥。球击出后，球拍要继续向右前上方随挥，最后球拍在右肩后方结束。

正、反手击球的练习方法：

（1）徒手模仿正确动作，进行挥空拍练习。

（2）对着镜子检查挥拍动作。

（3）在原地挥拍的基础上，结合步法作挥拍练习，体会步法与手法的协调配合。

（4）对墙练习使击球动作定型。

（5）底线正、反拍对打斜、直线练习。

（四）发球

如图 6-106 所示。

图 6-106

1. 握拍

采用东方式反手或大陆式握拍。

2. 平击发球

做好准备姿势后，双手以同上同步的节奏，左手持球先向下然后向前右上方直臂抬起至头上方时球离手；右手握拍下摆然后向后上方摆动至肩高时，抬肘弯臂，使拍头在背后，全身成背弓状。当被抛出球快速进入击球位置时，右臂迅速向前上方挥动球拍，同时蹬脚、伸腰、踮脚尖，身体随球拍挥击尽量向上伸展，拍头在所能达到的最高点击球后部。触球时使前臂、手腕和球拍柄近似于一条直线，手腕充分放松。顺着弧形轨迹自然向前下随挥至身体左后下方，右脚上步，转正身体向网。

3. 切削发球

用大陆式握法或东方式握法。动作基本与平击发球相同，但挥拍击球的右后侧。如果把球假设为一个时钟的话，那么打击点约在 3 点钟的位置，使球产生侧旋。

4. 上旋发球

抛球比平击发球偏左，稍高稍后些。身体充分背弓，打击点在头顶上方，触球部位从 7 点钟位置擦击至 1 点钟的位置上。球拍由头后方向右上外方挥去。

发球练习方法：

（1）抛球练习。向上抛球的同时，还可配合做右手向后引拍的动作。

（2）模拟挥拍动作练习。

（3）拍击固定悬挂球练习。

（五）截击球

指在球落地之前将球击回到对方半场区，回球速度快、威胁大，是攻击性打法中的一项重要技术。以“碰”与“推”的动作击球。球在右前方，左脚向前做交叉跨步击球。球在左前方，则右脚向左前做交叉跨步击球。随挥动作要短，及时恢复准备动作姿势。如图 6-107 所示。

（六）高压球

高压球是一项绝对的强攻性技术。是在头顶上方大力扣杀的技术，其动作与发球相似。高压球可分为凌空高压球、落地高压球、前场高压球、后场高压球等。

图 6-107

(七) 挑高球

挑高球可分为平击高球和上旋高球两种。挑高球在技术上与底线击上旋球相似,关键要掌握的是拍面的控制及发力程度的控制。在底线动作的基础上,平击高球时拍面是开放的,但发力必须有所控制;上旋高球则相反,拍面要稍高或近于垂直,而发力则必须迅捷、充分,以强大的爆发力击球出手。

三、网球规则简介

(一) 网球场地和器材

1. 场地

双打场地的标准尺寸是23. 77 m×10. 97 m,单打是23. 77 m×8. 23 m,在每条端线后应留有余地,间距不小于6. 40 m,在每条边线外应留有余地,间距不小于3. 60 m。在球场安装网柱,从两柱中心测量,柱间距是12. 80 m,网柱顶端距地面是0. 914 m。球网顶部用白色网边布包缝。

2. 器材

器材包括球网、网柱、单打支柱、绳或钢丝绳、中心带、网边白布。球的颜色为白色或黄色,重量在56. 7 g~58. 5 g之间。网柱高1. 07 m,直径不超过0. 15 m;球网,单打场地长10. 06 m,双打场地长12. 80 m,网高为0. 914 m(以网中央标志带处为准)。

(二) 比赛方法

1. 比赛

网球比赛分为单打和双打两种形式,球员用网球拍将球击过网,落入对方的网球场地上。每位球员的目的都是尽力将球打到对方的场地上去,就这样一来一回,直到有一方将球打出界或没接到球为止。

正式比赛项目分为7 项:男子团体、女子团体、男子单打、女子单打、男子双打、女子双打和男女混合双打。男子比赛一般采用五盘三胜制,女子采用三盘两胜制。

2. 发球

在网球比赛正式开始前,需要确定比赛由谁先发球。整个比赛中,双方网球球员轮流发球,发球员在发球前应先站在端线后、中点和边线的假定延长线之间的区域里。发出的球应从网上越过,落在对角的对方发球区内。每局开始先从右区端线后发球,得或失 1 分后，应换到左区发球，以此类推。通常发球是将球向空中任何方向抛起，在球落地之前用球拍击球，不过，也可以使用臂下发球。

3. 失误

球落在对方发球区外，如球出线或触网，都称之为失误，发球员就要再次发球。落在边界上的球算在线内。若发球两次失误，就叫“双误”，那对手就赢1分。如果发球员在发球时脚离开了原基线，也算失误。要是发球触网，但球仍落进了对方的发球区，则须重发球。

4. 局

网球比赛每局的开始比分是0：0，第1分球记为15，所以，若发球员赢了这分球，比分就变为15：0。球员的第2分球为30，接下来为40。若对方球员只有30或还少于30的话，那赢了下一个球就能赢了这一局，因为每局比赛中，至少要比对手多2分球才能结束该局比赛。如果双方球员都达到了40，此时称为“局末平分”。接下来占先的球员会尽力领先2分，以赢得这一局。若对手努力扳平分数，又会达到“局末平分”。但若占先的球员赢了下一分，也就赢了这一局。

5. 盘

网球比赛中如果对手落后至少两局，那么先赢得6局的球员就赢了一盘。但是，若这盘是6：5，那么双方就要再打一局。若占先者赢了，即该盘比分为7：5，判占先者赢得此盘。然而若另一个球员把这盘扳平为6：6，那就由决胜局（抢7局）决定谁为胜者。

6. 赛

在网球3盘赛中，先赢得2盘者为胜者，即3盘2胜；在5盘赛中，先赢得3盘者为胜者，即5盘3胜。在决胜局中，要本该轮到发球的球员先发第1分球，对手接着发第2、3分球，然后双方轮流发2分球。先得7分的球员若至少领先了对方2分，那么他就赢了该盘比赛。

7. 其他规则

（1）落在线上的任何球都算做界内球。

（2）除了发球以外，触网和触网后又落入球场正确区域的球均有效。

（3）只要球最终着地在对方球场的适当位置，均为好球。

（4）发球时，对方必须在球落地一次后，才能击球。而其他时候回球时，则可在落地一次或未落地时进行。

（5）在每一盘的奇数局结束后，双方运动员可以进行短暂的休息，然后交换场地继续进行比赛。

以下几种情况发生时，均会被判失分：①球击中身体；②过网击球；③球员的手或身体的任何一部分触网或过网。

（三）基本规则

1. 发球

（1）发球前的规定。发球员在发球前应先站在端线后、中点和边线的假定延长线之间的区域里，用手将球向空中任何方向抛起，在球接触地面以前，用球拍击球（仅能用一只手的运动员，可用球拍将球抛起）。球拍与球接触时，就算完成球的发送。

（2）发球时的规定。发球员在整个发球动作中，不得通过行走或跑动改变原来站立的位置，两脚只准站在规定位置，不得触及其他区域。

（3）发球员的位置。每局开始，发球员先从右区端线后发球，得或失 1 分后，应换到左区发球。发出的球应从网上越过，落到对角的对方发球区内或其周围的线上。

（4）发球失误。发球失误的情形包括：未击中球；发出的球在落地前触及固定物（球网、中心带和网边白布除外）；违反发球站位规定。发球员第 1 次发球失误后，应在原来发球的位置上进行第 2 次发球。

（5）发球无效。发球无效的情形包括：发球触网后，仍然落到对方发球区内；接球员未做好接球准备。若发球无效，应重发球。

（6）交换发球。第一局比赛终了，接球员成为发球员，发球员成为接球员。以后每局终了，均依次互相交换，直至比赛结束。

2. 通则

（1）交换场地。双方应在每盘的第 1、3、5 等单数局结束后，以及每盘结束双方局数之和为单数时，交换场地。

（2）失分。发生下列任何一种情况，均判失分：①在球第二次着地前，未能还击过网。②还击的球触及对方场区界线以外的地面、固定物或其他物件。③还击空中球失败。④故意用球拍触球超过一次。⑤运动员的身体、球拍在发球期间触及球网。⑥过网击球。⑦抛拍击球。

（3）压线球。落在线上的球都算界内球。

3. 双打

（1）双打发球次序。每盘第 1 局开始时，由发球方决定由何人首先发球，对方则同样地在第 2 局开始时，决定由何人首先发球。第 3 局由第 1 局发球方的另一球员发球。第 4 局由第 2 局发球方的另一球员发球。以下各局均按此秩序发球。

（2）双打接球次序。先接球的一方，应在第 1 局开始时，决定何人先接发球，并在这盘单数局继续先接发球。双方同样应在第 2 局开始时，决定何人接发球，并在这盘双数局继续先接发球。他们的同伴应在每局中轮流接发球。

（3）双打还击。接发球后，双方应轮流由其中任何一名队员还击。如运动员在其同队队员击球后，再以球拍触球，则判对方得分。

参考文献

[1] 卓士宏．医疗体育常识［M］．北京：人民体育出版社，1979.
[2] 杨文轩，陈琦．体育原理导论［M］．北京：北京体育大学出版社，1996.
[3] 裔程洪．形体健美大全［M］．石家庄：河北科学技术出版社，1996.
[4] 王希升．网球［M］．北京：人民体育出版社，1997.
[5] 范振华．实用康复医学［M］．南京：东南大学出版社，1998.
[6] 周晶．体育教程［M］．南昌：江西高校出版社，1998.
[7] 张博．邵年．羽毛球［M］．北京：人民体育出版社，2000.
[8] 薛德辉．大学体育实践教程［M］．第 2 版．天津：天津大学出版社，2000.
[9] 唐建军．乒乓球入门与提高［M］．福州：福建科学技术出版社，2000.
[10] 高谊．奥林匹克万事通［M］．北京：北京体育大学出版社，2001.
[11] 邓树勋．体育与健康［M］．广州：中山大学出版社，2001.
[12] 吕红斌．科学健身法［M］．北京：人民卫生出版社，2002.
[13] 朱慧．杨善才．大学体育与健康教程［M］．北京：学苑出版社，2002.
[14] 李建英，王黎明．大学体育与健康教程［M］．北京：人民体育出版社，2002.
[15] 单亚萍．健美操教学与训练［M］．杭州：浙江大学出版社，2003.
[16] 宛祝平．结构式体育与健康教程［M］．长春：吉林科学技术出版社，2003.
[17] 张宏成．大学体育新教程［M］．苏州：苏州大学出版社，2004.
[18] 张岳强．篮球运动［M］．北京：北京体育大学出版社，2005.
[19] 黄艳美．体育与健康［M］．广州：广东高等教育出版社，2005.
[20] 梁学军．体育与健康［M］．北京：化学工业出版社，2005.
[21] 《大学体育与健康教程》编委会．大学体育健康教程［M］．北京：人民出版社，2006.
[22] 陈智勇．现代大学体育教程［M］．北京：北京体育大学出版社，2006.
[23] 关宏来．足球运动［M］．北京：北京体育大学出版社，2006.
[24] 邱远．体育与健康教程［M］．北京：北京体育大学出版社，2006.
[25] 沈家聪．体育与健康［M］．北京：北京体育大学出版社，2006.
[26] 王永．高职体育与健康教程［M］．北京：北京体育大学出版社，2006.
[27] 王永．排球运动［M］．北京：北京体育大学出版社，2006.
[28] 王宗平．游泳运动［M］．北京：北京体育大学出版社，2006.
[29] 赵美琴．大学体育与健康教程［M］．北京：人民出版社，2006.